Isabella Bird
イザベラ・バード
旅の生涯

O.チェックランド

川勝貴美【訳】

日本経済評論社

日本語版によせる序文

イザベラ・バードは、社会で与えられる自由には満足せず、それ以上の自由を求める女性のパイオニアであり、不便な地域、危険に満ちた地域を楽しんで旅をした、恐れ知らずの旅行家でした。旅に出た彼女は、はちきれるほどに健康で不屈でしたが、故国のスコットランドではいつも病に悩まされていました。

一八七八年の北日本の旅は、彼女の旅のなかでもきわめて波乱に満ちた旅でしたが、困難にもめげず北海道に渡り、アイヌを訪れ、アイヌとともに生活しています。

この新しい伝記でイザベラ・バードをあらためて日本に紹介できることは喜びです。

一九九五年三月

オリーヴ・チェックランド

まえがき

イザベラ・ルーシー・バード（一八三一～一九〇四）は、情熱的で知的な女性だった。「女にできることは女がする権利」を求めながら、世界中を旅する探検家、旅行作家になった。一人の旅行愛好家でしかなかった彼女は、立派な探検家として一人立ちし、収入を得るようになったのである。その成功の背景には、彼女が属する階級の女性ががんじがらめに縛られていた因習を絶対に打ち破らなければ、という固い決意があった。しかし、進むべき道を見いだすのはむずかしかった。彼女は四十歳になるまで悩み苦しんだ。ところが道は思いがけぬところで開けた。太平洋でハリケーンに巻きこまれた蒸気船ネバダ号に乗りあわせ、生きた心地もない暴風雨の中で自分の生きる道を発見したのである。「私はついに恋をしたのです」。彼女は感動で胸がふるえた。「海の神が私の心を奪ってしまったのです。たとえこの身はどのように離れていても、心はいつも海の神とともにあります」。

イザベラは、女性が社会で限られた役割しか与えられていないことに耐えられず、女権の拡張を求めていた。彼女のような女権拡張を願う女性にとって救いだったのは、海外に出れば、男とともに自由奔放にさまざまな冒険ができたことである。彼女は、国内にいるときはいつも慢性の病に苦しんでいたが、この病を癒すため、というのが彼女が海外に出る理由だった。確かに、危険に満ちた長く苦しい旅の中でこそ、彼女は心身ともに健康だった。

二十二歳から七十歳まで、イザベラは大きな旅行を七回している。海外生活は九年余りに及ぶ。最初の旅は、片思いに傷ついた心を癒すための、平凡な北米旅行だった。しかし晩年の旅は、旅行地としてはあまり知られていない中国、朝鮮への三年二ヵ月にわたる困難な旅であり、さらにはモロッコへの旅だった。その間、オーストラリア、ニュージーランド、ハワイ（当時はサンドイッチ諸島）を旅し、ロッキー山脈では山男ジムと恋をし、日本の奥地に入っては先住民のアイヌと数日間生活をともにした。真冬にインド、ペルシャ、トルキスタン、アルメニア、トルコへと危険に満ちた旅を続けた。

イザベラに自立心の大切さを教えたのは、父、エドワード・バード牧師である。エドワードは、英国国教会の牧師としては不遇だった。彼は明らかに、長女イザベラを娘としてではなく息子として扱い、彼女がまだ幼いころから自立心を身につけるように教育した。その父のすすめで出かけた二度の北米旅行で、彼女は、旅は軽装でしかも一人ですべきであることを学んだ。

後年、彼女はこの北米旅行よりはるかに困難な旅行の数々に成功したが、その成功を支えた要因の一つは、旅の同行者がきわめて少なかったことである。装備が立派であったとか、大遠征であった、ということはない。彼女は最少限の使用人や装備を携え、その土地の人々や交通手段を用い、その土地に生活し、その土地の習慣を身につけるように努力した。この姿勢は特筆すべきことであり、当時の有名な男性旅行家たちとは好対象だった。彼女が単独行をはたせなかったのは、イスラム諸国の旅のみである。ここでは、土地の女性と同様にベールでその姿をかくし、ほかの誰かが組織し指揮する隊商にまぎれて行動せざるをえなかった。

イザベラは、必要最少限の食料は携行したが、必要とあれば自らパンを焼き、料理をし、また、その土地の慣れない食料でまにあわせることもあった。夫、ビショップの記すところによれば、「イザベラは虎のように食欲があり、ダチョウのように消化した」。彼女はまた、開発の進んでいない地方にはつきもののノミやトコジラミの大群にも動じなかった。近代的な医学の助けをなんら借りることなく、数週間、数ヵ月にもわたる困難で危険に満ちた旅をしつづけたイザベラは、ヴィクトリア朝の当時にあっては称賛のまとだった。今日からみても驚くべきことである。

旅行者としてのイザベラには、ほかの旅行家と比較していくつかの特徴がある。彼女は常に、旅する土地の習慣をできる限り深く学ぼうとした。わからないことがあれば、辛抱強く、繰り返し、やさしく、丁寧にたずね、彼女自身の言葉をかりれば、「ポンプで水を汲み出すように、とことん聞きだした」のである。その毅然たる態度と親しみやすさは女性に好感を与え、自信あふれる態度と異国情緒は男性に好感を与えた。馬での一人旅では、休ませてほしいと頼むと、ほとんどの所で即座に歓迎された。日本では、彼女の小間使いをかねた通訳が「彼女は貴族である」と誤って紹介したときには、すぐさまそれを訂正させるという出来事もあった。

イザベラは旅の一日の終わりには必ず日記を書いた。それは旅行中の彼女の強さを物語る一例である。たとえその日がどんなに惨憺たる一日でも、どんなに空腹でも、どんなに寒くても、暑くても、その日の出来事を記す前には眠らなかった。故国に帰ると、親類や友人たちに宛てた手紙を回収して本にまとめた。「現地」で書かれた日記風の手紙は、臨場感あふれ、趣が豊かであったからである。

旅行し、ものを書く、という生活は、イザベラにとってこのうえなく充実した生活だった。彼女は少女のころから作家を志していたが、当時は何を書いてよいのかわからなかった。父の亡きあと、その影響をうけて、讃美歌や信仰復興運動についてなど、教会に関するさまざまな小論を書いたが、宗教問題は真の関心事ではなかった。彼女が望んでいたことは、大好きな旅行をして、その旅行記録を本にまとめ、多くの人々に読んでもらうことだった。

イザベラにとって幸運だったことは、当時多くの旅行記を出版していた著名な出版業者、ジョン・マレイとめぐりあったことである。

彼女の本は、売り切れになるほどの人気をよび、彼女やジョン・マレイに多くの収入をもたらした。人気作家となった彼女の講演会には何百人、時には何千人もの人々が集まった。英国地理学会は、十九世紀終わりころには、彼女が出席しなければ会議が満足に成り立たないまでになっていた。一八九一年、中近東が危機に直面していた際、そのときまだほとんど知られていなかったアルメニアについてのフレッシュな知識が求められて、彼女は英国議会下院の委員会に出席した。グラッドストーンを含む委員たちは、イザベラの細部にわたる豊富な知識に魅了された。

イザベラと同時代に生きた女性の中には、女性がより積極的に活躍できる社会をめざして、社会変革に取り組んだ人々がいた。イザベラもこうした確固たる信念を持った、意思の強い女性の仲間だった。女性はその従順さの裏にあふれるほどのエネルギーを秘めて、意義ある役目を果たせる機会を待っているのだ、と彼女たちは考えていた。イザベラ自身は、旅から旅の生活をすることによって、因習に縛られた故国での生活から解放され、自由に活躍することができたのである。

海外を旅するイザベラにとって、故国の家族は常に心の支えだった。両親の亡きあとは、スコットランドはマル島のトバモリーでひっそりと暮らす妹ヘンリエッタが手紙の宛先だった。ヘンリエッタが他界すると、イザベラは、かねてから自分に結婚を申しこんでいた医師ジョン・ビショップと結婚した。ジョン四十歳、イザベラ五十歳のときである。しかしこの結婚は、病におかされたジョンが帰らぬ人となったために、わずか五年で終止符が打たれた。この五年間に二人は、ジョンの健康をとりもどすべく、ヨーロッパを旅した。イザベラは、ジョンにとって良き伴侶であり、良き看護婦だった。一八八六年以降は彼女は一人で過ごすことが多かったが、時折、親しい女友だちの家に身をよせることもあった。

イザベラは旅先では常に、そこに滞在する英国人をさがしだして現地の情報を得た。相手が商人であろうと、領事であろうと、また、宣教師であろうといっさいおかまいなしに、これから旅する地域の情報を聞き出し、万全の知識で身を固めた。彼女は、すぐれた決断力をもってありとあらゆる危機を乗り越えた。また、交渉が巧みで、人を上手に使うすべも知っていた。しかし、彼女の成功の理由を考えるとき、これらの資質に加えて、その背後には、いかに遠く離れていても、大英帝国の巨大な力が存在していたことを無視することはできない。彼女はそのことに気づいていた。「人々が私のキャラヴァンに加わったのは、……英国人の私といると安全だったからです」と、記している。毅然たる態度、確固たる意思、攻撃的でないところなど、まさに彼女は、英国を代表するすぐれた使者だった。

イザベラは、宣教師というよりも、むしろ人類学者に近かったといえる。現地の人々や暮らしに接していくうちに、キリスト教を布教することは、あまりにも無神経なことだと思うようになった。しかし、年を重ねるにつれて、家族が遺した福音伝道の志をうけつぐようになり、キリスト教にかかわる活動をするようになった。夫ビショップの医療伝道活動、父の安息日厳守運動、母や妹の慈善活動などはすべて、彼女の活動の一部になった。晩年の旅行では、喜んで宣教師たちと宿をともにしている。英国内で布教講演をおこなった際には旅行家としての名声がおおいに役立った。

海外での活躍にもかかわらず、イザベラは国内では常に慢性の病に苦しめられていた。英国で過ごした月日は、痛みと苦しみの悲しい記録である。しかしその病弱さは、旅に出ることが許される確実な手段でもあった。すなわち、病が重くなると、主治医たちは彼女の意をくんで、「転地療養が必要です」と言ってくれたのである。すると彼女は、おもむろにベッドから起き上がり、身仕度をととのえ、出発した。ワージングやトーキー、あるいはカンヌのような、誰もが好んで行くところではなく、はるかかなたの異国の地に向けて。

イザベラの手紙は、現在主に二ヵ所に保存されている。ロンドンのジョン・マレイ社と、エディンバラにあるスコットランド国立図書館である。ジョン・マレイ社のバージニア・マレイならびにスコットランド国立図書館のエルスペス・イエーオの二人からは、なみなみならぬご支援をいただき、研究がいっそう楽しいものになった。イザベラが出版社に宛てた手紙は、旅行の様子をかなり詳細に述べたもので、一八五八年から二十世紀はじめにまで及んでいる。ジョン・マレイ三世は、イザベラより二十三歳年上だったが、出版社と作家という関係をこえて、父親のような目でイザベラを見守っていた。国立図書館に保存されている親友エリザ・ブラッキーに宛てた手紙は、イザベラの豊かな感情がにじみでて、貴重である。

アンナ・ストッダートは、イザベラの一八五九年からの友人で、イザベラから伝記を書くように依頼された。伝記『イザベラ・バードの生涯（*Life of Isabella Bird*）』は、一九〇六年に出版された。つねに称賛のまととなったイザベラだったが、公の顔に隠された彼女の素顔を探ることができる。パット・バールは、イザベラの旅行記を明敏に分析して、『ある女性の不思議な生活（*Curious Life for a Lady*）』を著した。

スタンレイ・アルステッドとマーガレット・ラムは、イザベラの病気について詳しく研究している。クリストファー・スマウトとアン・マリー・スマウトは、イザベラのすべての著作について、建設的な批評をしている。こうした人々は、それぞれに、勤勉さと、いたわりと、温情とをもって、困難なイザベラ研究に取り組んだ。私は、彼らの業績に負うところ、大である。いつも変わらぬ誠意をもって私の秘書を務めてくれた、現代のイザベラにも謝辞をささげたい。

オリーヴ・チェックランド
スコットランド・セラダイク
およびケムブリッジにて

目次

日本語版によせる序文……i
まえがき……iii

I部　一八三一〜五八年

1章　息子としてのイザベラ……3
2章　北アメリカ――はじめての旅……17

II部　一八五八〜八一年

3章　娘として、姉として……33
4章　ハワイ――常夏のエデンの島……49
5章　ロッキー山脈――かわいそうなジム……67
6章　日本――未踏の地へ……83
7章　マラヤ――黄金の半島……105

Ⅲ部　一八八一～一九〇四年
8章　結婚、そして夫の死……125
9章　紅海から黒海へ……143
10章　朝鮮――大国のはざまで……165
11章　中国――複雑で旧式な文明国……183
12章　モロッコ――最後の挑戦……203
Ⅳ部　イザベラの人物像
13章　探検家を越えて……213
14章　宣教師？……233
15章　故国では弱々しく、海外では勇ましく……247
原注……261
訳者あとがき……293
年譜
主要参考文献

装幀＊渡辺美知子

Ⅰ部　一八三一～五八年

1章　息子としてのイザベラ

母　ドロシー

父　エドワード

一八五四年、不幸な恋愛[1]から立ち直ろうとしていた二十三歳のイザベラ・ルーシー・バードは、医者から船旅をすすめられた。両親は、イザベラのいとこたちがカナダ旅行に出かけることを知り、イザベラが彼らに同行することを許した[2]。カナダで親戚や友人たちとしばらく一緒に過ごすと、その後彼女は、一人でカナダと合衆国を旅してまわった。父は彼女に百ポンドをわたし、その旅費がなくなるまで旅行を続けて良いと言った。父のこの態度は、当時彼女が属する階級ではきわめてめずらしい寛大な態度だった。たとえば妹ヘンリエッタは、国内にとどまったままいつもきまりきった家事や社交にかかわっていただけである。この旅行は彼女にとって、自由へのパスポートだった。

バード夫妻が、長女にこのような自由を与えたのはなぜだろうか？　自由とそれを享受するための手段を与えて、娘が自立心を身につけるように激励していたのである。当時の父親は一般的に、娘が才能を持っていても娘の願いなど聞き入れようとはしなかった。バード牧師は、こうした一般的な父親とは異なっていた。当時の女性の中で後世に名を残した人のほとんどは、父親の反対をおしきって自らの道を切り開いたのである。バード牧師は娘の障害になるどころか、娘の自立を積極的に援助した。晩年の彼は、自分自身の大志を成就させることは二の次にし、イザベラを自分の名代にさせて生きる覚悟をしていた。

父、エドワード・バードは、ケムブリッジ大学モーダリン・カレッジを卒業[3]し、しばらくの間カルカッタで法廷弁護士をしていた。三十八歳のときに、なんらかの理由で、おそらくは家族の死が理由で帰国し、聖職についた。彼の最初の任地は、北ヨークシャーのボローブリッジである。そこでドロシー・ローソンとめぐりあい、結婚した。イザベラ・ルーシー・バードは、一八三一年十月十五日、ボローブリッジ・ホールで生まれた。(4) 三年後には男子が生まれたが、まもなく亡くなり、その後、ヘンリエッタ・アメーリア、通称ヘニーが生まれた。

父は、インドで、最初の妻と三歳の息子を熱病でなくしていた。息子を授からなかった親が息子に託すべき夢を娘に、というのはよくあることだ。イザベラの父もその例だった。父にとってイザベラは、まだ幼いころから息子のような存在であり、牧師として教区をまわるときにはいつも一緒に連れて歩いた。子供のころから鋭い感受性を持っていたイザベラには、父が、家庭でも、教会でも、あるいは家庭や教会の外でも、一目置かれる存在であることがわかっていた。イザベラは、父の良き助手となり、父をお手本に生きようと思った。

父は、イザベラとよく一緒に馬で旅をした。はじめは彼女は父の前に乗っていたが、まもなく一人でポニー馬に乗り、やがて大きな馬に乗って、父のお供をするようになった。のちに世界中を旅し、恐れ知らずの女性騎手として知られた彼女は、こうして乗馬術を身につけたのである。一八七三年十月、四十二歳のときには、コロラドのロッキー山脈で、「倒木や岩など数々の障害物を男たちに混じっていとも簡単に飛び越え」、それを見た現地の荒くれカウボーイたちは自分の目を疑った。(5)

幼いころから父の励ましをうけていたイザベラは、たいへん早熟な子として成長した。六歳の彼女の早熟ぶりを物語るエピソードがある。ある日、選挙運動中の立候補者がバード家を訪問したときのことである。「おじさまは、父の票がほしいので妹のことをかわいいとほめたのですね?」妹ばかりをかわいいとほめる立候補者に、彼女はそう言ったのである。(6) 妹にくらべて自分はかわいい女の子ではないという意識は、いつまでも彼女から離れなかった。そしてこの意識は、彼女が世界にその足跡を残すための大きなバネになった。また七歳のとき、昼食時に姿の見えぬイザベラをさがすと、彼女は、馬小屋のマグサ桶の中で、アーチボルド・アリソンの著した『フランス革命時のヨーロッパ（*History of Europe during the French Revolution*）』を読んでいた[7]。彼女の主治医の妻、アグネス・G・スチュワートは、彼女の死後、その追悼記事を『ブラックウッズ・エディンバラ・マガジン』に記している。「……ビショップ夫人（イザベラ）は、幼いころは、大人の手に負えないほどの辛辣な皮肉屋さんで、サムナー家のいとこたちは彼女を苦手にしていたそうです[8]」。

父は、イザベラの少女時代をつうじて、彼女に考えることを教えた。彼女はそのことに気づいていたのだろうか。彼女はそれをどう思っていたのだろうか。「一緒に乗馬を楽しんでいるときでも、父は、どの畑にはどういう作物が育っているのか、あの水車は下射式か上射式か、今通った門はどんな仕組みになっていたのか、あの動物は、あの人は、……と、私に問いかけました[9]」。夏休みは「乗馬旅行で、行く先々の地理や歴史を学びました[10]」。彼女が、旅行家として、また作家として成功したのは、あまり世間に知られていない地域を旅したことに加えて、目にした事柄を実に生き生きと描写したことにもよる。もともと聡明で優れた観察力をそなえていた彼女にとって、父のこうした教育は、作家としての土壌を耕すのに十分役立った。

母、ドロシー・バードもまた、イザベラには重要な影響を与えていた。母は、表面的には控え目だったが、心の奥では娘たちに可能なかぎりの機会を与えようと決意していた。当時としては高い教育をうけていた母は、良家の出身で（家系の男たちは、学者か国会議員だった）、自ら娘たちの教育にあたり、娘たちからは、良い先生と評価されていた。イザベラはこう記している。「母が教えたようには、今は誰も教えられないでしょう。母の教え方はほんとうにすばらしかったので、母が私たちに何かを説明しはじめると、私たちはまるで魔法にかかったように動けなくなりました。ありきたりの先生など、とても好きにはなれなかったと思います」[11]。知的好奇心に満ちていたバード家の娘たちは、もしもっと後の世に生まれていたなら、オックスフォードやケムブリッジで学んでいたのだろうか。

父は、牧師という職が天職であることに気づくのは遅かったが、きわめて熱心な安息日厳守主義者になった。どの教区に赴任しても、彼は安息日に働くことに強く反対した。バークシャーのメイドンヘッドから、当時チェスターの主教だった親類の世話でチェシャーのタッテンホールに移り、そこからさらにセント・トーマス教会の牧師を務めるため、バーミンガムに移った。そこでは彼は、石や泥を投げつけられる屈辱をうけ[12]、教区の人々の間に対立をうみ、彼や家族の心労はつのるばかりだった。このような苦境の中で、父は健康を害し引退した。そして一八四八年、家族の良き友人だったレイディ・オリヴィア・スパロウ[13]の世話で、ハンテンドンシャーで静かに暮らすことになった。

父は、いとこのウィリアム・ウィルバーフォース[14]から強い影響をうけていた。ウィルバーフォースは、英国の奴隷貿易に反対しつづけた英雄的な福音伝道者である。一八三三年に奴隷解放令が成立、大英帝国全領土において、すべての奴隷が解放されることになったが、ウィルバーフォースはその直前に他界した。父は、彼がしたように、安息日厳守運動を成功させたいと望んでいたのだろう。しかし、奴隷解放運動が時代の申し子であった一方で、安息日厳守運動は、人々の間ではすでに過去のものになっていた。

父は、牧師としては不遇だった。とりわけ、同世代の二人のいとこたちと比較するとみじめである。

ワイトンのセント・マーガレット教会

いとこの一人、チャールズ・R・サムナー[15]は、一八二七年からウィンチェスターの主教となり、チャールズの兄、ジョン・B・サムナーは、一八二八年にチェスターの主教[16]、一八四八年にはカンタベリーの大主教になっている。その年は、父がワイトンでほとんど引退に近い生活を始めた年である。

このときイザベラは、多感な十代だった。この利発な十代の少女は、父の苦難をまのあたりにし、その不幸な経験と失敗とを教訓としてうけとめ、自らの成功の礎にしたにちがいない。イザベラの、伝道あるいは伝道者から一歩距離を置く態度は、おそらく、バーミンガムのセント・トーマスでの苦しみの日々に起因するのだろう。

セント・アイヴスに近いワイトンの牧師館は、屋根の低い、大きな美しい建物で、今はなくなってしまったセント・マーガレット教会へは、そこからまっすぐな道が続いていた。教区の人口はわずか三百人だったので、バード家には、美しい自然を堪能する時間が十分にあった。あるときは、近郊で乗馬や馬車旅行を楽しみ、あるときは、近くを流れるウーズ川に船を浮かべて静かな時を過ごした。イザベラは、父やヘンリエッタや教区の人々とともに慈善活動に参加したり、家では書きものや化学の勉強、裁縫などをして過ごした。バード家は、家族ぐるみで多くの聖職者や貴族と交際があったが、イザベラは特に、トゥウィデイル侯爵の娘で、レイディ・オリヴィア・スパロウの姪であるレイディ・ジェイン・ヘイ(17)（後のレイディ・ジェイン・テイラー）と親交があった。

イザベラは、少女のころから「丈夫でない」といわれてきた。はたしてほんとうだろうか。「丈夫でない」子は、ひとたび家庭で「丈夫でない」ことが認められると、その家庭や友人に影響を及ぼす。そして「丈夫でない」ことを口実に、めんどうなこと、いやなことをしなくなりがちである。後年のイザベラは実に頑強だった。彼女の危機に立ち向かう姿勢や、いかなる困難な旅をも耐え忍ぶ、いやむしろ楽しんでさえいる様子をみると、はたして、ほんとうに子供のころから「丈夫でなかった」のだろうか、と疑いたくなる。しかし、事実、彼女は脊椎の病におかされており、十八歳のときに脊椎腫の手術を受けている。手術してしまえば全快する類いの病ではあったが、当時の未熟な外科技術のもとでは、多くの危険がともなっていた(18)。この手術の後からイザベラは、脊椎側彎症になったといわれている。しかし、そのころの写真には何ら異常は写し出されていない。一八九二年まで、彼女がその彎曲をカバーするために特殊な襞のある服を身につけていたからだろうか(19)。

一八五〇年からバード家は、当時の流行にならって、夏の休暇はスコットランドで過ごすようになった。ヴィクトリア女王夫妻が、スコットランドのバルモラルに居城を設けようとしていたころである。バード家は、スコットランドのハイランドやインヴァネス、ロスシャイアー、あるいはスカイ、ラーセイ、ハリス、マルなどで夏を過ごした。これらの地域では、安息日が比較的守られていた。父亡きあと、母とイザベラ姉妹がスコットランドに居を移したのは、このころの楽しい思い出があったからである。

バード家は、家族の一人一人が役割を担った、小さな一つの組織だった。母とヘンリエッタは、主として家事全般にわたる責任を担い、父とイザベラのために働きやすい環境を整えた。実質的に息子としての役割を担ったイザベラは、職業を持つことに心をくだき、ついに最初の作品『保護主義が自由貿易をうち負かしたことに関する小論文(a pamphlet descriptive of a trial between Free Trade and Protectionism, the latter being the Conqueror)』[20]が、近くの町ハンテンドンの出版社からだされた。イザベラ十六歳のときである。彼女は作家として船出したが、まだ方向は定まっていなかった。

一八五四年に北米から帰国したイザベラは、すばらしい幸運に恵まれた。ウィンチェスターで、旅行作家ジョン・ミルフォードと出会ったのである。ミルフォードは、スペインやノルウェーの旅行記の著作があったが、これらの本を出版したジョン・マレイ[21]に次のような手紙を書いている。「ミス・バードをご紹介いたします。彼女とはウィンチェスター主教のお宅ではじめてお目にかかったのですが、主教とは遠いご親戚のようです。このたび数ヵ月にわたる北米旅行から帰国されたばかりとのことでした。……彼女のご要望により、この紹介状をしたためるしだいです。……ミス・バードは、聡明かつエネルギッシュで、名のある雑誌に何度か寄稿しておられます……[22]」。

その後、イザベラとジョン・マレイは直接手紙を交換している。以下はイザベラの手紙である。

親愛なるジョン・マレイ様、

このたびは、私の作家活動に関しましてご助力いただけるとのこと、まことに感謝いたしております。ご多忙の折、このように長いお手紙を頂戴し、もうそれだけで、あなた様のご厚意が伝わってまいります。

私は、何かの雑誌に書きたいと思っております。そうすれば、あまり大きな責任を負わずにすむような気がいたします。たいへん申し上げにくいのですが、できれば、『ブラックウッズ』か『フレイザー』の編集者にご紹介いただけないでしょうか。『クォータリー・レヴュー』はどうかとのお申し出でございますが、私はそれほどの野心はいだいておりません。昨年、私は、『ノース・アメリカン』に寄稿いたしましたが、ここに書きましたことはもっぱら評論であり、『クォータリー』の編集者が望んでいらっしゃるものとはおそらく異なると思います。

原稿がたとえ返されても、費やした時間はわずかなものですので、十月号にどうかとお申し出いただいたテーマで、新しく書くつもりでおります。私はすでに九年間、寄稿しております。その結果に満足しております。ここで一つくらい原稿が拒絶されても、意気消沈するほどのことではありません[23]。

ジョン・マレイ三世は、イザベラのこの手紙の中に、神経質で経験の浅い、若い作家の姿を見いだしたにちがいない。彼はその後、イザベラの本を出版し、複雑な出版業界のしくみを彼女に教え、また、友人として家族や友人たちの輪に彼女を招き入れた。

当初、イザベラはマレイに一つの申し出をして断られている。[24]それは、イザベラがかつて書いたアメリカにおける宗教事情についての九つの論文を、一冊の本にまとめて欲しいという申し出である。彼女は、これらの論文ではすでに十分な報酬を得ているので（ザ・パトリオット紙に掲載された）、出版による利益は、マレイが受けるべきものであると提案した。しかし、旅行記により深い興味をもっていたマレイは、この申し出を断った。（有名なマレイの『ハンドブック』は、一八三六年にはじめて出版されている）。マレイが、自分の好む旅行記をイザベラに書くように説得したことは、彼女にとって幸運だったといえよう。このとき、あくまで宗教的なテーマにこだわり続けていたなら、彼女は、自分をとりまく因習的な生活から生涯抜け出すことはできなかっただろうし、ささやかな宗教世界にとどまり、これほどまでに有名にはならなかっただろう。彼女が亡くなったとき、ザ・タイムズ紙は、彼女の才能は、当時の人々が興味を持っていた地域をたくみに選んで旅をしたところにある、と書いている。[25]旅行地は、はたして、彼女の好みで選ばれたのだろうか、それとも、ジョン・マレイの影響が大きかったのだろうか。

マレイは、『イギリス女性のアメリカ紀行（*The English Woman in America*）』の出版に同意し、その後、イザベラのほとんどの本を出版した。彼女はつねに実務的だった。『イギリス女性のアメリカ紀行』がアメリカで出版されることを知った彼女は、マレイに頼んで二十五冊もの贈呈本をアメリカから自分に送らせた。[26]カナダの『ザ・グローブ』にのったこの本の書評には、この本が、「格式ある出版社マレイ氏によって、英国で出版された」と、紹介されている。[27]イザベラは、マレイとの親交には細心の気配りをした。そして彼の助力を得て、長い間憧れていた知識人や文学者の社会にデヴューし、名を知られるようになった。文学の世界で名をなそうとするものには、イザベラのような気配りは必要不可欠なのだろう。しかし、この若い、無名の作家の如才なさと粘り強さは、いささか尋常ではなかったようだ。

ワイトン時代、イザベラと父は、パートナーとして活動した。イザベラにとっては修業の、父にとっては安らぎの時期だった。二人は宗教問題に取り組み、ともに充実した幸せな時を過ごした。しかし一八五四年、父は、かつて陽気だった娘が恋に敗れてしだいに沈みこんでゆく姿をみて、娘を北米の旅に送り出すことにした。父にとって娘がそばから離れることは、大きな痛手だったにちがいない。自らをかえりみぬ父の愛がそこにはあった。

イザベラは一八五五年、カナダと合衆国の旅から帰国すると、北米での信仰復興運動について父に語り、父の興味をよぶところとなった。父が北米のこの運動について本を書くためには、もう少しくわしい現地情報が必要だった。こうして、一八五七年、彼女は合衆国南部と西部の新しい州を訪問すべく、二度目の北米の旅に出発した。

父とイザベラにとって、このパートナーシップはきわめて重要な意義をもっていた。ワイトンではぼ引退に近い生活を送っていた父にとって、それは生きがいであり、命の糧だった。彼女にとっては、家庭内の雑事から解放される、自由の保証だった。彼女は旅をし、調査し、記録する。父は家で、書き、本にまとめる。心に傷を負ったイザベラにとって、旅はまた何よりの慰めだった。

一八五八年四月三日、イザベラは二度目の海外旅行から帰国した。本来なら喜びに満ちた家族の再会である。[28] しかし、この日父はインフルエンザのため病の床につき、そのひと月余り後、帰らぬ人となってしまった。六十六歳だった。娘の並はずれた才能を見出し、あえて因習を破ったエドワード・バードの寛大な精神を讃えるべきだろう。父はイザベラに進むべき道は何であるかを教え、そのスタートラインに立たせた、と確信してこの世を去った。二人のパートナーシップは終わりを告げた。「息子」が一人立ちする時が来たのである。イザベラは、自分にとって父は「生活の中心軸であり、人生の目的である」[29]と書いている。その父の死は、きわめて大きな打撃だった。彼女は父親を亡くしたと同時に、旅をとおして人生の喜びを知るすべを教えてくれたスポンサーをも失ったのである。その後十四年間、イザベラは家庭や地域の雑事におわれ、当時の未婚の娘たちの多くがそうであったように、そこからぬけだす道を求め続けた。だが、むなしさと絶望がつのるばかりだった。

その間、一八七〇年までにイザベラは、精神的な苦悩から自らを解き放つために、一編の詩を書きつづった。その詩は、一見、子供時代の夢を失ったことを歌ったように読みとれるが、同時に、彼女の内面の襞を吐露したものでもある。次の三節は、特に感動的である。

安らぎのない日々に病み、葛藤し、疲れはて
　疑念にむしばまれた心は痛む
漆黒の暗闇の中で、私の心は叫びつづける
　あの平和な日々を再び求めて

光がほしい！　命がほしい！　真実がほしい！
　最後の星の、かすかな光が、私の中から消えてゆく、永遠に
孤独！　絶望！　ああ、絶望！
　求めつづけたあの日は来ない、夜明けは来ない、永遠に

舵もなく、錨もなく、暗闇の中をただ一人
　岸辺も見えぬ大海を、ただ漂うばかり
ああ！　かすかな光でもいい！　ほんのかすかな！
　慈愛に満ちた、真実の光さえあれば！(30)

　この詩に歌われているものは、未来への希望を失った孤独な魂である。「病む」とか、「むしばまれる」とかいった語句は、ヴィクトリア朝に生きた病弱な人々の独特な雰囲気をかもしだしている。イザベラは一八五八年まで、研究者として、旅行家として、また父のパートナーとして、父とともにさまざまな仕事や興味をわかちあってきた。しかし父が亡くなった今、彼女には自分に永遠の足かせがはめられたように思われた。

2章　北アメリカ——はじめての旅

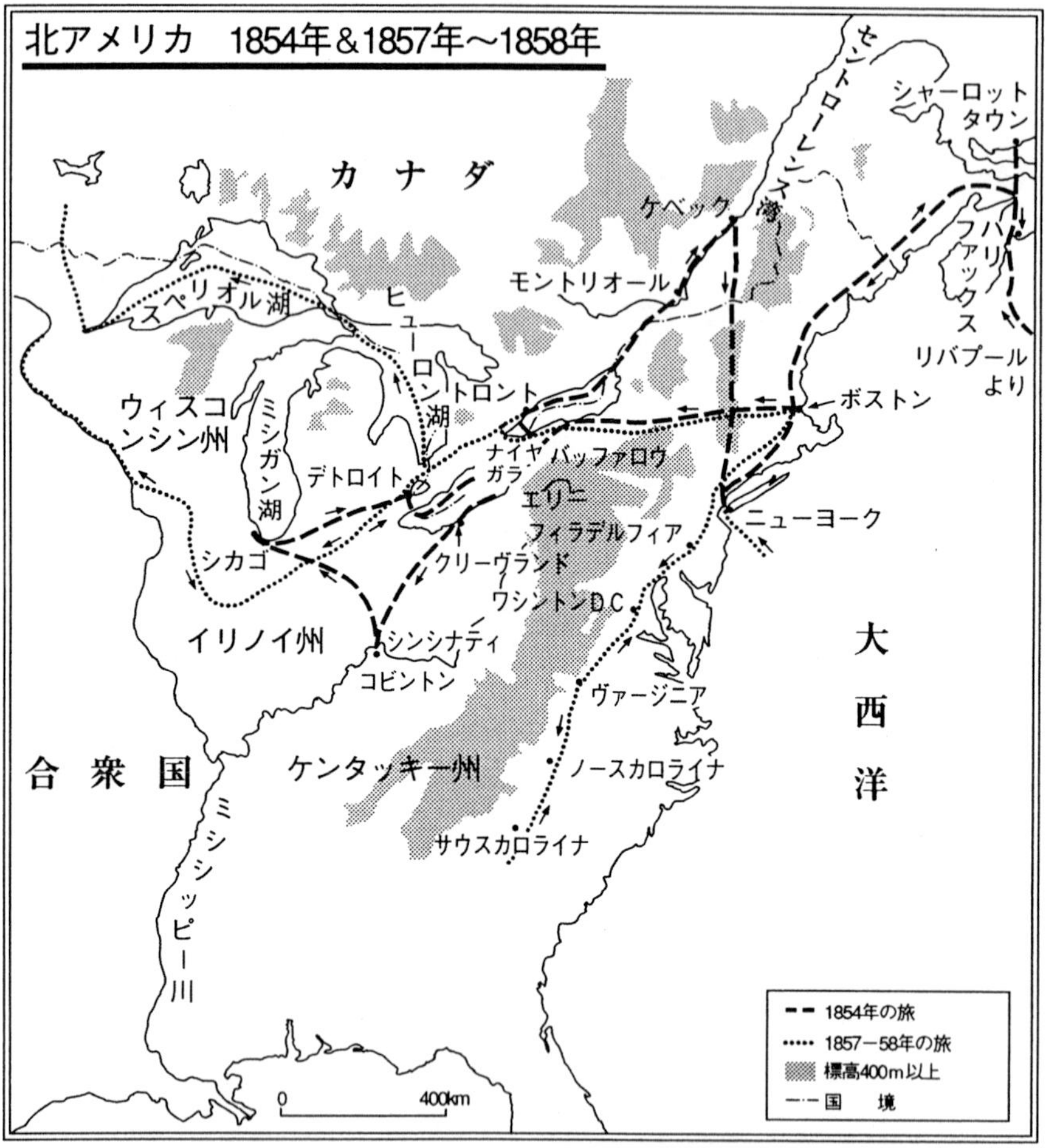
北アメリカ　1854年＆1857年～1858年
カナダ
セントローレンス湾
シャーロットタウン
ハリファックス
リバプールより
ケベック
モントリオール
スペリオル湖
ヒューロン湖
トロント
ボストン
ウィスコンシン州
ミシガン湖
ナイヤガラ
バッファロウ
デトロイト
エリー
ニューヨーク
フィラデルフィア
シカゴ
クリーヴランド
ワシントンD.C
イリノイ州
シンシナティ
コビントン
ヴァージニア
大西洋
合衆国
ケンタッキー州
ノースカロライナ
サウスカロライナ
ミシシッピー川
0
400km
1854年の旅
1857－58年の旅
標高400m以上
国　境

イザベラがはじめて海外に出たのは、一八五四年のことである。父はこの二十二歳の娘の中に、大志を抱いた、自分自身の青年時代の姿を見いだしたのだろうか。いずれにしても彼は娘のために、はじめての一人だけの海外旅行を準備し、資金を与えたのである。

一八五四年六月のある土曜日、イザベラは、リヴァプールからノヴァ・スコシア半島のハリファックスに向けて旅立った。船はダナード所有の、千八百五十トンの郵便貨物船カナダ号である。彼女は、ダナードの船は「力強く、航行はスケジュール通り、しかも安全」と書いている(1)。途中マージー川では、クリミアに向かうイギリス竜騎兵第二連隊が、軍の輸送船ヒマラヤ号に乗船している光景に出会った(2)。彼女は、同じ船室のイギリス婦人がたびたび船酔いし、少し良くなるとひとときも黙っていない、と不快感をあらわしている(3)。彼女自身はきわめて快調で、よく食べ、さまざまな人種からなる船客を細かく観察している。

イザベラがはじめて訪問したころのカナダは、二つの地域からなっていた。トロントを中心とする地域と、モントリオールならびにケベックを中心とする地域だった。彼女は帰国する直前に、元カナダ総督エルギン(4)に会っている。エルギンは一八四八年からカナダに滞在していたが、一八四九年、当時支配的だったイギリス系の保守層に少しばかり民主的な風を吹き込むことを決意し、フランス系カナダ人を公平に処遇する措置をとった。このためモントリオールでは暴動が起こり、カナダ議会の建物が焼失した。その結果、モントリオールは首都の地位を失い、トロントとケベックの二つの都市が交互に首都の機能をはたすことになった。しかし一八五八年、ヴィクトリア女王は、二地域からほぼ同距離にあるオタワをカナダの首都に定めることにした。当時のカナダは、エルギンが合衆国と結んだ互恵条約の影響で、とても繁栄していた。それ以前には、アイルランドから飢饉を避けて移住してきた何千という病み飢えた人々を抱え、困難な時期もあった。

イザベラの最初の旅行記、『イギリス女性のアメリカ紀行』は、旅行中に書いた日記がもとになっており、記述はきわめて率直である。故国の友人たちに書き送った手紙には、カナダ人やアメリカ人の欠点があからさまに描かれている。二十二歳の若き女性は、カナダやアメリカの読者がどのように思うかなど、あまり考慮に入れていなかった。彼女の表現は年を経るにつれて、しだいに穏やかになっていく。それは、彼女がつとめて長所に目を向け、さらに、いやなことでも楽しもうとしながら、聞いて心地良い話を語ろうとするようになったからである。イザベラの最初の寄港地ハリファックスについての描写は、きわめて手厳しい。「汚いことといったら、……気候はとても乾燥しているのに！……牡蠣の殻、魚の頭や骨、ジャガイモの皮、キャベツの芯などが道路に散乱しています。でも、くるぶしまで埋まるぬかるみのためにほとんど通行できない道をはじめ、その後目にした光景は、汚いという言葉ではまったく表現できません……」(5)。ノヴァスコシア半島の先住民についても辛辣である。「……彼らの辞書には、進歩という言葉がありません……」。

トゥルローからピクトウをへて、イザベラの滞在先、プリンスエドワード島のシャーロットタウンまでは、彼女は馬車でいとこたちに同行した(6)。「両側を、汚れで変色した鹿皮でふさいだ」馬車は、けっして乗り心地の良いものではなかった。しかし、十二人の客を乗せたこの六頭だての馬車は、百二十マイルを二十時間で完走した。道はといえば、厚板か、丸太か、さもなければ、砂が敷きつめられているだけだった。湿地には必ずと言って良いほど太い三本の丸太が平行に渡され、そこを通るたびに馬車は激しく揺れ、乗客は悲鳴をあげた(7)。

イザベラは乗客の中で、特に二つのグループに興味をもった。アメリカ先住民とスコットランド人である。スコットランド人たちはピクトウ地域に移住する人々で、イザベラはなつかしいスカイ島のスニゾート出身の人と、しばしゲーリック語で話して楽しい時を過ごした(8)（彼女は、休暇でスコットランドに行くたびに、ゲーリック語を少しずつ覚えていた）。アメリカ先住民は、ミクマク族だった。彼らについては、「気性が激しく戦闘的で、毒の水（ウィスキーその他の強い酒）におぼれています」と、哀れみをもって描いている(9)。

イザベラといとこたちは、シャーロットタウンでスワビー大尉に暖かく迎えられ、「古い、英国風の赤レンガのお屋敷で(10)」六週間があっというまに過ぎた。彼女はそこでケンジン夫妻と親しくなり、夫妻とともに近郊を散策して楽しんだ。「彼らは、道なき道をどんどん行き……歌ったり、大声をあげたり、笑ったり、笑わせたり、時には魚をつったり、まったく幸せそのもので、その夜はどこに宿をとるかなど、少しも気にかけていない様子でした(11)」と、イザベラは書いている。彼女が驚いたことには、彼女が身につけている服が、称賛のまとになったのである。「私は、コートをぬいで着ているドレスを良く見せてほしいと、せがまれました。いなかの、粗末な仕立てのドレスがまるでパリの最新のファッションのように扱われたのです(12)」。

カナダの鉄道開設の遅れについて、イザベラはあるカナダ人と興味深い会話をしている。カナダ人は次のように言った。「英国はカナダにもっと力を貸してくれるか、カナダに好きなようにさせるか、どちらかにすべきだ」。それに対して彼女はこう答えた。「カナダには自分たちが好きなようにできる政府があるではありませんか。それなのにその政府は名ばかりで、少しも機能していないではありませんか[13]」。

当時のカナダと英国との関係については、さまざまな解釈がなされている。

プリンスエドワード島からイザベラは、南に下って合衆国の姿をかいま見、強烈な印象を受けた。「なんと美しい風景でしょう！　メイン州、ニューハンプシャー州、マサチューセッツ州を通りました。その美しさといったら！　みごとに耕された緑の田園、まるでイギリスのよう。しかもイギリスよりはるかに幸福感に満ちています。ここには新世界に恥辱をもたらす奴隷がいません。旧大陸にまとわりつく貧困もありません」。

イザベラは、ボストンのアメリカン・ハウスに滞在した[14]。そこは「豪華で立派」なところではあったが、女性用の居間では書きものをすることが許されず、とりだした羽根ペンとインクびんをかたづけなければならなかった。彼女が落胆したことは言うまでもない。ボストンからは、千マイルを四十時間で走るという「いなづま号」に乗り[15]、ロチェスター、バッファロー、エリーを通り、クリーヴランドに到着した。そこからは五つの路線を使って「美しき西の都」シンシナティーに向かった[16]。一人旅の彼女は、鉄道を乗りかえるたびに、「とても自然に手をかしてくれる、心やさしい」紳士たちに出会った。やっとの思いで、シンシナティーのクリフトンに到着した彼女を迎えたのは、オハイオ州の主教、マキルヴェインだった。彼女はここでようやく、「体のあかや、衣服の汚れや、灰を落とすことができた」。

「外見は第二のグラスゴー」と言われたシンシナティーは、極端に異なる二つの顔を持ち、イザベラを驚かせた。[17] 立派な閲覧室をそなえた公立図書館があるかと思えば、痩せこけた豚がわがもの顔で通りを走りまわっていたのである。刈取りのすんだトウモロコシ畑や、木の実が豊富にある広大な森で豚を太らせるのは、たしかに良い方法である、と認めた彼女も、通りにまで豚がいる光景には、さすがに神経をとがらせたようだ。[18]

イザベラはシンシナティーに滞在中、ぜひともケンタッキー州を訪れたいと思った。自分の目で奴隷制のある州を見たかったのである。「同じ土地柄、同じ気候、同じ自然環境にもかかわらず」、ケンタッキーの後進性、頽廃、町をうろつく浮浪者、そして、奇妙な様子をした奴隷をまのあたりにして、彼女はまさに自分が奴隷制の州にいるのだと痛感した。ケンタッキーで三百ポンドの価値は、オハイオでは三千ポンドの価値があることも知った。[19] 一八五九年に出版された彼女の『アメリカの宗教事情（*The Aspects of Religion in the United States of America*）』は、反奴隷制が主要なテーマの一つだった。

今回の西部への旅は、シンシナティーが最終目的地だった。イザベラは、この「冒険とロマンス」の地に別れを告げ、一路シカゴに向かう列車に乗った。この列車の中で、彼女は盗難にあう。彼女の隣に、「額がせまく、ほりの深い、目つきのおかしい」男がすわった。彼女はきわめて平静に、そっと、財布を自分のポケットからとり出して別の場所に移した。荷物の合札はポケットに入れたままだった。その合札が盗まれた。まもなく、車掌に合札の提示を求められた彼女は、隣の男をさして言った。「この方が、私の合札をお持ちです」。男は、しかたなく合札をさし出した。彼女はそれ以上何も言わなかった。この話にはいくらかの脚色があるかも知れないが、これを聞いたアメリカ人の友人は、「アメリカのスリをだしぬくとは、英国の女性はたいしたものだ」と、感心している。[20]

シカゴはすばらしい、とイザベラは思った。一八五〇年まで鉄道は全く開設されていなかったにもかかわらず、一八五四年には、十四もの路線がシカゴから放射状に敷かれていた。今までに見たことのないほどの、「驚くべきアメリカ人のエネルギーと進歩」がここにはある、と彼女は書いている。(21) シカゴからは、鉄道と船を使ってデトロイトに向かった。七百マイルがわずか八ドル五十セントだった。(22) 湖に沿って続く線路は、積み重ねた木材だけで支えられていたが、「こうした不安定な線路はアメリカではめずらしいことではない」と、彼女は記している。

デトロイトからの旅は、波乱に満ちていた。エリー湖を通過する際、イザベラの乗った蒸気船メイ・フラワー号が、猛烈な暴風雨にみまわれたのである。女性の乗客たちは、恐怖のため泣き叫んだ。彼女は、「何も危険はありません。エンジンは正常に動いていますし、舵も働いています」と言って、女たちを慰め励ました。(23) この嵐の中で彼女は、「生まれてはじめて赤ちゃんを抱きました。なんともぎこちない抱き方」。気分が悪くなった母親のかわりに、赤児の世話をしたのである。「かわいそうな、小さな、黒い赤ちゃん。ベッドの上で、そのお猿さんのような顔を一生懸命に私に向けようとしています」。(24)

ナイアガラの滝では、「油をぬった木綿のコートを着せられ」、「まるでボロを着ているような感じ」がした。(25) イザベラは、「ホースシューの大滝直下二百三十フィート地点」を通過した「証明書」なるものをもらった。もっとも、同行の旅行者の一人は、「これはまっかなウソ！」と怒っていた。彼女はトロントについては、「ここは、カナダ人の叡知と愛国心の砦」と表現している。彼女の脳裏には明らかに、モントリオールの暴動があったのだ。オンタリオ湖では、ほとんど溺れそうになった。

ハミルトンに向かう蒸気船が傾き、湖になげだされたのである。しかし、全く幸運なことには、大波がおしよせ、彼女は再び船内に戻された。そして、その数秒後、船体は正常に戻ったのである！　これは、彼女にとって、「アメリカ旅行中、ただ一度だけ、恐怖におののいた出来事」だった。

イザベラは、オンタリオ湖近くの森に友人たちとしばらく滞在し、たいへん楽しい時を過ごした。乗馬の得意な彼女は、あるときは森の奥深くまで遠乗りをし、またあるときは湖畔を疾走した。日曜日に土地の教会に行くと、そこはスコットランドと深い結びつきがあることがわかった。一人のスコットランド出身の老人がイザベラに話しかけてきた。「あなたはグレネファーの丘からきたの？ここの教会はスコットランドの教会と少しも変わらないでしょ？」(26)

トロントをあとにすると、イザベラは、オンタリオ湖を蒸気船アラビアン号でサウザンドアイランズまで行き、そこで急流のため下船して滝のまわりの陸路をたどり、それからニューエラ号に乗船した。船は小島をぬって進み、ラ・チャインで休憩のためいったん錨をおろした。そこから激流を下って、ようやくモントリオールに到着した。そこでイザベラを迎えたのは、モントリオールの主教である。モントリオールは、「きわめて騒々しい町」だった。これは、一八四九年五月に起こった暴動の後遺症のためである。この暴動で町は大きな損害をうけ、総督の命も危険にさらされた。その当時の総督、エルギンは、イザベラが訪れたときはケベックの近郊スペンサーウッドに住んでいた。イザベラは不覚にも、ここにいたって病に倒れるのである。当時、その地方にはコレラが流行していたが、エルギンは、彼女の病はたんなる発熱である、と報告している。

イザベラは、当時の立法議会議長ロスにも会っている。ロス夫妻は、イザベラを自宅に泊め、暖かくもてなしただけでなく、彼女のさまざまな質問に答え、多くの情報を提供してくれた。その後はニューヨークとボストンを訪れ、アメリカ号でハリファックスから帰国の途についた。

イザベラは七ヵ月の旅を終え、「出発したときより元気になって、はつらつとして」帰国した。百ポンドの旅費のうち、手元には十ポンドが残っていた。二十二歳のイザベラは、友人たちの力を借りたとはいえ、北アメリカを何百マイルも一人で旅をし、独立心を養って帰国した。一般に知られている経路をたどった旅だったが、彼女にとってはじめてのこの旅は、貴重な第一歩になった。

一八五五年十月一日、イザベラはこの北米旅行の記録をまとめて、『列車と蒸気船』というタイトルで、ジョン・マレイに渡した。マレイは内容に不服はなかったが、タイトルが気にいらなかった。本のタイトルは『イギリス女性のアメリカ紀行』に変わり、一八五六年一月に出版された。ただちにすばらしい反響があった。旅をし、その記録や、旅先から家族・友人にあてた手紙をまとめて本にすることは、彼女の長い間の夢だった。旅先での失敗や感動や喜びを手紙に書いて送る。帰国してから、それら臨場感あふれる手紙を回収して、ゆっくり本にまとめる。彼女が十分に考えた方法である。

両親は、いまや人気作家となったイザベラが、これで家に落ち着いてくれるだろうと願ったようだ。しかし彼女にとってうれしいことには、一八五七年の春、健康を害したために主治医が転地療養をかねて旅に出ることをすすめてくれたのである。

父は、アメリカについてイザベラの語ることには、すべてに興味を持った。しかし、父の一番知りたかった宗教問題については、彼女の説明は十分ではなかった。このことについて自分で本を書くつもりでいた父は、彼女に再度アメリカに渡り、安息日厳守運動や信仰復興運動をはじめその他宗教問題に関する資料を集め、さらに奴隷問題についても詳しく調べてくるように依頼した。

イザベラの二度目の北アメリカの旅は、純粋に父の協力者としての旅だった。一八五七年にジョン・マレイに彼女の旅行日程を書いて送ったのは、父だった。それには次のように記されていた。「まずニューヨークに行き、それから南に下ってサヴァンナまで、再びニューヨークに戻って、ボストン、ケムブリッジ、サザムプトン、そしてアルバニーからオンタリオ湖、シカゴ、セント・ポール、デトロイト……ヒューロン湖やミシガン湖にも行けたらと、願っております。旅は二月末までかかるでしょう(27)」。

旅は、しかし、六ヵ月の予定が一年近くに及んだ。現地で思いがけない招待を受けたり、訪れるべき所などの助言があったからである。アメリカから帰国すると、彼女はジョン・マレイにこう書いている。「……以前に訪れたことはありましたが、ニューヨークに二週間滞在しました。そこからは、はじめての地に向かいました。フィラデルフィアに三週間、奴隷制度のある州、すなわち、バージニア、サウス・カロライナ、ジョージアの三州に二ヵ月、議会が開かれていたワシントンに二週間、ボストン近郊に一ヵ月、ロングフェロウ宅に一週間、マサチューセッツ西部の美しい町に二ヵ月、アルバニーに二週間、ナイアガラに一週間、トロントに二週間、自然の中に一ヵ月、デトロイトに二週間、西部に向けて六週間、すなわち、イリノイやウィスコンシンの大草原を経て、ミシシッピー川上流まで四十マイルの鉄道の旅、そしてミネソタへ、さらにミネハハの滝、ヒューロン湖、スペリオル湖のはずれまで行き、先住民の住むハドソン湾区域に達しました。合計二千マイルの旅でしたが、その間、同じ所に四週間以上滞在したことはありません。こまめに動いたほうが、健康に良いと考えたからです……」[28]。

アンナ・ストッダートは、イザベラから直接、この旅のエピソードをいくつか聞いている。大きな暖炉を囲んで、ロングフェロウやダナ、ロウエル、エマーソン、その他何人かの友人たちと過ごした楽しい夜のこと[29]、ヒューロン湖でボートを待っていたとき、うしろから押されて湖に落ちてしまったが、背の高い先住民の男が湖に飛び込み、命を救ってくれたこと[30]、などである。

この旅でのイザベラの主な関心事は、アメリカの宗教事情だった。彼女は、すべての宗派の説教をすべての地域で合計百三十回聴いたと言われている。その中で、特に印象深かったのは、バージニア州リッチモンドのアフリカ・バプティスト教会での礼拝だった。「お祈りを求められた年老いた黒人が、きわめて敬虔な態度、言葉づかいで、思慮深い説得力のあるお祈りをささげたので、感動のあまり涙をこらえることができませんでした[31]」。

旅から帰ると記録を論文にまとめる作業が待っていた。一八五八年の末までにイザベラは、「アメリカの宗教事情」と題する論文を九本書いた。ザ・パトリオット紙に掲載されたこれらの論文が好評だったため、一八五九年、ロンドンのサムソン・ロウから、本としてまとめられ、同じ題で出版された。この本は、英国の宗教家にとっては、アメリカの宗教問題を知るためにおおいに参考になった。

ジョン・マレイは、イザベラの宗教事情に関する本の出版を断った。しかし、二人はともにアメリカには強い関心をもっていたので、文通は続けられていた。少しばかりアメリカ通になった彼女の、ある日の手紙である。

「あなたは、アメリカは現在も未来もかなり悲惨である、とお考えのようですね。私はワシントンその他の地でおおぜいの政治家に会い、多くの演説を聴いて参りましたが、驚くべきことに、政治家たちのほとんどは、無節操で、腹黒い、ただ公職につくことだけを考えている人々でした。例外はきわめてわずかです。彼らには、高邁な思想もなければ、改革の意思もなく、確固たる目的もありません。彼らにあるのは、自己の富や勢力を拡大する野心のみで、そのためには、いかなる努力も惜しまないでしょう。この泥沼にどっぷりとつかったままで(32)」。

イザベラは、『アメリカの宗教事情』の中で、「アメリカは、いかなる意味においても、その全体像をとらえることは、きわめてむずかしい……。そこでは、ローマ帝国で話されていた言語よりも多くの言語が話され、ローマ帝国の支配下にあった人種よりも多くの人種の人々が生活している(33)」と記している。南部の奴隷制度については、彼女の語気は強まる。「燦々と輝く太陽の恩恵をうけて、豊かに生み出された南部の美しさ……熱帯植物の森、オレンジ畑、木連の花の甘い香り、色鮮やかな花の数々、紅色の翼のフラミンゴ……。我々英国人が『南部』と聞いて、最初に心にうかべるものは、しかし、そうした美しさではない。南部のたった一つの汚点、奴隷制度という汚点を思いうかべるのである。この汚点は、南部のあらゆる事柄にしみわたり、キリスト教もその例外ではない……(34)」。

イザベラは、一八五八年四月三日に帰国し、ようやく家族のもとに戻った。しかし、父やイザベラが楽しみにしていた二人の共同作業は実現しなかった。父が、彼女が帰国したまさにその夕べに、病の床についたのである。四月十八日のミサが父の最後の勤めとなり、一八五八年五月十四日、父は永眠した。

父との役割分担が確立し、いよいよ実を結ぼうとしたまさにそのときに父を失ったイザベラの悲しみは、大きかった。一八五八年の夏、牧師館に住めなくなったイザベラたちは、ワイトンを去ることにした。楽しいアメリカ旅行の思い出とその旅行を援助してくれた父の思い出を胸に抱きつつも、彼女がまず第一にしなければならなかったことは、長女として、また実質的な長男として、残された家族を支えることだった。

Ⅱ部　一八五八〜八一年

3章　娘として、姉として

妹　ヘンリエッタ

バード家の女性たちは、父の死後ワイトンの牧師館に留まることができなかった。何をすればよいのだろう？　どこに行けばよいのだろう？　その後、一八六〇年の五月に、彼女たちがミドルセックスはバーネット近郊のハースト・コテッジに落ち着いていたことは確かである。[1]しかし夏が近づくにつれて、三人の思いはスコットランドに住むことに一致していた。ロンドンとエディンバラの中間に位置するヨークシャーの田園で育った母ドロシー・バードは、北部への移住に満足した。エディンバラは、法律、独立教会、その他すべてにおいてスコットランドの中心であり、大学もあった。[2]エディンバラのさわやかな気候は、きっとイザベラの健康に良いにちがいない……。しかし、当時のエディンバラに育ったロバート・ルイス・スティーヴンソン（一八五〇〜一八九四、英国の小説家・詩人——訳注）は、エディンバラに住む中産階級の家庭のほとんどは無気力状態にある、と感想を述べている。イザベラ自身も後に同じような意見を述べることになる。

彼女たちは、エディンバラのカースル・テラス三番にアパートを借りた。近隣には、スコットランド独立教会のハンナ博士や、トーマス・チャルマー博士の義理の子息が住んでいた。[3]その他、ガスリー博士、ジョン・ブラウン博士、ジョージ・D・カレン牧師など、主に独立教会に関係する人々が、彼女たちを歓迎してくれた。中にはイザベラやヘンリエッタと同世代の娘を持つ人々もいて、イザベラたちは良き友人に恵まれた。彼女たちはまた、学究的なグループにも加わった。エディンバラ大学でギリシャ語を教えていたジョン・スチュワート・ブラッキーという風変わりな教授もグループの一員だった。[4]ブラッキー夫妻に子供がいなかったためか、教授が留守がちだったためか、ブラッキー夫人はイザベラの親友になった。イザベラがはじめてブラッキー夫人にあてた手紙（現存している）には、「親愛なるブラッキー夫人へ」とあるが、その後の手紙はまもなく「大好きなあなたへ」と、親しみのこめられた言い方に変わっている。(5)

当時、中産階級の未婚女性のエネルギーのはけ口は、慈善活動だった。(6) ワイトンのような地方の村でも、エディンバラのような都会でもそれは同じだった。スコットランドには社会問題が山積し、その解決策がほとんどなかったために、イザベラとヘンリエッタは、エディンバラに移り住むとすぐに友人たちの誘いをうけて、ハイランド地方や離島、あるいはエディンバラの町で精力的に慈善活動をおこなった。

スコットランド北西部にとって十九世紀は、悲しみと苦難の世紀だった。ほかの地では、はるか昔に消滅した工業化以前の生活様式がここには残っていた。土地をより有効に利用するため、地主は不要な小作人を土地からたちのかせることに懸命になり、人々は毎日を不安な思いで過ごしていた。十九世紀のほとんどを通じてなされたことは、貧しい人々を保護することではなく、貧しい人々からささやかな土地を奪うことだった。

ハイランド地方とカナダの双方を良く知っていたイザベラは、ヘブリディーズ諸島（スコットランド北西にある島――訳注）の人々をカナダに移住させることを思いついた。この諸島の人々は、もはや島を去るよりほかにすべがなかった。一八五〇年代のはじめに若きイザベラが最初に訪れた外国の地カナダ。彼女はそのカナダのピクトウと西オンタリオで、スコットランドからの移民からゲーリック語を楽しく学んだことを思い出したのである。大西洋の両側に住む友人たちの協力を得て、一八六二年から一八六六年にかけて、ヘブリディーズ諸島の人々の移住を実現させた。また、ハイランド地方の人々が国内で仕事につけるよう奔走し、そのおかげで彼らはツイードで有名なハリス社の製造・販売に携わることができるようになった(7)。

移住の計画は周到だった。移住者が安全に確実に移住できるために、イザベラは多くの友人の助けを借りて綿密な計画を練った。彼女がグラスゴーに出かけて船主と交渉し船を確保している間に、エディンバラにいる友人たちはお針子になる人々を集めて、移住者のために新しいコートや上着、下着などを縫った。ブラシや櫛、肩掛け、カバンなど、その他の必需品も準備した。故国を去ることを決意した人々の苦しみと悲しみはいかばかりか、それなのに、これらの人々からも機会さえあれば搾取ろうとする者たちがいることを彼女は詳細に記録している。しかし、彼女が目を光らせている限り、移住者は安全だった。「七月二日、スカイ島の移住者たちとグリノックまで行き、彼らが出発する七月四日の夜まで、セント・アンドリュー号の上で一緒に過ごしました。彼らは期待に胸ふくらませて旅立ちました。あなたがたが縫ってくださった赤いへり飾りのついたフードをとても喜んで、まるで未開人のように踊ったり、歌ったり、大変な騒ぎでした(8)」。一八六六年のはじめ、彼女はカナダを訪れ、彼らが無事に移住できたかを確認している。

イザベラのこの移住計画は、まったく彼女個人の計画であり、何の組織とも結びついていなかったようである。彼女が亡くなった時、『ブラックウッズ・エディンバラ・マガジン』に掲載された追悼記事の中で、アグネス・G・スチュワートが書いている。「キャサリン・シンクレアという女性がイザベラにあてた手紙には、彼女のおかげで、それまで世話をしてきた人々がカナダに移住でき、とても感謝している、と書かれています。シンクレアという女性はさらに、これらの人々が移住するのに十分な費用を負担するつもりであり、もしもっと多額の費用が必要ならば、こう言ってはなんですが、一肌脱ぐことはいといません、とも手紙にしたためています」(9)。

一八六一年、イザベラは、『レジャー・アワー』に貧民学校について書いている。この学校は、トマス・ガスリー博士の主導のもとに開設された学校で、そこで学んでいるのは、ほとんどが警察から送られてきた非行歴のある少年たちだった。彼らはここで厳しく教育され訓練されたが、教育の甲斐のない少年もいた。イザベラは、この学校とかかわりをもつなかで、エディンバラの旧市街地の凄まじい状態に注目するようになり、調査をはじめた。はなやかなエディンバラの表通りから一歩裏道に入ると、「そこは貧困と頽廃の巣」だった。「セント・ジャイルズ寺院の影が届き、宗教改革者ジョン・ノックスの家が見える距離にありながら、そこには宗教の力が及ばなかった」のである。女性の仕事としては異例のこの調査は、『エディンバラ旧市街に関する覚書(*Notes on Old Edinburgh*)』と題して、一八六九年、エディンバラで出版された(10)。

「ロンドンのテムズ河畔、バーミンガム、その他英国内の各地、海外では、ケベックの水辺、ニューヨークのファイヴ・ポインツや泥小屋など」、イザベラはそれまでにもスラム街は見ているが、エディンバラのスラム街は最悪だった。ハイストリートやカウゲイト、さらにウエストポートの裏道は、表通りに隣接する小道も含めて、まさにキリストが歩んだ苦難の道と同じ状態だった。「あかにまみれた子供たちは、いつものように汚い路地裏でうごめいているか、ただぼんやり歩道の石に腰かけている。見上げれば、やせこけた、しわだらけの、精気を失った顔がいつものように窓からぼんやり外を眺めている。どの子も喜びを忘れた、疲れ切った様子そのものだ」(11)。

イザベラは神に祈った。それは、しかし、男性牧師の貧しき人々のための祈りとは異なっていた。彼女の祈りは、富める人々、特に、「貧しき人々が外でどのような生活をしていようがまったく無頓着に、のんきに聖餐台につく人々」に向けられた訓戒だった。「富める人々と同じように、貧しき人々のためにも、キリストの身は砕かれ血は流された」のである。彼女は、「ミサは堕落した」と書き、「キリスト教に恥辱をもたらす状態」を厳しく批判している。彼女の主張は、ほとんどがガスリー博士の主張に従ったものだったが、女性としてはかなり激しい主張だった。

イザベラはまた、旧市街地の住宅事情についても調査し、比較的裕福な人々と貧しき人々との住宅事情を比較している。二百四十人から二百九十人は住んでいると思われるアパートは、暗く、長い石段が続き、ガスもなければ水道、水洗トイレもなく、台所の洗い場、火をおこしたあとに残る灰の置き場もなかった。この貧しい住居から、誰かが四十五%から六十%の利益をあげていたのである。彼女は、『エディンバラの貧困階級の状態に関する報告書(*Report on the Condition of the Poorer Classes in Edinburgh*)』[12]を引用しながら、窓のない家や地下室、掘立て小屋など、家畜を飼うより狭い場所に暮らす人々の状況について書いている。町の人口の三分の一以上、約六万六千人が、このような貧しい住居に住んでいたのである。

このような環境に暮らせば、だれもが道徳心を失うのは当然である、とイザベラは思った。ある女性が、「うちの主人はお酒ばっかり飲んでいて……」と、彼女にこぼしたが、「たとえ禁酒同盟の会長でも、ここに住めばそうなるにちがいない！」と、彼女は語気を強めて書いている。[13]彼女は次のようなガスリー博士の文も引用している。「私が彼らのように貧しかったら、おそらく私も人をだますような人間になっていたかもしれない……。生まれつき心が邪悪な子供はこの町にはいない。もし私の子供たちが、同じように不幸な環境で生まれ育ったならば、彼らのように悪の道に走ったかもしれないのだ」[14]。

『エディンバラ旧市街に関する覚書』は、角度を変えて読めば、女性解放を訴える論文でもあった。そこには、貧困階級の女性がいかに苛酷な状態に置かれているかが記されている。特に水の供給事情が悪かったために、朝の六時から真夜中まで、女性と子供は水を求めて長蛇の列を作らなければならなかった。数百人もの人々のために、たった一つの蛇口しかなかったのである。「その日一日、家族が顔を洗ったり、料理をしたり、渇きをいやしたりするために」、泥まみれの群衆は、五時間も順番を待った。彼女は怒りをこめて書いている、「このような住宅環境、衣服で、彼らが身を清潔に保つことは不可能である」。

イザベラは、この町の頽廃ぶりについても告発した。貧しいながら子供を立派に育てようとしている勤勉な労働者が彼女に語った。「部屋の窓から外を見ると、ある家の前で、三人の女が、男と情を交わすわけでもないのに、真っ昼間から裸同然のかっこうで通りに座りこんでいるのです。その家には一人の老女と五人の女が住んでいますが、その中にはとても貧しい身なりの少女もいます。五人の間には二着のガウンしかありません」[15]。この家はとかくの噂のある家で、騒々しく、近所に住む人々にとっては不愉快きわまりない家だった。しかし、イザベラは社会改革者ではなかった。低賃金でこき使われていた女性たちの問題をそれ以上調査しようとはしなかった。

彼女のこの論文は、一八六〇年代の旧市街地の状況を力強く告発するものだった。彼女は、表通り周辺の住宅を建てかえて改善することを提案し、この住宅改善策が投資者に大きな利益をもたらすものではないが、少なくとも八％から十％の利益はあるだろう、と主張した。[16] さらに、この事業にともなうリスクは、海外や国内で鉄道や炭鉱、あるいは綿業に投資するリスクよりはるかに少ない、と訴えた。この提案は、しかし、実行に移されることはなかった。

『イギリス女性のアメリカ紀行』と同じ著者によるこの『エディンバラ旧市街に関する覚書』を読んだ人々は、その力強い内容に驚いたにちがいない。この論文のために独立教会の指導者の一人、ハンナ牧師がまえがきを書き、人々に一読をすすめている。まえがきには、この論文は、貧民救済の目的で新しく組織された協会の主旨を広めるために書かれたものである、と述べられている。リトルジョンやアレクザンダー・ウッドなど、民衆医療に携わる医師たちからも熱烈な喝采が送られた。しかし、「悪本だ」と、一蹴した批評家もいた。[17]

こうしてイザベラは、エディンバラにおける慈善活動にかかわりをもつようになっていった。カトリン湖から水をひいているグラスゴーとは異なり、エディンバラは、非力な民営の水道会社が水を供給していたため、彼女は、給水塔を増やすための募金活動をおこなった。水の供給が十分であれば、洗濯屋を設けることもできるのだった。

イザベラは次のような手紙を書いている。「もう一つの計画は……洗濯屋を設けることです。貧しい人々の衣類を一ダース六ペンスで洗うのです。ただ、ここで働く人々を募集するのは少しむずかしいかもしれません。貧しいうえに働き者でもない女性たちは、一日一シリング、いや三シリング出しても働かないだろうと思うのです。ここで働く人々を集めたり、その他面倒な仕事をしてくださる献身的で管理能力のある女性をあなたのおば様はご存じないでしょうか?……百ポンド集まれば、私はすぐにグラスマーケットに洗濯屋を開くつもりです」[18]。

この計画は実現しなかった。裏通りに水道栓は増えたが、洗濯屋を開設するために積極的に活動する人はいなかった。そして、人々をとりまく環境は何ら改善されず、惨めな状態のままだった。彼女の取り組みが中途半端だったのだろうか。この問題については実際、彼女は、自分自身の手を汚すことはなかったのである。

この時期イザベラは、スコットランドの幅広いコネを利用して、ハイランド地方の学校を視察している。彼女が驚いたことには、その学校は「能率的で、ゆき届いて」いた[19]。また、辻馬車の御者の待遇改善にも取り組んだ。これは、当時、国内各地で流行したささやかな慈善活動だった。女性はよく辻馬車を利用した。悪天候のもとでの長時間の旅は、乗客にも苦痛だったが、それを生活の糧としている御者にとってこそ労苦だった。イザベラたちの運動が実り、やがてエディンバラ市当局は、スコット・メモリアル近くに、御者のための休憩所を設けた。さらに交渉を重ねた結果、「掃除をし、料理をし、管理するための」人を置き、御者の自主管理にゆだねられた[20]。意義はあるがささやかでしかない、こうした慈善活動は、しかし、本書の主人公がそのすべてのエネルギーを注ぐにはふさわしいものではなかった。

イザベラの母ドロシー・バードは、一八六六年八月に亡くなった。イザベラ三十四歳、妹ヘンリエッタ二十九歳の時である。ドロシーは良妻賢母として、夫と娘たちのために献身的につくした。エディンバラのディーン墓地に墓が作られ埋葬された。ホートンにあった夫の亡骸もそばに埋葬された。

ドロシーの遺産は、二人の娘たちに等しく分け与えられた[21]。現金に換算すると、総額三千三百四十六ポンド余りだった。その中には、カナダ政府とノヴァ・スコシア政府が発行した債券千五百ポンド分、合衆国イリノイ中央鉄道会社の債券千ドル分などが含まれていた。

この遺産額は、二人の娘がそれぞれ独立して生活するには十分な額だった。娘たちは、まもなく自分の道を見いだし、エディンバラのカースル・テラスをひきはらった。

母が生きていた間、イザベラは父の遺志に従って家長の務めを誠実にはたした。一八六三年のイザベラの手紙には、「私たちは、二十九日にエディンバラに帰る予定でおりますが、私は一足先に二十六日に帰ります。母が到着する前に、めんどうなこまかな問題を解決しておきたいのです」とある[22]。しかし、出発は遅れた。というのは、「私の具合がひどく悪く、船で海風にあたれば回復するかもしれない、と母が言いますので、パイオニア号をしばらく借りることにしたのです。二十九日までこちらに滞在し、グラスゴーで一泊いたします……」[23]。母の死から数年後の一八七三年、イザベラは人生で最も困難な時期を乗り越え、自らの道を進みはじめることになった。

イザベラとヘンリエッタは、仲の良い姉妹として評判だった。二人は、それぞれ別々に生活することによってかえって仲の良さを保てると思ったのだろうか。母の死後、二人は離れて暮らすようになり、ほぼ六ヵ月間、二人ともエディンバラには戻らなかった。ヘンリエッタはマル島のトバモリーに家を借り、イザベラはロンドン、タンブリッジ・ウエルズ、ファーナムなどを旅してまわった。もっとも母を失った直後は、互いに慰めあうために、しばらくは一緒に暮らしていた。しかし、別れて暮らしながら時折一緒に暮らす、そんな生活のほうが二人にとっては心穏やかだったのかもしれない。

ワイトンでの隣人で、姉妹を良く知っていたブラウン夫人は、ヘンリエッタを次のように評している。「時々、強い使命感にかられて積極的になることはありましたが、ふだんは内気で、飾り気がなく、勉強がとても好きで、自然をこよなく愛していました。イザベラを敬愛し、彼女の忍耐力、意志の強さ、目的意識に感激し、イザベラのやさしさ、おもいやりを理解していました(24)」。

ヘンリエッタの知的関心は、主にギリシャ語などの古代の言語にあった。聖書を理解するのに役立つと思ったからである。ヘンリエッタはエディンバラで冬の間、ブラッキー教授の「女性のためのギリシャ語講座」に出席し、試験では良い成績をとった。しかし、彼女はいつもイザベラの陰にかくれた存在でしかなかった。イザベラは病んでいても、健康でいても、常に人々の注目のまとだった。ヘンリエッタは姉に嫉妬することはなかったのだろうか。

二人は別々に暮らすことに不満はなかったが、時折一緒に過ごすひとときも楽しんでいた。一八七八年、日本に出発する直前にイザベラが友人に宛てた手紙には、「私たちは、二週間一緒に寝ました(25)」とある。イザベラは、海外へ冒険旅行に出るといつもヘンリエッタに愛情あふれる長い手紙を書いた。ヘンリエッタはイザベラにとって、故郷で手紙を待っていてくれる大切な人だった。手紙は、「私の最愛の人」とか「私のかわいいペット」などで始まっていた。

姉妹の主治医は異なっていた。バード家の主治医だったムアが引退する際、ムアによって紹介されたスチュワート(26)がイザベラの主治医になった。スチュワートは後にサーの称号を得ている。彼は一九〇〇年に亡くなるまで、イザベラにとって良き医師であり友人だった。ムアの引退後にヘンリエッタの主治医になったのが、ジョン・ビショップである。

姉妹は常に病と闘わなければならなかった。特にイザベラは、家族の中で「体が弱い」娘として扱われた。脊椎の病に加えて、原因のわからないさまざまな病におそわれ、ロンドンの専門家に「ずっとベッドに寝ていなさい」と言われたこともあった。「不眠症に悩まされ、神経がおかしくなる」こともしばしばだった。「脊椎疲労」のため、午前中は、ベッドで枕に寄りかかって過ごすことが多く、ベッドで書き物をするための「平らな板」を考案して用いた。『レジャー・アワー』や『ファミリー・トレジャー』、『グッド・ワーズ』、『サンデー・アットホーム』などの雑誌に彼女が寄稿した文は、この「平らな板」の上から生まれたのである。

イザベラがいかに病弱であったかは、一八六九年の夏の様子を例にとれば良くわかる。ムア医師が彼女に次のような助言をした。「海の風にあたりなさい。一階に寝なさい。できれば一日のほとんどを船で過ごしなさい」。姉妹は医師の助言に従い、オーバン近郊でしばらく過ごすことにした。イザベラの病状が少し良くなったので、ヘンリエッタは、友人を訪ねて南に旅に出た。すると、その直後にイザベラの症状は悪化し、「息ができないほどに喉が痛み、一日に二回もお医者様が来て、湿布をはりかえたり、治療をしてくださった(27)」。ヘンリエッタがイザベラと別れてトバモリーに移り住んだのは、いつも病におかされている姉の小間使いになることから解放されるためだったのだろうか？

翌年、イザベラは、「座るときには、頭を支えるため、金属製の網でできたコルセットを身につけるように」言われた。彼女の病の原因は、病んだ脊柱が重い頭を支えきれないことにある、と診断されたのである。その同じ年、ベッドに寝て静かにしているように、というロンドンの医師の助言に従って、彼女は二十四時間のほとんどをベッドで過ごすようにしたが、これが彼女の神経までをもむしばむことになった。「不眠症に悩み、いつも憂鬱で、肉体的苦痛のうえに精神的苦痛までもが重なった」のだ。自分の健康だけを考えなければならなかったこの時期は、彼女は幸福ではなかった。彼女自身、この時期は「自己中心主義の固まりになる危険をはらんでいた」と認めている。友人たちや、彼女の伝記を書いたアンナ・ストッダートによれば、この時期のイザベラは、「ひ弱で、依存心が強く、憶病になっていた」。

イザベラに処方された薬の数と種類は、おびただしいものだった。医者が病を引き起こしたのではないか、と疑いたくなるほどである。その薬の中には鎮静剤のブロマイド(28)やクロロダインも含まれていた。ブロマイド、特にカリウムを含んだブロマイドは、弱い鎮静剤として十九世紀後半にさかんに用いられたが、副作用が大きかった。すなわち、ブロマイドは体の組織の中に蓄積されて、頭がぼんやりしたり、時には精神錯乱にいたる「臭素中毒」と呼ばれる副作用をひきおこしたのである。発疹が生じることもあった。しかしブロマイドを服用することで陶酔感が生じることはなく、服用がくせになることもなかった。一八八〇年代から一八九〇年代にかけての医学雑誌は、ブロマイド療法を扱った論文でにぎわっているが、その主な論点はその「毒性」と「副作用」である。一八九〇年代の『メディカル・ディレクトーリー』に掲載されたクロロダインの広告には、クロロダインがアヘンと大麻を含んだ「すぐれた催眠薬」である、と書かれている。医者による投与のみでは中毒になることはなかったが、もし一定の量をこえれば、吐き気、食欲の減退、便秘など、消化器に悪影響が生じることがあった。イザベラにこれらの副作用が現れていなかったのだろうか？　彼女は明らかにクロロダインを常備薬としてそばに置いてはいたが、一八七二年以前に実際に服用した記録は残っていない。

マル島トバモリーのヘンリエッタの家

しかし、オーストラリアに滞在していた一八七二年には、彼女は「一日三回、ブロマイドを服用」と記録している。彼女はきわめて憂鬱な気分におちいり、「一睡もできません。かつてないほどに神経が高ぶり、何も覚えられず、一ページも本を読めません。この二日間、体中がふるえ、わけのわからぬ恐怖心に襲われました。長旅の孤独とこの地方の退屈さで、私は死にそうです……」(29)。この哀れな状態はブロマイドの副作用によるものだろうか(30)？

一八五八年に父が亡くなって以来、母やヘンリエッタを守って家長として行動してきたイザベラは、多くの重荷を背負っていたにちがいない。それでも一八六六年までは、彼女はエディンバラでの生活にどうにか満足して暮らすことができた。しかし、母が他界し、ヘンリエッタがトバモリーに永住したいと思うようになると、彼女の心は激しく揺らぎはじめた。一八七一年十月十五日、イザベラは四十歳を迎えた。

4章　ハワイ——常夏のエデンの島

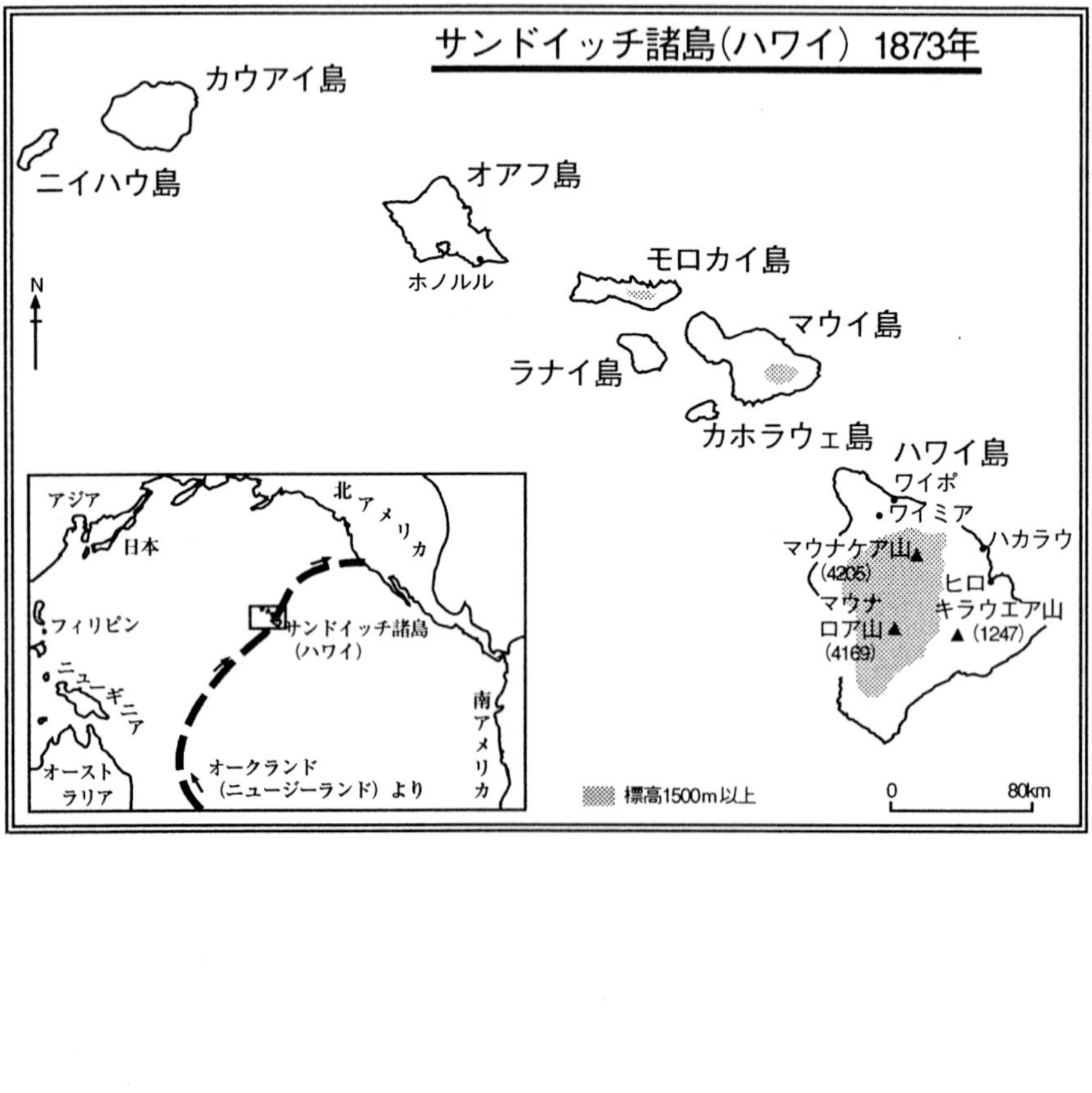
サンドイッチ諸島(ハワイ) 1873年
カウアイ島
ニイハウ島
オアフ島
ホノルル
モロカイ島
マウイ島
ラナイ島
カホラウェ島
ハワイ島
ワイポ
ワイミア
ハカラウ
マウナケア山
(4205)
ヒロ
マウナ
ロア山
(4169)
キラウエア山
(1247)
N
アジア
日本
北アメリカ
フィリピン
サンドイッチ諸島
(ハワイ)
ニューギニア
南アメリカ
オーストラリア
オークランド
(ニュージーランド) より
標高1500m以上
0
80km

一八七二年、イザベラの病状は悪化し、医師たちは、それまでの治療の効果が見られなかったため、船旅をすすめた。一八七二年秋、彼女はアンティポディーズ諸島（ニュージーランド南東の島——訳注）に向けて旅立った。イザベラ四十一歳の誕生日の二日前、メルボンからはじめての日記風の手紙が「私の愛する妹」ヘンリエッタに届けられた。(1)

メルボルンに到着したのは春だったが、まもなく耐え難いほどに暑くなり、暑さに弱りはてた彼女の手紙には、「このぞっとするような国」の批判的な側面ばかりが記されていた。住み慣れたエディンバラから移ったメルボルンの宿が、いずれもきわめてつまらない環境にあること、馬は手に入ったものの、暑さと埃と蠅のために惨めな旅となり、その結果、体調がますます悪くなったこと、等々に及んでいた。彼女は、「神経痛に冒され、手足がまるで針にさされたように痛み、神経がいらだち、疲れやすく、目は充血し、喉が痛み、耳のうしろが腫れ、まったく愚鈍になった」のである。(2)その後メルボルンからニュージーランドに渡ったが、そこでも「ただじっと白く照りつける太陽」のもとで、同じように惨めな状態が続いた。(3)絶望的になった彼女は、故国に帰る決意をし、サンフランシスコ経由で英国に向かうネヴァダ号に乗船した。

ネヴァダ号はこの船旅のために急きょ修繕された船だった。「大きな蒸気船で、旧式のアメリカ型です。デッキの上にまたデッキ、いくつものバルコニー、操舵室は前檣にあり、巨大な横梁や太い二本のマストがあります」。八名の乗客がこのネヴァダ号に命を託していたが、乗客の間に噂が広まった。この船は航海に耐えられないのではないか？　イザベラは、この船の構造的な欠陥を詳しく図で示しているが、船板の間の詰め物さえ満足でないため、「雨が激しく降ると、談話室の中にまで雨がシャワーのように降りそそぎ、四人の船員がバケツとモップを持って走りまわり、私たちは防水服とゴム靴を身につけて食事をしなければなりませんでした」[4]。

オークランドを出て二日後、ネヴァダ号は「ぐるぐる渦を巻く南海のハリケーン」に遭遇した。はじめのうち乗客は食事もとれず、無視されたままで、恐怖と闘いながら船室でじっとハリケーンが静まるのを待った。船長や船員は船を守るのに懸命だった。やがて乗客は全員甲板室に集まり、一緒に五時間を過ごした。ネヴァダ号のような外輪船は、激しい波に出会うと空中で車輪が空回りすることがあった。「船は絶えず大きな音をあげてきしみ、まるで苦しみもがく唸り声のようです。そしてハリケーンの残忍な雄叫びが、その船の音をかき消してしまうほどに響いています」[5]。

一八七三年一月、太平洋で命が危険にさらされていたイザベラは、薬を飲む暇もなければ、薬のことを考える余裕さえなかった。彼女自身驚いたことには、ネヴァダ号が浮沈の瀬戸際にある中で、かえって心は浮き立ち、生き生きしてきた。このときの危機を突破したことで、彼女の人生は決定的に変わったのである。

渦巻く嵐の中、乗客・乗組員にとって大きな救いは、ネヴァダ号のエンジンがどうにか動き続けていることだった。「船の大きな梁はゆっくり静かに上下し、まるでゴールデン・ゲイト湾の中を遊覧しているような穏やかな雰囲気さえあります……この壊れかけた古い船を、冷静に巧みに操縦する手腕は絶賛に値します」と、ブレゼン船長を讃えている。翌日嵐は静まったが、エンジンが一時間ほど停止した。もしこれが嵐のさなかだったら、多くの乗客・乗組員の命が失われただろう[6]。

嵐がおさまった後、乗客は新たな恐怖に襲われた。老船は、あらゆる部分が朽ちていたのである。

「マットレスは膨れあがって張り裂け、ゴキブリが動きまわっています。……パンには小さな蟻が群がり、ゾウムシがいるので、一切一切れ、注意して食べなければなりません。夜は夜で、ネズミやゴキブリとの勝ち目のない闘いが続きます(7)」。

イザベラの病状は落ちつき、やがて快方に向かった。すばらしい気分だった。「まるで新しい世界に生きているようです。なにもかも新鮮で、自由で、生命力にあふれ、興味深く、眠る間も惜しいほどです(8)」。南太平洋上で嵐に遭遇したことが、彼女の人生を大きく変えた。ネヴァダ号の船上で危険に直面した彼女は、自分が健康で幸せでいられるために必要なものは何か、わかったのだ。それは危険というスパイスだった。

航海は、嵐のため予定より長くなった。乗客の一人、デクスターという青年が、肺の病で重体におちいってしまった。女性の乗客は彼の母親と彼女だけだったため、彼女はすすんで看護婦役を引き受けた。青年は持ちこたえたが、母親や彼女と一緒に次の停泊地サンドイッチ諸島で下船し、治療を受けることになった。

生まれ変わって幸福感にあふれたイザベラがはじめて訪れたサンドイッチ諸島（現在のハワイ）は、まさに「エデンの夏の島」だった。政治的にはこのときはアメリカの支配下にあり、一八九八年に合衆国に併合された(9)。マーク・トゥエインは、一八六六年にこの島のことを次のように記している。「肉体的にも精神的にも疲れ切った者にとって、ここは、地球上のありとあらゆる場所の中で、最も平和で、最も心休まる、最も陽光に満ちた、最も気持ちの良い、最も夢あふれる憩いの港である(10)」。

彼女は未開のこの地に安らぎを見いだし、この太平洋の楽園に七ヵ月近くも滞在することになる。

船がオアフ島に近づくにつれて、「日光や風にさらされて灰色や赤色になった峰の頂きが、噴火の跡をくっきりと残してあちらこちらに輝いています。山肌は深く裂け、峡谷は涼しげな影をつくり、魂が奪われるほどに美しい緑におおわれています。いく筋もの滝が落ちていくのが見えます[11]」。船がよりいっそう近づくと、珊瑚礁が見え、やがてホノルルが見えた。それがこの島の首都であるとはとても信じられなかった。なぜなら、「ヤシやバナナの葉かげの柔らかな草地に、広いベランダのある美しい丸太小屋や草の小屋はたくさん見えるのですが、教会の塔はほんの二つ、灰色の屋根が数軒、木の上からのぞいているだけなのです[12]」。船は珊瑚礁をぬい、深い藍色をした狭い入り江に入り、静かな礁湖へと向かった。イザベラの胸の高鳴りが聞こえてきそうである。

ネヴァダ号が着岸した埠頭のあたりは、大変なにぎわいだった。アメリカの甲鉄艦カルフォルニア号やベニシア号、さらには英国海軍のコルベット艦スカウト号が停泊していた。島々を巡るフェリーのキラウエア号がおおぜいの客を乗せて出港するところだった。二隻の沿岸航行の帆船も出港するところだった。船と船の間には無数のカヌーが動きまわっていた。

イザベラは船が接岸する間、高いデッキの上から様子を眺めていたが、この島にはきわめて多くの人種の人々がいることに気づいた。先住民に混じって、若干の白人のほか、中国人、黒人、皮膚の黒いポリネシア人、そして白人との混血である。「小麦色の美しい肌をした男女の目はキラキラと輝き、波うつ髪は黒く光り、その歯は完璧でまるで象牙のようです。誰もが微笑んでいます。……女性たちの服装は、黒を着ている人も何人かはいますが、若い女性のほとんどは、白やブドウ色、黄色、赤、青、薄緑色などの服を身につけています。男性たちは、白いズボンと陽気なガリバルディシャツを着て、そのしなやかで優雅な肢体を可能な限りあらわにしています。……人々はみな、白やオレンジ色やカーミン色の花で作った花輪を帽子のまわりに飾ったり、さりげなく首にかけています(13)」。彼女が最も驚いたことは、どの顔もくったくのない、幸せそのものの顔をしていることだった。「アメリカでもオーストラリアでも、そして英国でも、人々はほとんどが、疲れた顔、厳しい顔、落ちくぼんだ顔、やつれた顔、あるいは何かにとりつかれたような顔をしていたのに……(14)」。

下船の順番を待つ間、鞍をつけた馬が二百頭ほど港にいるのに気づいた。「馬は痩せて小さく、見るからに哀れで、食べる時間も眠る時間もほとんどないような様子」をしていた。興味深いことには、「馬はメキシコ型の鞍をつけています。鞍は前に投げ縄かけがあり、後ろが高くなっていて、銀や真鍮の飾りがあり、きれいな色の鞍覆がかけてあります。(15)大きな木製のあぶみと、皮製のガードがついています」。このメキシコ型の鞍が後にイザベラの旅を革命的に変えることになろうとは、その時は知るよしもなかった。

ネヴァダ号を降りた乗客は、新しく開業したばかりのホテル・ホノルルに滞在することになった。そこからイザベラは、他の滞在客と一緒に、ホノルル郊外にある有名な絶壁パリセードを見物に行っている。彼女にとってうれしいことには、日曜日には島の英国教会に行くことができた。島は、キリスト教各派の宣教師によって改宗されていた。

ハワイのホテルでの穏やかな日々は突然終わりを告げた。アメリカ女性と一緒に、ハワイ諸島で最も大きい島にある火山に登ることになったのである。デクスターはほとんど回復していたため、友人たちから強くすすめられたのだった。イザベラたちは蒸気船キラウエア号に乗って出発した。これから登ろうとする活火山キラウエア山から名をとった船である。

冒険はすでに船上から始まっていた。最初の晩、イザベラは数百人もの乗客と一緒にデッキでマットレスを敷いて眠ることを拒絶した。しかしデッキの下の船室には、「黒褐色の、エビのような目をした、触角が二インチもある恐ろしい生き物」、すなわちゴキブリが動きまわっていることがわかった。(16) 二晩目からは「夜空の星明かりのもと、マットレスで」眠ることにした。やがて船はヒロ湾に到着した。そこは「太平洋で最も美しい」と言われている三日月型をした港で、「ハワイの楽園」だった。「肥沃な土地、豊かな雨量、暑さ、太陽の光……ここでは自然が最大限の力を発揮しています。あらゆるものがみごとな緑に覆われ、海岸線だけが金色に輝いています」。

船は何百人という人々の歓迎をうけた。海水浴をしている人々や「色鮮やかな水着を着て波乗りをしている人々、まるでナポリの美術館のブロンズ像のようです」(17)。これらの人々や、ボートやカヌーを漕いでいる人々がいっせいにキラウエア号の着岸を歓迎してくれた。ヒロにはホテルがなかったため、イザベラと山登りの同行者カープは、ハワイの保安官ルーサー・セヴァランスの自宅に招待された。カープは「典型的な旅行好きのアメリカ人です。エネルギーがありあまるほどの疲れ知らずで、スパルタ式の忍耐力と、あらゆる望みを実現させる素質を持っています。アンデスやピラミッドなど、どこに行っても出会うタイプです」。一方、イザベラもまたあふれるばかりの気力はあった。しかし、火山への旅の前にカープに誘われて出かけた小旅行では、散々な思いをした。「馬につけた鞍が恐ろしく不安定で、乗れば乗るほど背中の痛みがひどくなって、楽しむどころではありませんでした」。また渓流を渡る際に、「馬が岩を飛び越えるときに低い方に向かって頭を下げてジャンプしたので、私は馬の首のほうからすべって川に落ちてしまいました[18]」。

この惨めな小旅行から戻ると、ルーサー・セヴァランスはイザベラにメキシコ型の鞍をつけて馬にまたがって乗ることを強くすすめた。そのときまで彼女は、厳しいヴィクトリア朝の風習に従って、馬に乗るときは必ず、両方の足を片側にそろえ体をねじって乗っていたのである。これでは地形の悪い所を通るときにはバランスを保つのが困難であり、背中がますます痛くなるのも当然だった。彼女は女性が馬にまたがって乗ることについては、強い抵抗感を持っていた。しかしここでは、「メキシコ型の鞍は安全で、馬に与える負担が軽いので」多くの外国人女性がメキシコ型にまたがって乗っていたのである。女性たちは、「トルコ風のズボンとくるぶしまでくる軽快な乗馬服を身につけていて[19]」、品性を失うような雰囲気は少しもなかった。しかもここは故国から遠く離れているのである。ゴシップを気にすることはなかった。彼女はメキシコ型の鞍に乗ることを決意し、鞍と乗馬服一式を借りることにした。

このメキシコ型の鞍と乗馬服は、イザベラに今までにない旅の喜びをもたらし、一人旅を可能にさせた。旅行が冒険と波乱に富み、彼女が後世に名を残すほどの旅行家になったのは、この鞍のおかげと言っても過言ではないだろう。その後彼女は、旅に出るときはいつもメキシコ型の鞍を荷物に加えたのである。

キラウエア山への旅では、ガイドのウパが「絵のように美しい姿」だったにもかかわらず、イザベラの表現を借りれば、イザベラとカープは「とてもグロテスク」な様子をしていた。カープは「持参した鞍に片側に足をそろえて乗り、防水した灰色の短い服を着て、広縁の麦わら帽子を緑色のベールでしっかり頭に結びつけています。まるで注ぎ口が二つある水差しのように見えます」。イザベラは婦人用の乗馬服を着て、日よけ、雨よけを兼ねた「オーストラリア帽」をかぶり、「古い大きなニュージーランド・ブーツ」をはいていた。イザベラは「派手な飾りのついた、鞍頭が低いメキシコ型の鞍」を借りたが、(20)カープは、メキシコ型の鞍を使ったほうがよいと言うイザベラの助言に耳をかさなかったために、キラウエア山から帰ってからいつまでも疲れがとれず、「体の具合がとても悪い」状態が続いた。(21)

山への道中は緑の草地をぬけ、「ほんものの熱帯ジャングル」奥深くわけ入り、溶岩の流れがせき止められ冷やされてできた「サテンの岩」と呼ばれる広大な溶岩地帯を通って進んだ。この日の長くつらい行程の半ばまで進んだころ、ガイドの強いすすめで、イザベラは疲れてきた馬の速度を速めるために、足に重いメキシコ型の拍車をつけた。まもなく一軒宿のクレイター・ハウスに到着し、一行は心地よく一夜を過ごし、翌日の最後の登りにそなえた。

翌朝、馬をクレイター・ハウスに残し、イザベラたちは三人のガイド（二人の男性と一人の女性）と「頑強なスタッフ」を従えて出発した。ガイドたちは時折、イザベラとカープの奇妙な様子を見てはクスクスと笑った。キラウエア山の火口にたどり着くためには、ひとまず外壁をぐっと下り、「新しい深成岩でできた恐ろしい荒れ地を横切らなければなりません。そこは、今までなじんできた美しい自然や音が突然一挙に途絶える暗黒の世界です。そこから広い台地や崖、湖、尾根をぬけ、いくつもの川を渡ります。私たちのまわりの溶岩は、陶化して黒光りしているものや灰色のもの、硫黄の黄色が染みついたもの、あるいはミョウバンで白くなったものなど、さまざまです。地震のために溶岩がいたる所で隆起し、裂け目ができて、その下からは熱い蒸気が噴き出ています」[22]。一行は、危険極まりないことには、そこからさらに溶岩が地上から三十マイル盛り上がった地点をたどって火口の縁まで登り続けたのである。

イザベラは記している。「煙や炎は見えなかったので、この山は死火山だと思いました。みんなとても失望しました」。ところが突然、「血のりのような固まりが空高く噴き上がり、私たちが立っている三十五フィート下から溶岩が噴水のように湧いてくるではありませんか。私たちはみんな叫び声をあげ、泣き出しました。しかし話す人は誰もいませんでした。地上に新たに誕生した恐怖と燦然たる美しさに、誰もが言葉を失っていました[23]。……山頂にはいくつもの湖があり、そのまわりでは十一の火山が楽しげに小規模な噴火をくりかえしていました。いくつかの湖が合流して大きな渦巻きをなし、そこから三十フィートの高さにまでふくれあがって、再び激流をなして他の湖に流れ込みます。流れ込んだ湖には、合流する前とまったく同じ数の噴水がさまざまな様子で勢いよく水を噴き上げていました[24]」。

山頂にはまた、「永遠に燃え続ける炎を宿した底なしの深い穴と、炎と硫黄の湖」があった。そこはまさしく聖書に描かれた地獄そのものだ、とイザベラは思った[25]。帰りの道中は、「真っ黒な火口に沿って歩かなければならず、楽しむどころではありませんでした」が、「『地獄の底』から、美しい花が咲き、木々がおい茂り、果物がたわわに実る常夏の楽園に戻る喜びに胸の高鳴り」をおぼえたのだった[26]。クレイター・ハウスに帰り着いたときには、体中が痛んだ。そして竹と草でできた美しい家にあらためて目を見張り、「自然に噴き出す湯気を使った料理装置」に驚き、硫黄泉の上に作られた

蒸し風呂で疲れた体を休めたのである。(27)

二月三日、イザベラはヒロに戻った。そこからホノルルに帰ってデクスターの看病をすることにしたが、どういうわけか、めったに出ないホノルル行きの蒸気船に乗り損なってしまった。おかげでヒロにしばらく滞在し、健康で幸福な日々を過ごすことができた。彼女はオノメアにあるオースチン判事の家に招待され、その家族と一緒に馬の遠乗りを楽しんだ。美しい海岸線に沿って走り、ときには峡谷をぬけ、また小さな滝を越えたりと、その美しさに圧倒されるばかりだった。(28)この遠乗りでは、はからずも乗馬の技が試されることになった。険しい峡谷を下るときに馬はまるで山羊のように一歩一歩注意深く前に進むため、騎手はしっかりあぶみに足を落ち着かせていなければならなかった。メキシコ型の鞍はとても乗り心地が良かったが、彼女は自分の技に自信がなかった。何度も落馬寸前の恐怖を味わいながら、彼女はどうにか無事に遠乗りを果たした。とても晴れやかな気分だった。「私はほとんど毎日、屋外で過ごしているようなものです。そして日一日と健康になっていくような気がいたします。……こちらの警察官の馬と鞍を借りました。鞍にはチリンチリンと鳴るメキシコ型の拍車がついています。乗馬服は、親切な友人たちが私のためにマグレガーのフラノ生地で作ってくれました。私はすっかりハワイ人になった気分です。日に一度か二度、一人で馬に乗って近くを探検しますが、そのたびに珍しい花やシダ類に出会い、喜びに我を忘れるほどです(29)」。

オノメアを発ってイザベラは、ヒロからおよそ六十マイルほど北のワイピオまで海岸線に沿って旅した。今回の同行者は白人と結婚したばかりの美しい十七歳の女性で、ワイピオにある実家に里帰りするついでにイザベラに同行することになったのである。デボラという名のその女性は、濃い青色のブルマー服を身につけ、とてもきびきびとし、輝く豊かな髪には、自然の巻き毛と赤いバラの蕾の花輪が美しくまざりあっていた。

道中は、ガイドのカルナが始終自分の馬を罵ったりぶったりするために、快い旅とは言えなかった。しかし、道はしばしば峡谷にさえぎられ、その谷底には海にそそぎこむ急流が流れており、そのような道を進むには馬をどう扱ったら良いか、カルナは知っていたのだ。馬やロバがこれほどまでに険しい岩だなを登ったり下ったりすることにイザベラは驚いた。一日目は、最後に目もくらむばかりの下りをやっとの思いでこなして、ボラボラと呼ばれる家に泊まることになった。「十時間も乗り続けていた鞍から降りて、散らかったベランダに上がるためにこわ張った体を動かしたときには、体中からしずくがボタボタとたれ、一歩進むごとにズブズブのブーツから足が抜けそうになりました」[30]。イザベラは衣服を乾かそうとさまざまな試みをしたが、この家では不可能であることがわかり、濡れたままの衣服の上に大きな布をはおることにした。夕食はヒョウタンに盛られたタロイモ料理という原始的なものだった。日が暮れると、「灯りには、石に深く穴を彫り、そこに牛の油をつめ、ボロ切れを灯心にしたものを使いました。めらめらと燃えてとても明るいのです」。夜は床の上に一列になって眠った。「人里離れたさみしい家で、十一人の現地人に混ざって白人が私一人だけというのは、なんとも不思議で、新しい感覚がしました。しかも自分の家にいるのと同じような安心感があるのです」[31]。

前方に、渡るのがきわめて困難な大きな滝が見えた。滝にたどり着くまでの道も厳しく、靴下を脱いで歩かねばならなかった。その服でこれ以上進むのは無理だと言われたが、イザベラは無視して、服を着たまま川に入って行った。「私の乗馬服は、今流行のニューポートの水着とそれほど変わりませんから」。この旅は「とても厳しい徒歩旅行となりました。十回も川を歩いて渡らなければなりませんでした。あるときはひざ上まで、またあるときはウエストまでの深さです」。そしてまたあるときは、一時間の苦行の末、のどの深さまである川の中でやっと立ち上がることができた。川の流れは静かだったが、すぐそばでは、千八百フィートの深さの滝が流れ落ちていた。同行者たちは「パパイヤや、生きた小エビをおいしそうに」食べていた。「しぶきにさしこむ一条の陽の光を仰ぎ見ると、頭上にはみごとな虹がかかっていました。深い緑に覆われた暗い淵の上にかかる虹は、私が今までに見たことのないほどに神聖な約束のかけ橋に思えました(32)」。

何日も何週間も何ヵ月も過ぎた。イザベラは四月にホノルルに戻ったが、デクスターはもはや彼女の看護を必要としなくなっていた。ホノルルでは彼女は急速に自分の健康が衰えていくのを感じたため、また冒険の旅に出ることにした。目的地はカウアイ、マウイ、ラナイなどの小さな島々である。これらの島では彼女は今まで以上に乗馬を楽しんだ。メキシコ型の鞍に乗る技も一人前になっていた。カウアイ島では島の娘たちがメキシコ流の皮紐の結び方を教えてくれた。「自分で鞍をしっかり結びつけることができるようになり、これからは一人でやっていけます(33)」。

五月の末、イザベラの部隊は再びハワイ島に戻った。たった一人の部隊である。今度は単独でキラウエ山に挑戦するためだった。一人で三百五十マイルの冒険をするのである。自分の馬カヒリに乗り、自分の荷は自分の鞍に積み、一人でキャンプを張る……。しかしヒロに着いてまもない六月のはじめころ、彼女はグリーンという男性にマウナ・ロア山の登山に誘われた。この山は約一万四千フィートもあり、かなりきつい行程である。以前のイザベラはこの山に登る計画はあるかと人に問われると、きまって「とんでもありません。そんなことは考えたこともありません」とか、「誰が何といっても登るつもりはありません」と答えていた。[34] しかし今の彼女は喜んでこの誘いをうけるのである。二人は、さっそく準備にとりかかった。

グリーンはテント、馬、荷物運搬用のロバ、そして召使いを準備した。イザベラは「しっかりしたフラノのシャツと、二十五年も前にスコットランドのファイフシャーで編まれたつぎだらけの毛糸の靴下を借りました」。高山病も考慮しなければならなかった。

一八七三年六月四日の朝、一行はヒロを出発した。最初の休憩地はキラウエアのクレイター・ハウスだった。そこからは「足もとの地殻がしだいにもろく、熱くなっていく」火口地帯を横切らなければならなかった。グリーンは新しい発見に興奮しながら、まだ固まっていない溶岩の上を進んで行った。彼女はぴったりとグリーンの後についていた。「焼け焦げて息のつまるような臭い、目の前が見えなくなることもしばしば」だったため、足場を確かめながら慎重に一歩一歩進まなければならなかった。この「危険な足場」からは「地獄の穴の中」が見えた。二人はここで三時間過ごしている。そこから二人は別々のルートをたどることにした。イザベラは上の、グリーンは下のルートである。現地を良く知るガイドを探すためだった。その地方の人々は二人が何と言っても助けてくれようとはしなかったのだ。イザベラは見つけることができず、その晩は農民たちと一緒に野宿同然の状態で休んだ。やがてガイドを見つけたグリーンが合流した。新しいガイドは若い山羊狩で、「モアナ・ロア山の頂上までは行ったことはないが、途中のルートを良く知っている」と言った。[35]

樹木が生える限界地点で、一行はあたりから枯れ枝を集めて火を焚き、キャンプを張った。翌日は、でこぼこした古い溶岩道パホエホエをたどって登った。柔らかい蹄の馬にはかなり厳しい行程である。頭が雪でまっ白になるほどの寒さのため、イザベラは服をたくさん着こんで「まるでエトピリカかエスキモーのように」見えた。溶岩地帯は登れば登るほど困難が増し、馬を励まし続けなければならなかった。ようやく火口近くまでたどり着いた。火口まではまだ四分の三マイルほどあったが、これ以上進むことはできなかった。暗くなると、「遠くのほうに、まるで泉のようにわきあがる無数の炎がきらめいて」いるのが見えた。

彼らは、「クレイターにできるだけ近く、しかし安全な距離を保って」テントを張った。テントのポールは岩の割れ目に差し込んだ。標高が高いので湯を沸かすことができなかったため、夕食はブランデーの水割りと缶詰のサケ、そしてドーナツだった。眠りにつくまでの間、彼らは何時間にもわたって火山の織り成す異様なドラマを見物した。グリーンと召使いたちはテントの端に寄り集まって寝、イザベラがもう一方の端で寝た。疲れきってはいたが、固い溶岩の上では横になっても寝つかれず、彼女は遠くで繰り広げられる炎のドラマを眺めていた。まるで聖書に描かれている「地獄の入口」を眺めているような思いだった(36)。

翌日の下りでは、この山の高さをあらためて思い知らされた。馬にとっては再び厳しい行程である。少し緩やかな傾斜地にたどり着くころには、みなへとへとに疲れきっていた。しかし、帰路に着く彼らには「マウナ・ロア山登頂に成功」の満足感と誇りがあった。イザベラとグリーンは六月九日、クレイター・ハウスで別れた。グリーンは西に向かい、イザベラは一人ヒロに戻った。

イザベラが一人でヒロに戻ったという話を聞いた人々は、みな一様に驚いた。固まっていない不安定な溶岩道には、ときにはぎざぎざになった溶岩が馬の背まで深い地帯があった。イザベラは一歩一歩足場を確かめながら進んだ。馬の蹄鉄を手で打ったため、手は傷だらけになっていた。七時間余りの悪戦苦闘の末、彼女はようやくヒロに帰り着いた。帰りにたどった道は、溶岩がまだ固まっていないために誰も使っていない道であることを、彼女はその後まもなく知ることになる(37)。

数日後（六月十二日）、イザベラは西海岸のコナにあるケアラカクア湾に向かった。およそ一世紀前にキャプテン・クックが殺害された地である。彼女はコナから二回、フアライライ山に登った。二度目は一人である。その後は、海抜六千フィートの地点にある羊牧場で、牧童たちとともに羊を追いながら牧歌的な日々を過ごした。

七月のある日、故国のヘンリエッタからイザベラに手紙が届いた。ヘンリエッタは、ハワイのイザベラから届く手紙がどれも活気に満ちあふれていることに驚いていた。ヘンリエッタはブラッキー夫人に次のような手紙を書いている。「イザベラはとても元気になりました。あらゆることを明るくとらえ、私の手紙に喜び、私がすることには何でも賛成してくれ、何ごとも気にかけなくなりました。とても楽しい生活を続けているようです(38)」。イザベラに届いたヘンリエッタの手紙には、「常夏のエデンの島に私もまいりましょうか？」と書いてあった。

イザベラは我にかえった。自分が健康でいられるためには「危険」と「冒険」というスパイスが必要であることを彼女はこのサンドイッチ諸島から学んだのである。そのスパイスを妹とわかちあうつもりはなかった。数日後、彼女はホノルルに戻り、サンフランシスコに向かう船コスタ・リカ号を予約した。牧歌的な甘い生活に酔いしれていた放蕩娘のイザベラは、冒険家イザベラに戻ったのである。

「ハワイで一年ほど私と一緒に過ごしたいというあなたのお手紙、拝受いたしました。とり急ぎお返事いたしますが、この手紙があなたのお手元に届くころには私はロッキー山脈の中にいるでしょう」。

八月七日、イザベラはホノルルを発った。「常夏の夢よ、永遠にさようなら。ハワイよ、アロハ……」。

5章　ロッキー山脈——かわいそうなジム

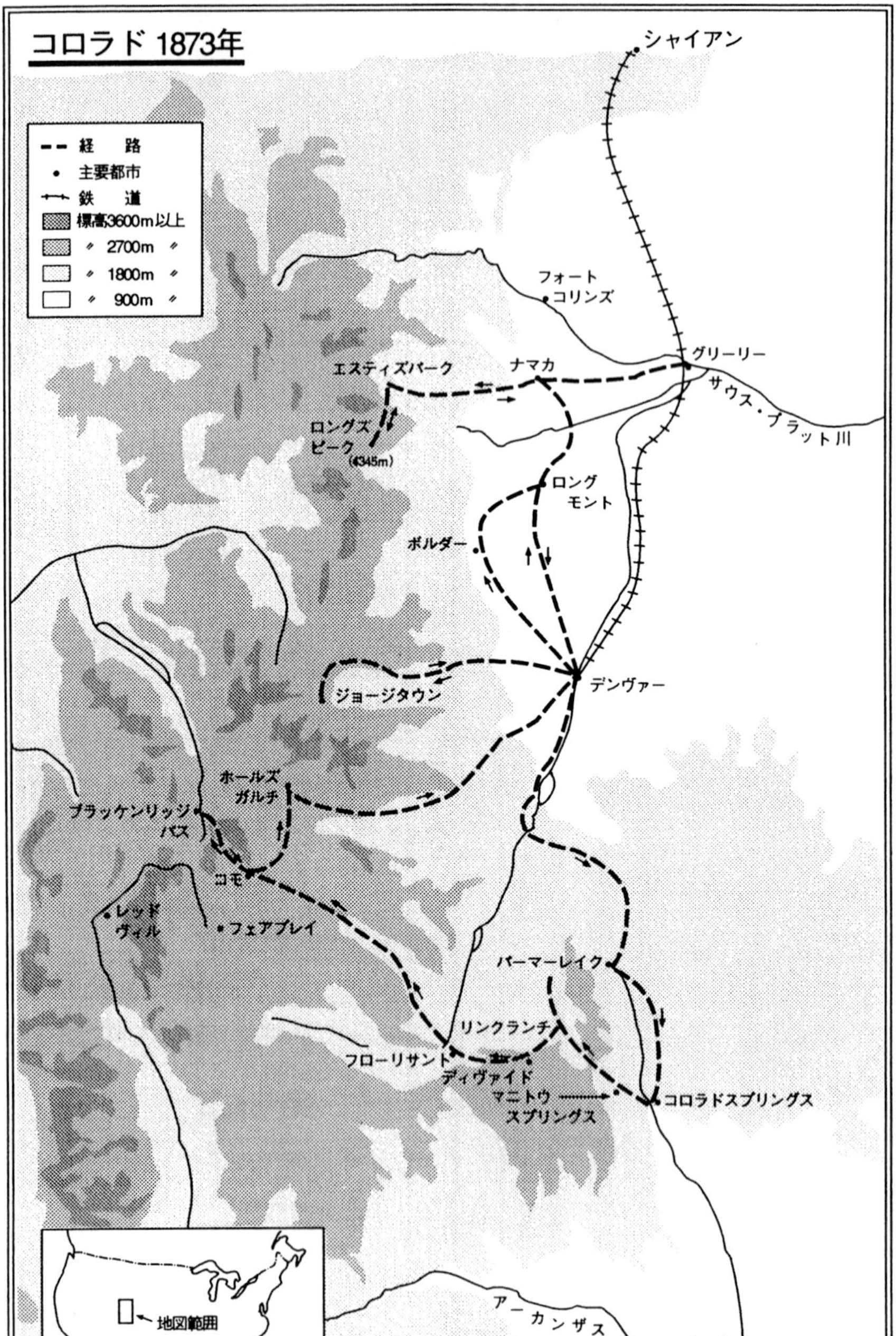

コロラド 1873年
経　路
主要都市
鉄　道
標高3600m以上
〃 2700m 〃
〃 1800m 〃
〃 900m 〃
シャイアン
フォート
コリンズ
グリーリー
サウス・プラット川
エスティズパーク
ナマカ
ロングズ
ピーク
(4345m)
ロング
モント
ボルダー
デンヴァー
ジョージタウン
ホールズ
ガルチ
ブラッケンリッジ
パス
コモ
レッド
ヴィル
フェアプレイ
パーマーレイク
リンクランチ
フローリサント
ディヴァイド
マニトウ
スプリングス
コロラドスプリングス
アーカンザス
川
プエブロ
0
40km
地図範囲

一八七三年八月、イザベラはサンフランシスコに到着した。サンフランシスコの町は、イザベラの表現を借りれば「ガチャガチャ」と騒がしく[1]、全くの期待はずれだった。彼女はただちに列車でこの町を去り、九月二日にはカルフォルニア州とネヴァダ州の境にあるタホ湖に滞在している。コロラドのロッキー山脈をめざしていたのである。

イザベラは海抜二千四百フィートの地点にあるコルファックスで、列車の前から後ろまでかなりの距離を歩いて列車を観察している。列車は「ハイイログマとシロギツネと名づけられた二つの派手に飾られたエンジン[2]」を持ち、たくさんの薪を積み、牛よけの大きな反射燈をつけていた。列車がトゥラッキーという町に着いたとき、彼女はそこで降りることにした。およそ七百メートルもある列車は、町の中心部の混雑して騒々しい「粗野な西部のホテル」の正面に停車した。彼女は、「ほとんど一日中誰かが使用するために、今にも壊れそうなベッド[3]」でぐっすりと眠った。

翌朝のトゥラッキーは静かだった。イザベラはさっそく貸し馬屋におもむいた。彼女はそこで、土地の女性たちが必ずしもメキシコ型の鞍にまたがって乗っているのではないことに気づいた。しかし、貸し馬屋の主人はすばやく彼女の胸中を察し、ご婦人方もカウボーイスタイルで馬に乗るべきだ、と言ってくれた。彼女は大きな灰色の馬を借りることにし、持参したメキシコ型の鞍を置いた。彼女はこれからの旅に何の不安も抱いていなかった。その後、この旅で危険な思いをしたのはただ一度だけ、行く手に突然熊が現れ、のしのしと道を横切ったため、馬が驚いて彼女を振り落としてどこかに逃げてしまったときである。しかし馬はまもなく見つかった。あたりの景色は「実に雄大で、生命に満ちあふれて」いた。

イザベラはシャイアンに向かった。その途中、グレートソルトレイクを経てオグデンに行き、さらに進んでキャニオンの平原に住むヒューズ家を訪ねた。最近英国から移住してきた家族である。ヒューズ氏には「肺病の前兆」(4)がみられた。夫妻ともに開拓や農業には全く不慣れで、生計をたてるためにむなしい闘いを続けていた。イザベラはヒューズ家にしばらく滞在して、トマトやカボチャ、ウリなどの収穫を手伝い、四分の一エイカーのトウモロコシを一人で収穫した。彼女は書いている。「私は、油に汚れたお鍋をこすったりお皿を洗ったりすることより、農作業の方がずっと好きです」。夜は女性たちが繕いものをしている間、ヒューズ氏が詩の朗読をしてくれた。彼女はこの夕べのひとときをとても楽しんだ。

キャニオンからはロングモントに移った。馬で山岳地帯に向かうためである。しかしイザベラの脳裏には落馬の苦い経験がよみがえり、その上、平原の「息のつまるような暑さ」から一日も早く脱出したかったため、計画を変えて列車でデンヴァーに行き、さらにニューヨークに行くことを考えた。そのとき宿の主人が、明日二人の青年がエスティズ・パークに行く、と伝えてくれた。こうして一八七三年九月二十八日、イザベラは幸運にも、「長い間夢みていた憧れの地に足を踏み入れることができました。しかもここは、夢よりずっとすばらしいのです」(5)。一八七三年当時、コロラドのロッキー山脈一帯はまだ開かれた地ではなかったが、胸を患う人々の保養地として注目されはじめていた。当然イザベラもここにしばらく滞在することにした。北ウエイルズのランベリスから移住してきたエヴァンズ夫妻が、「六本の柱でできた丸太小屋を貸してくださいました。私一人だけで使います。……すぐ近くには小さな湖があります。……清潔なワラのベッドに毛布が六枚、虫も蚤もいません」。

イザベラは一人だけで丸太小屋を使用できることを喜んだが、そこで過ごした最初の夜は生涯忘れられない夜となった。夜の九時、彼女はエヴァンズにともなわれて小屋に行った。狼の遠吠えが聞こえ、梟が鳴いていた。エヴァンズはローソクに灯りをともし、母屋に帰った。彼女はとても疲れていたので横になるとすぐに眠りについたが、もの音で目がさめた。「それはそれは荒い息づかいでした。まるで誰かが床下でのこぎりを引いているような大きな音です。小屋のローソクはすっかり燃えつきていてました。体を少しも動かすことができません。もの音は一時間は十分に続いていました。床板がどんなものでも簡単に侵入できるほどの厚さしかないことに気づいて悄然としたとき、突然音は止みました。私は再び眠りに落ちました。翌朝、髪が真っ白になっていなかったのが不思議なくらいです(6)」。

翌朝、昨夜の出来事をイザベラが説明すると、エヴァンズやその他の人々が大笑いして話すには、彼女の小屋の下にはスカンクの巣があり、巣を取り除くには床板をはがさねばならず、その間小屋が使えない、さらにそんなことをしようものなら、おそらくスカンクが臭い匂いを出すだろうから、手がつけられない、と言うことだった。彼女の小屋は食事つきで週八ドル。馬も自由に乗ることができた。彼女はここの生活がすっかり気に入った。「母屋はちょうど良い大きさの丸太小屋で、隙間が全くなく、ガラス窓があります。ものが二重に映るあのガラス窓です。エヴァンズ夫人が毎日パンを焼いてくださり、新鮮な肉、ミルク、クリーム、そしておいしいポテトにお茶、コーヒーを出してくださいます」。

この夢のような地で、イザベラはとてもロマンティックな冒険をした。彼女がはじめて「山男ジム」の小屋を訪ねたのは水を探しているときだった。小屋は狩りの道具やがらくたで散らかっていたが、彼女は気にならなかった。ジムはおよそ四十五歳くらい、以前はとてもハンサムだっただろうに、片目がなかった。クマと格闘したときに失ったと言う。しかし、「残された目は大きく灰色おびた青色で、彫りが深く、形の良い眉、鼻、口」だった。ジムは軍に雇われた偵察《スカウト》だったが、彼や彼の仲間は、開発と鉄道敷設が平原を切断する中で、しだいに山奥に追いやられていった。もともときちんとした教育をうけた教養ある文化人だったジムは、彼女と一緒に時を過ごせることを喜んだ。今までの酒と暴力の日々に背を向けることができたからである(7)。

イザベラは十月十五日、四十二歳の誕生日をエスティズ・パークで祝った。雪が丸太の隙間から小屋に入りこみ、「楽しくもあるが、掃除に精を出さなければならない(8)」季節でもあった。彼女はアメリカのマッターホルンと呼ばれるロングズ・ピークに登れるかどうか、それとなくエヴァンズにたずねた。返事は、登山には時期が遅すぎ、風が強いだろう、という落胆させる内容だった。しかし、エヴァンズがデンヴァーに出かけて留守のとき、ジムがガイド役を申し出てくれた。彼女のほかに二人の青年が同行することになった。

ジムは、はじめて会ったときからイザベラに好感を持ったようである。ジムはまずはじめは、エスティズ・パークに滞在していたデクスター夫妻と一緒にイザベラを乗馬に誘った。夫妻が疲れてしまったあとは、イザベラがジムの美しい馬に乗り、ジムがイザベラの太った荷馬に乗って、月光の中を心ゆくまで乗馬を楽しんだ(9)。この小柄な中年の婦人は、ジムをかつての上品な生活につれもどしてくれた。彼女は持ち前の礼儀正しさで、いつもジムをヌージェントさんと姓で呼び、信頼すべき紳士として接した。誇り高く、不幸だったジムは、こうした態度に固い鎧を脱いだのである。ジムに会った人々は、イザベラをのぞいてはみな一様に、ジムは粗野で乱暴だという印象をうけていた。

一行はロングズ・ピーク登頂をめざして出発した。馬に積めるだけの食料と装備を携えた。「ジムの服装にはびっくりしました。古いブーツに同じく古い鹿皮のだぶだぶズボン、ベルトがわりに古いスカーフを使い、皮のシャツの上にはチョッキを二、三枚重ねてボタンをかけずにはおり、古いつぶれかけた中折れ帽の下からはボサボサの茶色の巻き毛がはみだし、その下からは一つ目がのぞいています。拍車も一つです。ナイフは腰にさし、拳銃はチョッキのポケットに入れ、ライフルは鞍の前に斜めに置いています。鞍にはビーヴァーの皮がかけてあるのですが、そこからはビーヴァーの手足がぶらさがっています。キャンプ用の毛布を鞍の後ろに積み、斧や水筒、その他身の回りのものは鞍頭に掛けています。どこから見ても無法者そのものの姿をしているのです[10]」。

ジムは、はじめは猛烈なスピードで馬を飛ばしたが、やがて険しい山道に入るとスピードを落とし、イザベラと肩を並べて話しながら、三時間余り注意深く進んだ。その態度がとても優雅だったので、彼女は彼のひどい身なりのことなど全く気にならなくなった。一行は「百合の湖」が眠る美しい谷間をぬけ、標高千百フィートの松の原生林を登った。彼女は「深い原始の森の荘厳な静けさ」に畏敬の念を抱いた。木々は、しかし、登るにつれてしだいにまばらになり、山肌があらわになっていった。

その夜はロングズ・ピークの白い頂きが見える地点でキャンプを張った。頂上まで余すところ三千フィートの地点である。「天空にかかる大きな半月」が万年雪をいただく山頂を照らし出し、おとぎの国にいるような思いだった。馬を安全なところにつなぎ、火をおこし、松の若葉でベッドを作った。

食後には青年たちが学生歌や黒人の歌を歌い、ジムが「ムアのメロディーを奇妙な裏声」で歌い、自作の詩を朗読した。夜もふけると、彼女は灌木の小さな木陰に作った寝床についた。ジムの犬リングが彼女の背中を暖めてくれた。夜はひどく冷えこんだ。朝は早く目覚め、美しいご来光を仰いだ。その完璧な美しさに一行は深い感銘をうけた。

朝食後、彼らは雪や氷でおおわれた不安定な漂石道を徒歩で進んだ。気温は低く、足場は危険だった。イザベラは「ノッチ」と呼ばれる峡谷までなんとか一人で歩くことができた。だがそこからは、「まるで荷物のように」手を引かれた。「たのもしい力強さ」で。彼女のか弱さに青年たちはいらだち、今にも彼女を置いていきそうな雰囲気だった。しかし、ジムはそんなそぶりも見せず、根気良く彼女に手をかしてくれた。彼らは「犬の道」と呼ばれる岩の間にできた細い道を身をくねらせて進んだ。きつい登りでは、彼女は一人の肩に乗り、もう一人に引き上げられた。こうしてようやく、「輪郭の際立つ山頂」に到着した。頂きからは、太平洋、大西洋に注ぐ川の源流がいくつも湧き、それぞれの方向に流れていた。ロッキー山脈の背骨を形成するたくましい山々の頂きの一つに、今、自分が立っている。イザベラはまるで夢を見ているような心地がした。「愛や憎しみ、その他あらゆる熱情の嵐をも超越する思い」だった。彼女はこの山を征服した二人目の女性になった。

標高は一万四千フィート以上もあり、全員が高山病にかかっていたので、いよいよ下りが始まるとみなホッとした。二人の青年は急な近道を下り、イザベラとジムは時間はかかるがよりゆるやかなルートを下った。それは彼女がかつて経験したことのない厳しい行程だった。「私は何度もころびました。上着が岩にひっかかって宙づりになり、ジムがナイフで切り離してくれたのですが、私はそのままクレヴァスに落ちてしまいました。ときには這って、ときにはジムの手や投げ縄に引かれながら、またときには彼の肩に乗って進みました。彼が自分の手や足を私の足場にしてくれたこともありました」[11]。

この旅で二人は急速に親しさを増した。青年たちと別れるとすぐに、ジムはその無愛想な仮面を脱ぎすて、やさしく思慮深い人になった。彼女たちは来たときと同じ場所にキャンプを張り、同じ木陰にベッドを作った。夜の冷えこみは厳しく、二人と犬のリングは、大きな焚き火を囲んで暖をとった。「ジムは若いころのことや、無法者になって絶望的な生活を送らなければならない悲しみを語りました。彼の声は震え、涙が頬をぬらしていました」。イザベラは、この登山で見せた自分の不甲斐なさを恥じ、ジムを失望させたにちがいないと思っていた。しかしジムは、自分の存在を価値あるものとして認めてくれたイザベラに感謝し、この勇気ある女性の力になれることを心から喜んでいたのだった。

彼女もジムに強く心をひかれていた。「ジムには哀感、詩情、ユーモアがあり、自然をこよなく愛しています。誇り高く、いろいろなことをしたり言いたい、という強い欲求があります。無法者という悪評を耐え忍んでいます。文学に造詣が深く、実に多くを暗誦できます。一人一人の人物、一つ一つの事柄についてきちんとした意見を持ち、女性を敬い、子供を愛し、人を引きつける魅力にあふれています」。

ジム・ヌージェントはイザベラにとってはこのように魅力的な人物だった。だが、他の人々のジムについての評価はそれほど寛大ではなかった。彼女がエスティズ・パークを去ってまもなく、アフリカ探検家ジョージ・H・キングズレイがダンレイヴァン卿の医師兼付添いとしてエスティズ・パークを訪れている。キングズレイはジムについて、「ペテン師の大悪党で、大ボラをふいてみんなを驚かせている」と言い、さらに、「ごろつきだが、明らかに教養はある。もとカナダの牧師だったとか学校の教師だったとか、あるいはその両方だったとかいう噂がある」(12)と書いている。

冬が訪れた。十月十八日、イザベラは小屋ごとすっかり雪に埋もれ、彼女が「生きているかどうか」心配して見にきてくれた男たちに掘りおこされた。(13)彼女は六枚の毛布にくるまって寝ていたが、目覚めたときはあたりは真っ暗で、シーツもすっかり凍っていた。小屋がいまにも強風に吹き飛ばされそうな気配で、ベッドをはじめ部屋中の何もかもが、壁やドアや窓の隙間から吹きこんだ粉雪にすっぽりと包まれていた。嵐がおさまると、彼女はただちに一人でロングモント経由でデンヴァーに向かった。デンヴァーにはすでにエヴァンズ夫人とその子供たちが冬を過ごすため居を構えていた。イザベラはデンヴァーから馬のバーディーに乗って旅に出かけ、その夜はプラム・クリークに泊まった。そこからコロラド・スプリングズまで心地よい旅を続け、「この世のものとは思えない美しい景観を眺めながら、一週間の冒険」を楽しんだ。一日十時間も馬に乗っていたので、夜は眠くて手紙を書く時間も惜しまれた。

イザベラは開拓者が迎えてくれる所にはどこにでも泊まった。美しい家のときもあり、質素な小屋のときもあった。コロラドの経済、スペイン式の大規模な放牧方式、あるいは牧羊地としての土地開拓など、彼女がここで学んだことは多かった。バーディーが一時しのぎに架けられた粗末な橋を渡ることをいやがったおかげで、危うく命を落とすほどの転落事故から免れるという出来事もあった。マニトウの大峡谷を経て、バージェンズ・パーク、トゥイン・ロック、ホールズガルチなどをぬけ、時折吹雪に見まわれながらも美しい自然を堪能し、乗馬を楽しんでデンヴァーに戻った。デンヴァーでは数人の親しい友人と会った後、すぐに都会生活に飽きて、ボルダー経由でロングモントに戻り、エスティズ・パークに帰った。エスティズ・パークの比類なき美しさが見えたかと思うと、雪が降りはじめ、暗くなってきた。彼女の姿に最初に気づいたのは、ジムの犬リングだった。そしてジムが姿をみせた。彼女は疲れていたが、馬のバーディーも疲れていたため、エヴァンズの家までの残り三マイルは歩いて帰った。エヴァンズの家には青年が二人残っているだけだったが、彼女を暖かく迎えてくれた。その日から約一ヵ月、三人ですべての家事をまかなった。青年たちが狩りに出た後は、彼女が朝の九時半から午後二時まで、小屋を掃除し、パンを焼き、ビスケットを作るなどした(14)。

イザベラは再びジムと遠乗りに出かけた。そこでジムは、今の自分の生活について語りはじめた。彼は、無法者の烙印をおされた自分自身をいかに嫌悪しているかを語った。彼女は、あらためてジムの苦悩を知るのである。彼が肺にうけた矢による古傷が痛んで床に伏したとき、急いで駆けつけ、手厚い看護をした(15)。

食料が乏しくなり、気候もますます悪くなる一方だったので、イザベラは山を降りる決意をし、一人で出発した。しかし吹雪の中で道に迷い、ジムが彼女を見つけて嵐の中を出発する無謀さを叱った。彼女はジムの止めるのも聞かずにそのまま旅を続けたが、途中で、デンヴァーからエスティズ・パークに向かってきたエヴァンズに出会った。エヴァンズは彼女宛てに送られてきたお金と食料などの必需品を運んできたのだった。結局彼女は再びエスティズ・パークに戻ることにした。

エヴァンズは、冬の間だけ有給のコックとして山に留まってくれないか、とイザベラに申しでた。男たちのために毎日毎日パンを焼くことがいかに大変であるか、彼女は夏にエヴァンズ夫人を見てよく知っていた。そこで彼女は、コックよりも家畜の世話を選ぶことにした。彼女はエスティズ・パークからたびたび馬で小旅行に出かけたが、そのたびにエスティズ・パークの「自由と魅力」が恋しくなり、一日も早く帰りたくなるのだった。

一八七三年十二月十三日、イザベラは後ろ髪を引かれる思いでエスティズ・パークを去る決意をした。ジョン・マレイに、帰国して本を書くつもりである旨の長い手紙をしたためた。手紙にはハワイでの冒険談やロッキー山脈での出来事などが書かれていた。「私は三ヵ月の間、山の中を馬で旅してまいりました。生活は自然そのもので、とても魅力的でした。雄大な自然の中で目にするもの聞こえるものすべてが、奇妙でユニークなのです。ここでの事故と言えばただ一度だけ、シェラ・ネヴァダで、熊に驚いた馬が私を降り落としたときだけです。ここの空気は万能薬です。コロラドは世界でもっともすばらしい保養地になりそうです。まだ丸太小屋が使われるような開発途上の土地で、十分に有意義な生活をしてまいりました。この記録を持って帰ります(16)」。

ジムはイザベラをナマカまで送った。「もう一度会えますね」。ジムは懇願した。「絶対に会わなければなりません」。二人は一つの約束をした。それはどちらかが先に死んでも、必ず霊になって会いに来るという約束だった。イザベラはニューヨーク経由で故郷のスコットランドに帰った。

それから六ヵ月もたたないうちにジムは銃で撃たれて死んだ。イザベラはスイスからエリザ・ブラッキーに次のような手紙を書いている。「親愛なるエリザ、悲しいお知らせがあります。ジム・

ヌージェントが五週間前、撃たれて亡くなりました。私が三ヵ月泊まった宿の主人エヴァンズ氏と山道で喧嘩になり、エヴァンズ氏に銃で撃たれたのです。数時間は命はあったとのことで、ヘンリー・キングズレイが手当をしたそうです。詳しい事情を知らせてくれる手紙を待っているところです。……彼のそばにいられたなら、どんなことでもしたでしょうに。かわいそうなジム！　できることなら彼の代わりに死にたいと何度思ったことでしょう。ほんとうに信じられません。彼が亡くなった知らせは、私が英国を発つ前の晩に届きました。それからというもの私は一睡もできません。彼は私の最後の手紙を受け取っていないのです。おそらく私の優しい面を何も知らないままに、静かに息をひきとったのです。私たちのために罪人の一人として甘んじた、この罪深い人間の魂に、どうぞ神様ご慈悲をお与えください。ほかのことを何も書く気が致しません[17]」。

イザベラの書いたとおり、致命傷を受けたジムの手当をしたのはヘンリー・キングズレイだった。しかしキングズレイの記録は、ジムの傷の具合や撃たれてから三ヵ月生きていたことなど、イザベラの手紙と異なる点があった。キングズレイによると、ジムはグリフ・エヴァンズの散弾銃で撃たれ、五発の小さな弾が頭と顔に当たり、そのうちの一発は明らかに小脳に達していた。ジムは衰弱しきっていたが、「きわめて冷静で勇気があった」とキングズレイは書いている。回復の可能性があったため、キングズレイの雇い主であるダンレイヴン卿がジムをデンヴァー病院に入院させた[18]。そこで彼は脳に散弾を宿したまま、三ヵ月生きていた。解剖の結果、やはり脳に弾が見つかった。

ジムはイザベラとの約束を守り、彼女に会いに来た。彼女がインターラーケンのホテルの部屋にいたときである。彼は猟師の服装をして部屋の中央に立っていた。そして彼女に向かって二度深くおじぎをすると、スッと消えてしまった。別の人が聞いたところによれば、彼女がインターラーケンのホテルの部屋の窓近くで読書をしていると、ジムが再び現れ、二度静かに手招きして消えたという。(19)

イザベラはこの出来事を深刻に思いつめ、夫のビショップ医師や主治医のサー・トーマス、レイディー・スチュワート、ホートン医師、出版社のマレイ氏とその妻、彼女の伝記を最初に書いたアンナ・ストッダートなどに話している。

ジョン・マレイ四世は、一九〇五年にアンナ・ストッダートに宛てた手紙の中で、ジムに関するイザベラの話を次のように解釈している。「ジムについてのいろいろな話はとてもおもしろいと思います。話そのものよりも、それを語るイザベラの精神状態がおもしろいのです。彼女はまっ正直な人でしたが、思いこみが激しく、あえて言えば、物事を誇張してとらえる、という生来の資質がありました。この資質を持った人にはほかにも何人かお目にかかっていますが、心に描いたことを実際にあったように話す、すなわち、話を脚色するのです。以前から気づいていました。それは彼女の性格を記す際に、たとえ明言はしないにしても、心にとどめておくべき資質です(20)」。

一八七三年はイザベラにとって生涯でもっとも感情が高揚した年だった。夫との関係さえもジムとの関係ほどには彼女の感情に影響を及ぼさなかった。一八七三年のクリスマス・イヴ、彼女は、故郷に帰るためにたち寄ったニューヨークから親友のエリザ・ブラッキーに手紙を書いた。一年ぶりの手紙である。彼女は長い間の無沙汰を詫びた後、「心の中では毎週手紙を書いていました」と書き、「私は毎日パンを焼いたり、洗濯をしたり、馬に乗ったりして、知的なこととは全く縁遠い生活をしていました。行儀作法などはおかまいなし、恥じらいなどひとかけらもない生活です。威張った態度もかなぐり捨てました」[21]。彼女は、しかし、ロマンティックな仮面を脱いで、再びあの画一的な因習に縛られた生活に自分を励ましながら戻っていったのである。

故郷では一つの約束が待っていた。一八七三年の冒険を本にまとめる、というジョン・マレイとの約束である。ハワイとロッキー山脈の旅について、それぞれ別の本にまとめることをマレイから求められていた。ハワイについての本は一八七五年に出版された。しかし、ジムとの思い出の日々をどのように書いたら良いのだろうか。英国の読者はおそらく不道徳となじるにちがいない。だがジムはロッキー山脈での冒険談の主要な登場人物であり、彼について書かないわけにはいかなかった。彼女は何年もの間このことについて悩んだ。『女性のロッキー山脈生活記(*A Lady's Life in the Rocky Mountains*)』が出版されたのは、ジムとのロマンスのあった一八七三年から六年を経た一八七九年十月のことである。『日本奥地紀行(*Unbeaten Tracks in Japan*)』は、一八七八年の旅行から二年後の一八八〇年夏には出版されている。

『女性のロッキー山脈生活記』が出版されると、イザベラは書評が気になった。彼女はブラッキー夫人に書いている。「批評家たちは不道徳さは問題にしていないようです。ジョン・ブラウン(書評家)は上品ぶっていました。旅行者には、旅の恥はかきすての特権があるようです。それが旅行の魅力の一つです」。同じ手紙にはまた次のようなことも書かれている。「私がジムに恋をしていたなどと言わないでください。私が今までに恋をしたのはただ一度だけです。神の御名においてジムを憐れみ、何とかしてあげたいという思いが、少しばかり強かっただけです」[22]。イザベラがジムに恋をしていたことは明らかである。伝道者としてなすべきことをしたかった、というのは現代には通用しない口実である。

本はたちまちベストセラーとなり、初版は一週間で売り切れた。ザ・タイムズ紙の書評家はすばやくジムに焦点をあてた。「イザベラにとっては忠実な友、そして一方では、まわりの者を恐怖におとしいれる大悪党。酒に酔ってたびたび精神錯乱におちいり、数え切れないほどの残虐行為をしておきながら泥酔して忘れてしまう……」。同紙の書評はまた次のようにも書いている。「著者は、とても自然な語り口で読者をぞくぞくするような冒険の世界にひきこんでゆく……開拓者や山師やならず者の中で暮らした著者にとって、武器は、か弱い女性であるということだけだった」(23)。ジョン・マレイに友人が語った。「人と会うと、もう『ロッキー山脈』を読んだか、というのが挨拶代わりになっていますよ」(24)。

本が無事に出版されるとイザベラは、ロッキー山脈でのロマンティックな出来事を否定的に考えることをやめた。スキャンダルにもならず、むしろ読者は喜んでくれたのである。彼女は再び輝かしい勝利をおさめたのだった。

6章　日本——未踏の地へ

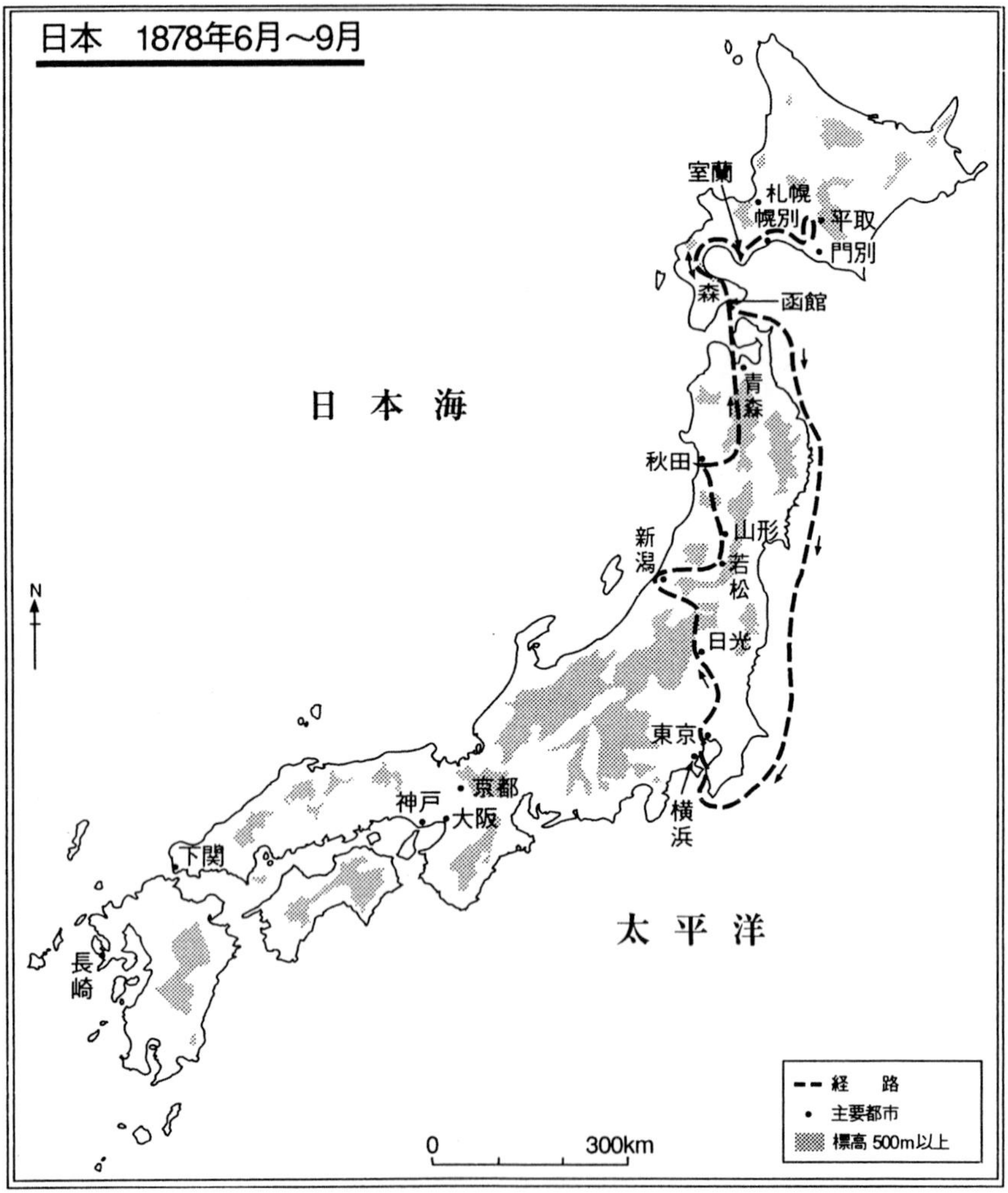
日本　1878年6月～9月
日本海
太平洋
室蘭
札幌
幌別
平取
門別
森
函館
青森
秋田
山形
新潟
若松
日光
東京
横浜
京都
神戸
大阪
下関
長崎
N
0
300km
経　路
主要都市
標高 500m以上

一八七七年秋、スコットランドの宣教師デヴィッド・リヴィングストン[1]の業績を記念して、医療伝道大学（Medical Missionary College）が設立されることになり、イザベラはエディンバラでその支援のための大バザーに没頭していた。[2] しかし多忙な日々にもかかわらず、イザベラは精神的に枯渇状態にあり、健康もしだいに悪化していった。医師から転地療養をすすめられると、彼女はどこで何をしようかと考えた。まず思いついたのは、大好きなメキシコ型の鞍に乗ってアンデスを旅することだった。しかしチャールズ・ダーウィン[3]に相談すると彼は積極的にはすすめてくれなかった。そこで西洋人の旅行者がまだ足を踏み入れていない日本の奥地を旅することにした。

一八七八年は日本が開港して二十年目にあたり、また幕府が崩壊し天皇制が復活して十年目にあたった。[4] 東京、横浜、神戸などは少なからず近代化されたにちがいないが、近代化の波に洗われていない地域がどこかに残っているはずである、イザベラはそういう地域を旅してみたいと以前から思っていた。

イザベラはその社会的な地位のおかげで、日本に滞在する英国人宛てに紹介状を四十通以上も書いてもらうことができ、日本への旅を実現させる大きな足掛かりができた。[5] レイディ・ミドルトンとアーガイル公爵は、英国公使サー・ハリー・パークス[6]夫妻に紹介状を書いてくれた。パークス夫人にはイザベラが著作を贈った。パークス夫妻は一八七八年五月、彼女を歓迎、激励し、順調な旅ができるよう細かな配慮までしてくれた。イザベラは横浜のオリエンタル・ホテルに数日滞在した後、当時日本に走っていた二本の鉄道の一つに乗って、東京に向かった。東京では英国公使館に滞在し、そこでアーネスト・サトウ（一八四三〜一九二九、英国外交官。日本語を自在に駆使する日本駐在外交官の先駆者——訳注）をはじめ日本についてのエクスパートたちから助言をうけ、綿密な計画をねった。イザベラは二つの問題を抱えていた。一つは通訳兼ガイドを見つけることであり、もう一つは食料問題だった。英国人たちは（そのほとんどは開港場の外に出たことがなかったのだが）、「パン、バター、牛肉、豚肉、鳥肉、コーヒー、ワイン、ビールは手に入らない」と、自信ありげに語った。(7)日本で手に入る食料は、「米とお茶と卵、そしてたまに新鮮な野菜」（それらがいわゆる日本食だと言う）で、「まずくて、野菜嫌いにさせる」と言うのだった。イザベラはこうした助言はすべて無視することにし、旅に持参する食料には、「肉のエキスと、四パウンドの干しぶどう、固形チョコレートと飲料のチョコレート、そして必要にそなえてブランデー」を選んだ。「現地で手に入る食料」で生活したいと思ったのである。

通訳兼ガイドの選考にあたって、力を貸してくれたのは日本の専門家ヘボン（一八一五～一九一一、アメリカ長老派教会派遣の宣教師、医学博士。ヘボン式ローマ字つづりの創始者——訳注）だった。面接をしてみると、ほとんどの候補者が英語を話せず、即座に落選となった。ある候補者は洋服にきちんと身を包んでいたのはよいが、シャツの糊がききすぎて、満足にお辞儀をすることができなかった。またある候補者は、雇い主が女性であり、「旦那様」がいないことに驚いてそそくさと退場した。結局イザベラが採用したのは、「私がいままでに会った日本人の中でもっとも愚鈍な感じ」のする青年だった。(8)

その青年伊藤は、ヘボンの召使いから推薦があった。年齢は十八歳、身長四フィート十インチ、頑強な体格をしていた。本人の話では、アメリカ公使館に住んでいたことがあり、大阪鉄道で働いたこともあった。植物採集家のマリーズと北日本を旅したこともあった。料理ができ、英語が書け、一日二十五マイル歩くことができると言った。自分についての推薦状は父親の家の火事で焼けてしまったと言う。伊藤に対する気持ちは半信半疑だったが、結局一ヵ月十二ドルで雇うことに決めた。結果的には、イザベラと伊藤とのパートナーシップは成功だった。彼はイザベラにとても良く仕えたのである。(9)

伊藤は日本政府の意を受けたガイドだったという説がある。すなわち、日本政府からイザベラのガイドとして派遣され、政府をバックにした伊藤の権威のおかげで、イザベラは無事に旅することができたというのである。もしそうであれば、彼女は全く幸運だった。東京から北海道まで、ルートを明らかにしないまま通行証を手に入れることができたのは、パークスのおかげだった。当時の日本では、外国人は居留地でのみ活動が許され、その外を旅行する場合には、あらかじめ許可を申請し、決められたルートを通ることになっていた。パークスは、伊藤をガイドとして雇うことを条件に、彼女の通行証を手に入れたのだろうか。(10)

パークス夫妻以外の外国人たちはほとんどみな、女性が一人で日本国内を旅するのは、とんでもないことだと思った。六月、気候はすでにかなり暑くなっていた。イザベラの計画を耳にした人々は口々に悲観的なことばかりを彼女に語った。その中には、蚤の大群に襲われてきっとひどい目にあうだろう、などという話もあった。パークス夫人は、しかし、きわめて実際的で有用な援助をしてくれた。まず、馬の積荷用に軽いかごを二つ用意した。そして、旅行用の簡易折りたたみ式ベッド、これは組み立てると床から二フィート半の高さになり、おそらく蚤から身を守れるだろうという配慮からだった。さらには折りたたみ椅子とゴム製の風呂まで用意してくれた。一八七八年六月九日、準備は完了した。彼女の装備の重さは合計百十パウンド、伊藤の装備は九十パウンドで、日本の馬に積める最大量に近かった。(11)

イザベラは薄茶の縞のツイードの服を着て、丈夫な靴紐のブーツを履き、日本製の帽子をかぶった。その帽子というのは、「軽い竹で編まれていて白い木綿のカヴァーがつき、大きな鉢を逆さにしたような形をしています。内側には額にそって細い竹のフレームがついているのですが、頭との間には一インチ半ほどの余裕があり、風がよく通るようになっています」。残念ながらこのすばらしい帽子の絵は描かれていない。お金と通行証はウエストにつけたバッグにしまった。メキシコ型の鞍、馬勒、衣類、ブラントンの日本大地図、サトウの英和辞典、『英国アジア協会誌(*the Transactions of the Asiatic Society of Japan*)』などが荷物に含まれていた。(12)

イザベラがさらに幸運だったことは、「陸運会社」を自由に利用できたことである。この会社は、「一定の価格で、馬や人夫が旅行者や商品を運ぶことを請負う」もので、「きちんとした領収書」を発行した。この会社を利用することで、馬を借りるために直接農夫と交渉するわずらわしい手間がはぶけ、お金の節約にもなった。(13)

しかしイザベラは、旅のはじめに直接車夫を三人雇っている。当時の日本では、人が引く小さな軽い車、人力車が一般的な交通手段だった。彼女の最初の目的地は日光である。日光には大きな神社があり、東京からは北へ九十マイルほどの参拝道が続いていたが、日光からは未踏の奥地が待ち受けていた。昔ながらの車夫はほとんど裸同然で車を引いた。体には竜や魚の凝った彫り物をしていた。しかし一八七八年の法令で、車夫は藍染めの短い木綿の服を身につけなければならなくなった。彼女に雇われた車夫たちは暑さのために裸同然で走ったが、警官の姿が遠くに見えると、急いで服を着るのだった。車夫たちはわらじを履いていたので、すり切れたわらじをはき変えるために、途中で何度か止まらなければならなかった。彼女は少々いらだったが、そのおかげで旅にはリズムがつき、順調に北への道を進んだ。

旅の初日は粕壁の大きな宿屋に泊まった。イザベラは、「良く磨かれて黒光りする木の階段」を上った部屋に通されたが、落ち着くまもなく、襖が音もなくスッと開いたかと思うと、数えきれない程の瞳が自分を見つめているのに気づき、さすがの彼女も困りはてた(14)。実を言うと、彼女は日本中どこに行っても、外国人あるいは外国人女性を一度も見たことのない日本人にたちまち取り囲まれ、好奇の目で見られたのである。彼女もこれには最後まで閉口した。新しい町に足を一歩踏み入れるやいなや、ニュースが町中を走り、この世にも珍しい「見世物」を見物しに町中の人々が集まってきたのである。湯沢では彼女を見物する人々の重みで屋根が崩れ落ちた。幸いにして人々がお互いにクッションになったために重傷を負った人はいなかった。そのような興味の対象になることは苦痛だったが、人々のこうした態度は鎖国政策の産物であると考え、彼女はじっと耐えることにした。粕壁の次の宿からは、彼女は必ず、庭の見える静かな部屋を条件に泊まる宿を決めた。

イザベラを襲ったもう一つの災難は、蚤と床ジラミ、そして蚊だった。これらにはしばしば夜の睡眠を中断させられ、そのために時には一日中体調がすぐれないこともあった。粕壁の宿の部屋は、「最上等のアクスミンスター絨毯のように柔らかく美しい」畳が敷かれていた。しかし、「残念なが

杉並木と人力車

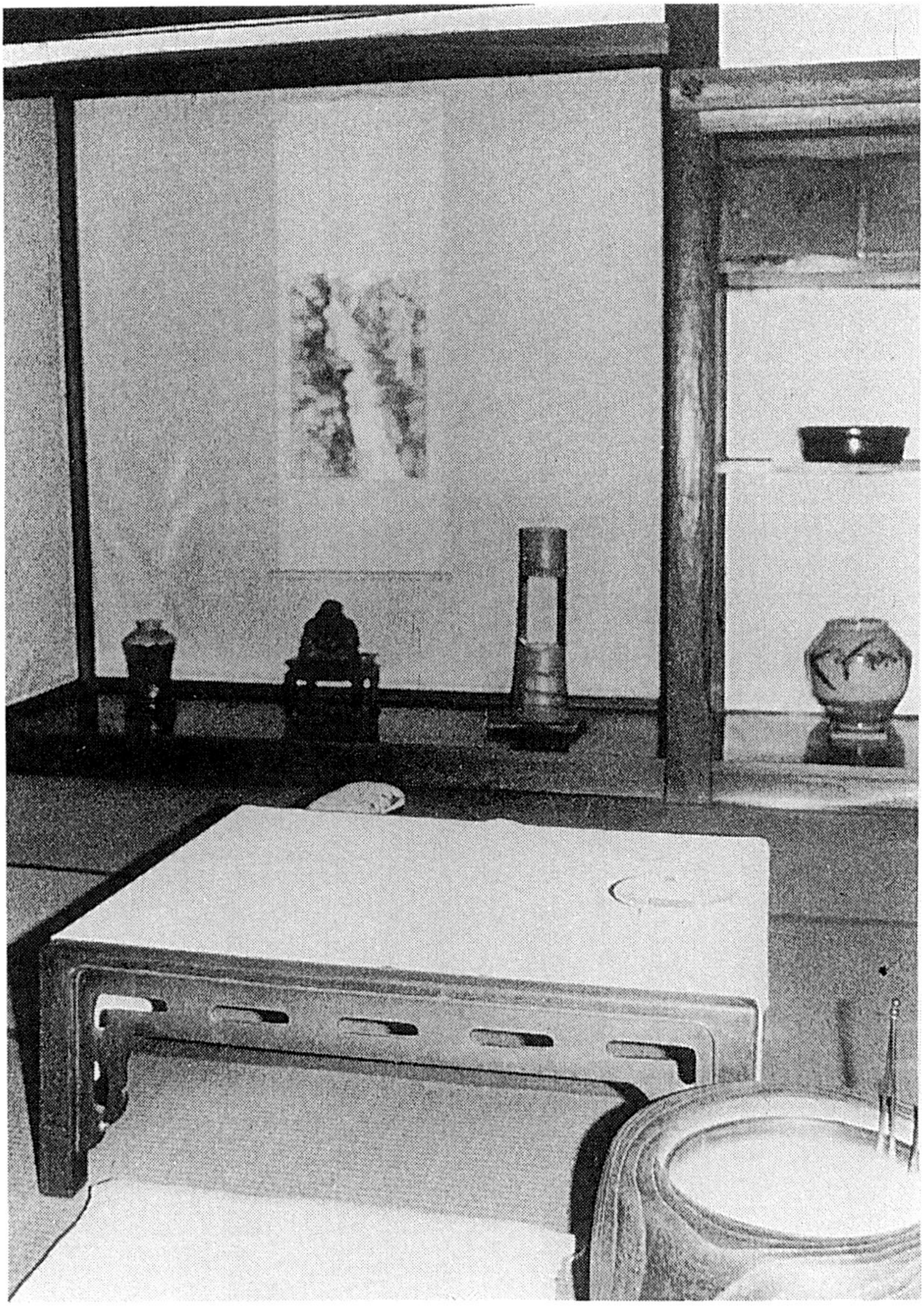

金谷ホテルではこのような部屋に泊まった

ら無数の蚤のすみか」でもあった(15)。

彼女はまた、「全く困りもの」の音についても記している。「隣の部屋では男の人が声高にお経を唱え、もう一方の隣の部屋では女の人が三味線を弾いています。宿中に話し声や水のはねる音が響きわたり、外からは太鼓の音や叫び声、按摩の笛の音などが始終聞こえてきます。日本の村では日が暮れると、火の用心を呼びかけるために見回りの人が二本の木切れをたたくのですが、これがまたとても良く響き、うるさくて困ります」。

後にイザベラは、旅のはじめに抱いた恐怖心を、当惑した思いでふりかえっている。なぜなら、その後千二百マイルの旅を通じて、あらゆる危険や無礼な行為から全く無縁で、きわめて安全な旅を続けることができたからである。とは言うものの、命やお金をとられるのではないか、という恐怖におびえた粕壁での最初の晩のことは、なかなか忘れることはできなかった。その後、「日本の楽園」日光に近づくにつれ、不安はすっかり消え失せた。日光に向かっては例幣使《れいへいし》街道と呼ばれるみごとな杉並木が続いていた。「このすばらしい街道は、大木が深い陰をつくり、木漏れ日が踊り、時折高い山並みが姿をみせ、荘厳な雰囲気をかもしだしています」。

六月十五日、金谷ホテルに到着した（金谷ホテルは現在も営業している）。ホッとしたことに、ここは静寂そのものだった。イザベラは魅了された。ホテルは不規則な形をした二階建で、入口の石段をのぼると、そこにはみごとな庭園が広がり、牡丹やあやめ、つつじなどで美しく色どられていた。後ろに見える山は、まるで舞台装置の背景のような効果を呈し、山から庭に流れこむ冷たい清流は、庭にいっそうの趣を与えていた。

イザベラは宿泊した部屋について詳細に記録している。「部屋の正面はすべて障子になっていて、日中は開けたままになっています。天井は板張りで、黒い木の格子をわたしてあります。柱は木製で、良く磨かれて黒光りしています。壁には縮みの入った空色の紙が張られていますが、その紙にはところどころに金粉が散っています。部屋の一方の隅には二つの床の間があり、床には美しく磨かれた板が張ってあります。一つの床の間には、白い絹地に桜の枝が描かれている掛軸がかけられているのですが、もうそれだけでこの部屋は新鮮な美しさに満ちあふれています……(16)」。

日光の神社は八世紀から聖域だったが、一六一七年に徳川幕府の創設者家康が「東照大権現」として埋葬されてからは、いっそう有名になった。イザベラは家康の墓所についても詳細に記している。「墓所の内側は、富と芸術が生み出した、色鮮やかな黄金のおとぎの国です。墓所のまわりは、大自然が悲しみをたたえて墓を包んでいます。墓所は二百四十段の石段を上った丘の上にあり、家康の栄誉を讃えるために全体が壮麗な社殿となっています。家康の遺骨は、飾り気のない巨大な石と青銅でできた墓に安置され、墓の上には青銅の香炉が置いてあります。……木漏れ日が斜めにさしこんでいます。あたりは花も咲かず、鳥も鳴かず、ただ静寂と悲しみだけが、この日本が生んだ最も有能で偉大な人物の墓を包んでいるばかりです(17)」。

日光までの道のりは決して楽ではなかったが、これからイザベラを待ち受ける道のりは、それまでとは比較にならないほどに厳しいものになる。冒険心に富んだ彼女は、鬼怒川沿いの山道、すなわち、「この世のものとは思えぬほどに美しい風景ですが、外国人はもとより日本人さえもあまり通らない秘境」を行くことにしたのである。次の目的地は日本海に面した開港場、新潟だった。

美しい杉並木を左に曲がると、「道は干あがった川床のような石ころ道に変わり、やがて大谷川の丸石の間をくねくねと曲がる悪路となりました。川の所々には急場しのぎの丸太橋がかけられていましたが、この橋は小枝や泥で覆われていました」(18)。岩場でなければ深い泥道というような悪路のため、ペースは遅く、苦しかったが、山道には鮮やかなつつじや梅花うつぎが美しく咲き、遠くには高い山々を仰ぎ、六月の陽光をいっぱいに浴びて、彼女はこのうえなく幸せだった。

このとき、現地のガイド役をしていたのは小柄な女性で、哀れな様子をした二頭の馬を引いて、山の農家までおよそ三時間の道のりを同行した。農家に着くと、イザベラは馬をおりて縁側で休息し、薄いお茶と麦粥でもてなされた。次の行程に使う馬は山に草を食べに行っていたが、まもなく連れ戻された。農家の人は馬に勒《くつわ》をつけることができず、イザベラが自分でつけた(19)。

次にたどったルートは谷間だった。道は険しい岩場だったが、うれしいことには鬼怒川の流れが聞こえ、「ときには千変万化するその姿が見えました。激流が大きな岩壁にせき止められたかと思うと、次の瞬間には、ピンクやグリーンの岩の上を青緑色の静かな大河となって広がっているのです。空には輝く陽の光、時折虹がかかっています。うっそうとした深い淵があり、これがどこで見ても美しいのです」(20)。この行程がいかに困難だったかは、十一時間馬に乗ってわずか十八マイルしか進めなかったことからも理解できる。

ガイドの伊藤は、少々うぬぼれは強かったが向学心に富み、旅全体を通してたいへん役に立った。イザベラが農民に彼らの厳しい日常生活について質問するため、伊藤に通訳を頼むと、彼はそれを拒んだ。彼はイザベラが農民と話すことを好まず、むしろ地位の高い、その土地の重鎮に彼女を好んで紹介した。彼は毎晩ノートを持ってイザベラの部屋を訪ね、その日彼女が使った語句の中で意味やスペリングがわからなかった語について質問した。あるときは次のような質問もした。「たとえば「何と美しい日なのでしょう」と言うときに、私はある英国人が「悪魔のような（devilish）」という語を途中に入れて使うのを聞いたことがあります。これはどういうことでしょうか」。彼女は、その語を使うのは下品なので使わないほうが良い、と助言した。[21] 日光を出てまもなく、彼女は、伊藤がほかの通訳よりはるかに上手に英語を話せるようになっている、と記している。伊藤のように従順で熱心で、しかも料理をし、洗濯をし、旅行の案内をし、さらにその他の雑用をしてくれる通訳を雇えたのは全く幸運だったことに、イザベラは気づいていた。

イザベラは伊藤の助言に素直に従い、彼の面目を失わせるようなことは決してなかった。彼はそんなイザベラをとても誇りにした。日本人はとても親切で礼儀正しいので、我々外国人も日本人に対して親切、かつ礼儀正しくすべきである、と彼女は思った。伊藤はある日、無作法な英国人の話をした。道行く人誰彼かまわず「おはよう」と声をかける、お茶屋の女中を怖がらせる、召使いを蹴ったり殴ったりする、白い畳の上を泥靴で歩きまわる、まるでギリシャ神話のサチュロスのように好色で酒飲み、その結果、素朴な日本人が心のどこかに持っている彼らに対する憎しみを呼び起こすことになり、英国人や英国が軽蔑され、嘲笑されることになるのだ、と伊藤は語った。[22]

イザベラは同胞のこうした無作法さに当惑したが、伊藤もまた、イザベラと旅をして目にする村が貧しいことに屈辱感を覚えた。横浜に住む人々にこの貧しさを話しても信じてもらえないだろう、と伊藤は言った。このような状況を外国人に見せることは日本の恥である、と彼は思っていた。

一八七八年当時の日本の村がどのような状態であったかを知るには、次のイザベラの記述が参考になるだろう。「この時期、村の道路はどこもぬかるみで、急流にしばしば遮断され、そこを渡るためにあちこちに厚板を渡しています。この急流は洗面や飲み水に使われます。村人は仕事から帰ると厚板に腰をかけ、泥だらけの衣服を脱いでそれを急流で洗い、次に足を洗います。両側には家が並び、どの家の前にもひどく腐った堆肥の山があり、女性たちがその山を裸足で踏んでドロドロの状態にします。……幼い子供たちは裸で、ただお守りだけを首から紐でさげています。人々、衣服、住居、すべてに害虫がたかり、自由で勤勉な人々に対してこんなことを言うのは失礼かもしれませんが、とにかく彼らはとても不潔なのです(23)」。

当時の日本の農民の不潔さにイザベラの心は痛んだ。衣服が清潔でなく（衣服の洗濯は、ただ川の水に浸して砂でこするだけだった）、体をしばしば洗わず、そのうえ無数の害虫が皮膚をむしばみ、掻くたびに傷は拡大して化膿し、慢性の皮膚病になっていた。彼女が心を痛めたその同じ村での、ある夜のことである。宿の子供のひどい咳で、彼女は眠ることができなかった。そこで子供にクロロダインを与えたところ、咳は止まった。

翌朝、イザベラが障子を開けると、ほとんど村人全員と言って良いほどの人々が列をなして彼女を待っていた。「親につれられた子供たちはみんな裸で、皮膚病や輪癬にかかっていました。頭にやけどをした子もいました。目の不自由な母親たちは娘たちに手をひかれ、男たちは痛そうな傷を見せ、病んだ目を閉じたり開けたりする子、中には閉じたままで開けられない子もいました。病んだ人も健康な人も、みなひどい身なりをしていました。ひどく汚れて、害虫がたかっているのです。病んだ人々は薬を欲しがりました。……悲しいことに、私は彼らにこう言うほかはありませんでした。私はあなたがたの病や痛みについては何もわかりません。たとえわかったとしても、私には十分な薬がありません。……私はようやくある人から動物の脂肪と昇華イオウを手に入れて塗り薬を作り、ひどい症状の人々にその使い方を教えて、いくらかでも村人たちをなだめることができました[24]」。

村人たちがどうしてそのようなひどい状況で生活するようになったのか、イザベラには理解できなかった。「彼らの仕事は果てしなく続き、休みをとるのは、することが何もなくなったときだけです。彼らの鋤は国中を一つの美しい庭園に作りあげました。雑草一本見あたりません。彼らは慎ましく、倹約家であり、すべてのものを有効に利用します。土地には肥料を十分に施し、作付の順番を心得ています。農作業の改良については彼らが学ぶべきことはこれ以上ないと言ってよいでしょう」。さまざまなことを調べたイザベラだったが、彼女が聞き落としたことがある。それは、当時の土地保有制度や年貢負担についてだった。さらに、彼女のような心ある旅行者でさえ、農村に広まっていた無知や俗信については、ほとんど気づくことができなかったのである。

イザベラの旅は、馬の質と地形に大きく左右された。しかし、事がうまく運ばなかったときでも、彼女はむしろ意気軒昂になり、風景の美しさを堪能した。彼女たちは山王峠を通って北に進み、若松を回避した[25]。これは、明治維新に最後まで抵抗したこの町がイザベラを歓迎しないのではないか、との伊藤の配慮からだろうか[26]。津川から新潟までは頑丈に作られた船で、優雅な船旅を楽しんだ。

新潟までの四十五マイルを八時間で行けたとは、まさに驚きである。イザベラは書いている。「この日はとても楽しい一日でした。……豊かな緑の中から突然、しぶきに洗われた巨岩が現れます。かなたには馬の背ほどもない狭い尾根の山々、灰色の大きな岩肌の山々も見えます。激流がいくつもの峡谷をつくり、丘の上には時折寺院の塔が見え隠れし、陽光を浴びた茅葺き屋根の村が姿を現したかと思うと、たちまち木々の花に隠れてしまいます。近くの山の間からは、はるか遠くの白雪を頂いた山々が姿を見せています[27]」。

新潟ではファイソン牧師夫妻に暖かく迎えられ、「伝道本部」に滞在した。イザベラの本はここで、日本におけるキリスト教伝道の状況にふれている。日本では実を結ぶ率がきわめて低い伝道は、日本在住の外国人が唯一継続している活動だった。新潟は、信濃川が河口に砂洲をもりあげているため、開港場としては機能していなかった。七月はじめ、雨が多く湿度の高い新潟の気候に、彼女は耐え難い思いをした。深い雪に覆われる冬は、いっそう厳しいにちがいない。しかし、この町にも喜びはあった。すばらしい本屋を見つけたのである。そこにはハックスレイ、ダーウィン、ハーバート・スペンサーなどの翻訳本があり、本屋の主人によると、その中ではダーウィンの『種の起源』が最も人気を呼んでいた。さらにこの主人は、日本人が描いた植物の細密画集、すなわち、「あらゆる植物の根、茎、葉、花、種子などがきわめて正確に描かれ、忠実に色づけされている」本が、このごろはほとんど売れなくなった、とも語っている[29]。

それまでの宿と比べて伝道本部は快適であり、去りがたかったが、イザベラは新潟を発ってさらに北に向かった。山岳ルートは手つかずの自然そのもので美しく、心ゆくまで楽しんだ。しかし地形は悪く、急な登りでは車夫に手を貸すこともしばしばで、すっかり疲れはてた。彼女はまた、たちの悪い虫さされのため発熱し、患部がひどく腫れた。しかたなく、日本人の医者に診てもらうことにした。

その医者は旧式の医学を学んだ人で、西洋医学の知識は何もなかった。彼女の「御手」と「御足」を丁寧に調べると、植物性の解熱剤と塗り薬を調合した。彼女はその医者を夕食に招待して楽しいひとときを過ごしている。彼は鍼療法をはじめ、自分の学んだ東洋医学や漢方薬について興味深く語った。彼はクロロホルムを知っていたが、クロロホルムは出産に用いると母体もしくは胎児に死をもたらし、結果的には人口増加を抑制するのではないか、と考えていた。まもなく虫さされは快方に向かい、医者の薬のおかげ、と彼女は感謝した[30]。

さらに数々の冒険を重ねて、イザベラと伊藤は、北海道の南の端、函館にたどり着いた。一八七八年八月十二日のことである。日光を発ったのは六月二十四日だった。

函館に無事到着したイザベラは、勝利に似た喜びに満ちていた。函館は人口三万七千、商業の盛んな活気あふれる港町だった。函館は開港場であり、外国人に開かれてはいたが、活躍していたのは外国人ではなく、むしろ日本人のほうだった。明治政府が北海道の開発に力を入れていたからである。もしこの地方が日本人によって開拓されていなければ、当時、シベリアから太平洋沿岸まで領土を拡大していたロシアの植民地になっていた可能性が高い。いずれにしても、日本自身、膨脹する人口に対して土地が不足し、政府は混雑する本州からの移住を奨励していた。とりわけ奨励の対象になったのは、職を失った武士たちで、北海道に移住して農業に従事できるように計られた。政府は北海道開拓に莫大な資金と人材を投入していたので、函館には政府関係の建物がたくさんあり、多くの役人が住んでいた。内陸の札幌もめまぐるしく開発が進んでいた。

イザベラには、北海道でしたいことがあった。それは結果的に、後に彼女が有名になる出来事だった。すなわち、北海道の先住民アイヌに会うことである。一八七三年のおおまかな統計では、およそ一万二千人のアイヌがこの地方に住んでいた。八月十七日、函館を後にし、広大な北海道の原野を馬で十八マイル旅した。途中の風景はスコットランドのバラ島と同じようにひなびている、と彼女は記している。二人はこのおだやかな旅をこころゆくまで味わった。函館の北にある森から船で噴火湾を横切り、室蘭の東側の幌別に着いた。そして海岸沿いに白老から佐瑠太まで陸地をたどった。幌別からはアイヌがガイドをしてくれ、身のまわりの世話をしてくれた。

当時、アイヌはヨーロッパ人や日本人にとっては「未開人」だった。しかしイザベラは、彼らに対して礼儀正しくふるまうように伊藤に強く言った。だが伊藤の態度は変わらず、「アイヌは犬同様です」と言った。彼女たちは、三頭の馬とアイヌのガイド一人とともに佐瑠太からさらに奥へと向かった。道は険しかった。「森は陰鬱で、いずこともなく獣が現れそうな不気味な静けさにつつまれていました。果てしなく広がる牧草地……、狭い道、その上をアイヌは裸足で歩いています[31]」。やがてその一帯では最も大きいアイヌの村、平取に到着した。村は清潔で、家は手入れが行き届いていた。彼女は丁重に、しかしごく自然に迎えられた。通された小屋は、およそ三十五フィート×二十五フィートの広さで、天井は二十フィートほどの高さだった。

イザベラのアイヌ訪問は、人類学者にとっては、彼女の日本旅行記の中で最も重要な部分である。彼女は、アイヌの生活・習慣について詳細に調べ、女性たちが衣服を作ったり、鍋で煮物をするところなどをくわしく観察し、男性たちが狩りから戻って蝦夷熊の話をするのを興味深く聞いた。粟の栽培に取り組んだ話も聞いた。彼らは遊牧民ではない。粟栽培を何度も試みたが、白砂状の貧しい土地では失敗を繰り返し、場所を変えては何度も栽培に挑戦するのだった。

イザベラは、しかし、酋長の母親には歓迎されなかった。その母親はいろりのそばの男の席にすわり、眉をしかめながら怒鳴った。[32]イザベラにいろいろなことを話すなと言うのである。実は酋長自身、この外国女性についての情報をあまり信用してはならない、というおふれを出していた。札幌から遠く離れたこの地のアイヌは、強い猜疑心を持っていたのである。日本政府は伊藤同様、アイヌを軽視していたが、アイヌは政府の干渉が自分たちの村にまで及ぶことを恐れていた。開拓使の命による開拓は、しだいにアイヌの村近くまで進み、アイヌの文化、アイヌの存続そのものが脅かされ始めていた。日本政府の方針についてはほとんど無知と言って良いイザベラでさえ、アイヌの来るべき運命に不安を覚えていた。現在、札幌にはすばらしい博物館があり、そこには一世紀前の北海道の人々の生活、とりわけアイヌの苛酷な生活や、その後に移住してきた開拓民の様子が生き生きと再現されている。

アイヌの村でイザベラがもう一つ困ったことは、彼女が病を治せると思われたことである。ある日、酋長の妻がひどい熱に冒された。イザベラは頭痛をやわらげ、良く眠れるようにクロロダインを与えた。しかし妻の症状は悪化し、にわか医者のイザベラは、この女性が死ぬようなことになれば自分の責任になる、と恐れた。気をもみながらこの患者にさらにブランデーと濃い肉汁を与えると、彼女がホッとしたことには、患者はその後長い時間眠り続け、目覚めた時には、かなり回復して意識もはっきりしていた。[33]

眠るときも同じ服を着たうえ、洗濯の水もないアイヌの村の生活は、イザベラにはつらかったが、彼らとの別れはいっそう心が痛んだ。[34] アイヌにとって海と森は、自分たちを育む二人の母だった。彼らの儀式では、自分たちに滋養を与えてくれる海、そして自分たちを守ってくれる森に感謝をささげている。そのアイヌは、「本来不毛なる」生活を営み、借りものの時を過ごし、そしてやがては消えていこうとしていた。

イザベラはアイヌと過ごしているときはもとより、日本旅行を通じて、キリスト教が救うことのできない人々がどうなるかを折にふれて書いている。しかし、自分が興味をもって書いたのではなく、故国の読者の期待にこたえるために書いたのであり、その書き方は控え目だった。彼女は、この開発途上の地の人々をあくまで注意深く、冷静に描写した。

イザベラは、さらに多くのアイヌに会いながら陸路、函館に戻った。途中は日本人の開拓村に泊まった。彼女はよれよれの帽子をかぶり、破れた緑の防水服を着て、乗馬用のスカート、ブーツをはいていた。泥のしみがついているというよりは、どこもかしこも泥の固まりがこびりついていたといったほうがよい。こんな身なりのため、誰にも知られずにそっと函館に帰りたかった。しかし、こともあろうに、宣教師のデニングに会っただけでなく、領事やヘボンにも出会ってしまった。[35] 彼女のひどい身なりなどおかまいなしに、彼らは一様に羨望の思いで、その勇気と冒険心を讃えたのだった。

一八七八年九月十四日、イザベラは函館で伊藤との別れを惜しんだ。「女性がわずか十八歳の通訳の青年と二人だけで、強奪どころか何の危害もこうむることなく、七百マイルも陸地を旅したのです。なんとすばらしいことではありませんか。しかも常に二、三頭の馬を連れて、二人合わせた一日の経費は、ホテル代も含めて六シリング平均なのです。困ったことはただ一つだけ、外国人女性を見たことのない人々の群れにとり囲まれることでした。騒々しい、でも礼儀正しい群衆に」[36]。イザベラの旅行記を読むと、伊藤に感謝すべき点が多大であることがわかる。伊藤は常に彼女の支えになり、彼女を激励し、きわめて優秀な召使いとして働き、質の良い宿屋に案内した。当時、立派な宿屋は売春宿であることが多かったが、彼女が当惑することがないように万全を期した。

イザベラは函館から出版社のマレイに手紙を書いている。その内容は、以前断った日本旅行についての本の出版を考え直し、出版の準備にとりかかることにした、というものだった。「私は当初、この国について本を書くことは不可能だと思いました。しかし、サー・ハリー・パークスが持ち前の性急さで私に手紙をくださり、ご自分や公使館の方々ができる限りの援助をしてくださるとおっしゃるのです。サー・ハリーがおっしゃるには、私ほど北日本を旅したヨーロッパ人はほかになく、しかも私のたどった道はヨーロッパ人はほとんど通ってなく、普通の人が数週間旅するところを私は数ヵ月も旅している、ということなのです。……日本について本を書いてみようと決意しました」[37]。

九月十四日、イザベラはヘボン夫妻とともに、東京に向かう兵庫丸で函館を発った。東京までは四十八時間の予定だったが、台風のため七十二時間の船旅になった。横浜に着くと、台風の被害があちこちに見られた。彼女はすぐに英国公使館に落ち着き、そこでおよそ一ヵ月を過ごした。それから広島丸で横浜から神戸に向かった。神戸では、ハワイで布教活動をともにしたガリック夫妻と旧交を暖め、神戸から京都、奈良、伊勢神宮、琵琶湖、大阪へと旅をして、船で東京に戻った。

イザベラは蒸気船ヴォルガ号で日本をあとにした。日本についての最後の記述である。「(一八七八年十二月)十九日、船が横浜港を出ると、駿河湾沿いの紫色の森の中から、雪を頂いた富士山が朝日に輝いてそびえ立っていました。それから三日後、日本の最後の姿を見ることになりました。起伏の多い海岸が冬の荒波に洗われている姿でした(38)」。

7章　マラヤ——黄金の半島

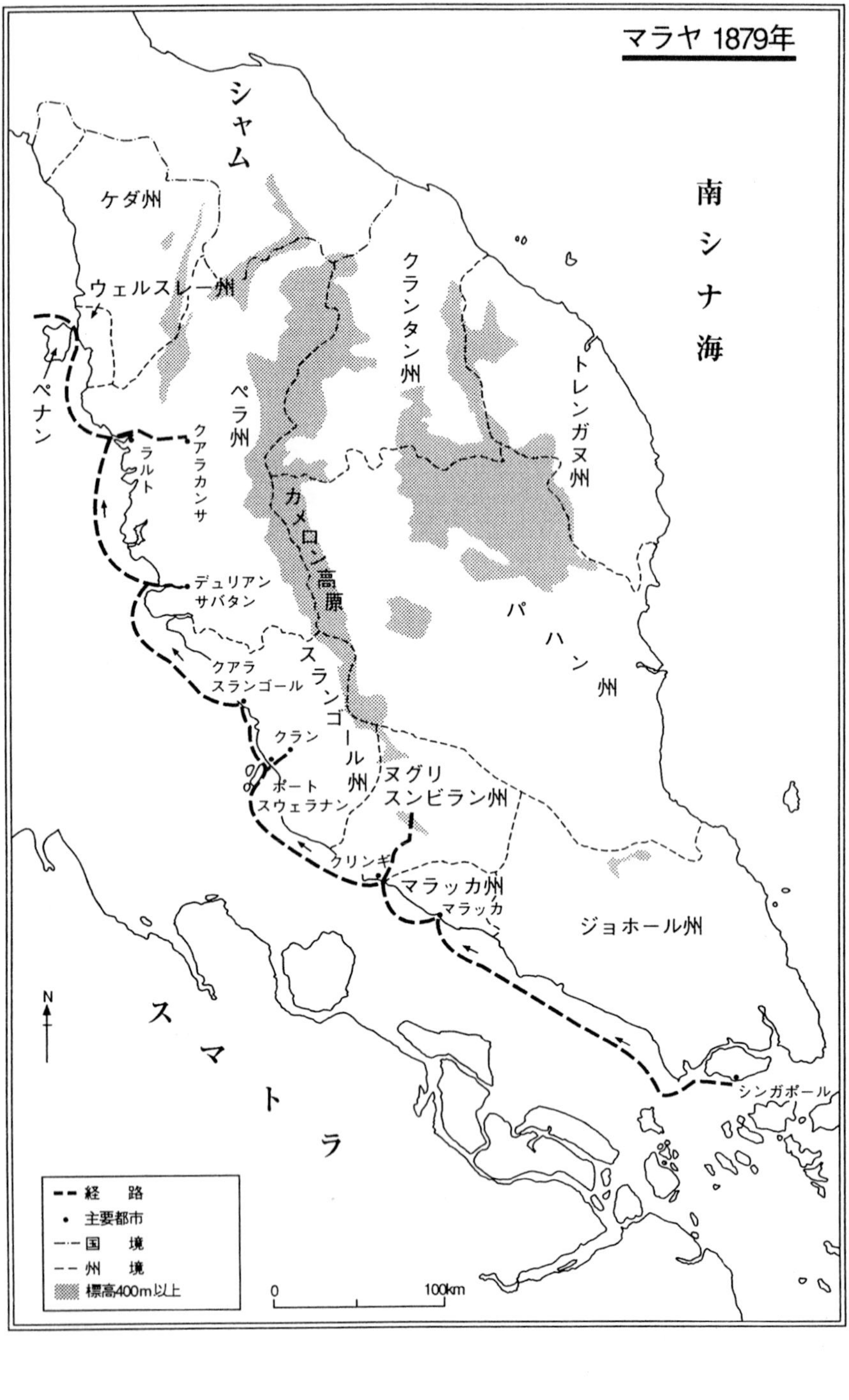
マラヤ 1879年
シャム
南シナ海
ケダ州
ウェルスレー州
ペナン
ペラ州
クアラカンサ
ラルト
クランタン州
トレンガヌ州
カメロン高原
デュリアン
サバタン
パハン州
クアラ
スランゴール
スランゴール州
クラン
ポート
スウェラナン
ヌグリ
スンビラン州
クリンギ
マラッカ州
マラッカ
ジョホール州
スマトラ
シンガポール
N
経路
主要都市
国境
州境
標高400m以上
0
100km

一八七九年、イザベラはマレー半島を旅し、その旅から『黄金の半島（*The Golden Chersonese*）』[1]という本が誕生した。本のタイトルを提案したのは、古典を学んでいた妹ヘンリエッタだった（ミルトンが Aurea Chersonesus を Golden Chersonese と訳したことがある）。イザベラはマラヤに住む英国人の招待を受けて、日本旅行の帰りに五週間ほどマラヤに滞在した。当初の予定にはなかったことである[2]。

マラヤでは、イザベラは官舎に滞在し、旅の手配を自分でする必要もなく、快適な日々を過ごした。故国から遠く離れたマラヤに住む英国人にとって、イザベラのような訪問客は大歓迎であり、彼女は暖かくもてなされた。マラヤについてはほとんど知識もなく、滞在期間も短かかった彼女は、読者のみならず自分自身のためにも海峡植民地について書く必要を痛感した。そのため、この本には海峡植民地についての統計数字をまじえたくわしい情報がのせられている。本の中で彼女は、マレー半島では英国企業の活動の場が増大すると予測しているが、残念ながらそれは当たったとは言いがたい。しかし、マラヤに同情的な一人の知識人が、一八七九年当時、マラヤを外からどのように見ていたかを知るには、同書は一読に値する。

当時、英国とかかわりをもつマラヤ諸州は、内紛やシャムからの攻撃、あるいは海賊の侵攻などで、たえず不安定な状況にあった。一八六七年には海峡植民地として一部の州が英国の直轄統治となった。一八六九年にスエズ運河が開通し、極東への道が短縮されると、貿易の拡大を期待した英国政府は、この地に一段と力を注ぐようになった。一八九六年にはマラヤ連合州ができ、クアラルンプールが首都となった。イザベラがマラヤを旅した一八七九年は、英国が基盤を築くために懸命になっていた時期である。彼女はマラッカ、サンゲイ・ウージョン、スランゴール、ペラの英国人居留地に滞在した。マラヤは極東への交通の要所であるばかりでなく、錫の鉱床が発見されたために英国人にいっそう注目されるようになっていた。

彼女がマラヤでヒュー・ロウ(3)という人物と知り合い、その家に滞在できたことは、幸運だった。ロウは、青年時代に植物学者として東洋に渡り、マラヤに永住した。マラヤに滞在する英国人官吏としては一風変わった人物である。彼女がロウを訪ねる少し前、彼は当時はジャングル同然だったペラ州の駐在官に任命された。英国の駐在官制度(Residential System)は、貿易を平和裡に促進するための制度で、いわゆる「間接統治」方式だった。間接統治は、マラヤの慣習を尊重し、土地所有に干渉せず、ほとんどの権力は土地の先住支配者に残された。それまで混乱状態にあったマラヤは、駐在官制度によって、少なくともそれ以前に比べて平和と安定が保たれるようになった。ロウの前任者は、この制度に反対するマレー人に一八七四年に殺害されていた。ロウは広大な地域を一人で管理した。マレー語に堪能な彼は、先住民を特に保護するわけでもなく、また軽蔑もせず、ただひたすら新しいマラヤの統治システムについて説明して歩いた(4)。イザベラは植民地の統治者がたまに見せる高圧的な態度を嫌ったが、ロウにはそんなそぶりも見えず、彼の世話になったことを感謝した。ロウとのことは後にまたふれることにする。

イザベラは、一八七八年のクリスマス・イヴに蒸気船ヴォルガ号で日本を発ち、数日後香港に到着した。香港ではバーデン主教夫妻の家にしばらく滞在し、新年を広東《カントン》で迎えた。広東は絵のように美しく、何もかも目新しく活気に満ちて、イザベラを夢中にさせた。彼女は、「「広東を見てから死ね」

と言いたいほど」と書いている。しかし、広東には長くは滞在せず、故郷に帰るためすぐに香港に戻った。

　香港を発つ前日、イザベラは裁判所長のスノードンと昼食をともにした。そのときスノードンは、彼女に海峡植民地を訪れることをすすめ、ニューボウルドの書いた『マラッカ』を貸し与え、さらに、シンガポール総督や植民地相への紹介状を書いてくれた。こうして一八七九年一月十九日、イザベラはシンガポールに到着したのである。

　イザベラがシンガポールに向かうために乗った船は、フランスの海運会社のものだったので、船はフランス領コーチシナのサイゴンに二十四時間停泊した。彼女はむろん、サイゴンの見物に出かけた。ガイドを連れず、一人で町を歩き、カフェに入り、果物市場や日用品市場を見てまわり、虎の飼われている植物園風の公園を訪れたりした[5]。さらに、ガリーと呼ばれる人力車を雇って郊外に出、そこで「サボテンの生け垣でできた迷路」を探検した。郊外の村は、「どの家も意地悪で不愉快なサボテンに囲まれていて、プライヴァシーが完全に守られるようになっています。……あちこちトゲに刺されながら（その傷は今でも炎症をおこしているのですが）、ようやく観察したところによれば、家は荒板か竹で建てられ、屋根はヤシの葉葺き、広いヴェランダがあり、部屋の中には筵を敷いた大きな長椅子が置かれ、変わった形の竹の枕が置いてあります。この家はどちらかといえば貧しい家です……」[6]。イザベラが覗き見をしていると、どこかの家から男が現れ、連れていた犬が彼女に吠えかかった。男は犬を追い払った。良く見ると、男はココナッツを持っていた。彼女はココナッツを示しながら、自分は喉が乾いている、と訴えた。男は彼女にココナッツミルクを与え、自分の家に招いてくれた。

「これこそ幸運というものです！」彼女が驚喜したのは言うまでもない。彼女の異常なまでの好奇心は、このようにいつでも必ず実を結んだ。彼女がサイゴンその近郊で冒険を楽しんでいたとき、気温は九十°F（三十二℃）をはるかに越えていた。

予定になかったマラヤへの旅は、急いで計画をたてたこともあって、不安な思いが強かったが、シンガポールに到着したイザベラは、植民地相夫妻の暖かな歓迎をうけた(7)。彼らの世話で官舎に滞在することになり、そこから散歩や馬車旅行を楽しんだ。シンガポールに魅せられた彼女は次のように書いている。「人々の衣装のなんと美しいこと！　町は、あふれるばかりの色彩に彩られています。我々英国人はここでは全くさえません。白人の男女が身につけているのは、あのおきまりの醜い衣類で、薄暗い英国のたいくつさを思い出させるだけです。ここには東洋のあらゆる衣装がそろっています。レヴァント地方から中国にいたるまで、町中にあふれているのです。上着は絹やサテン、錦織、そして白いモスリン、豪華な金糸でアクセントをつけている人もいます。パルシー教徒は純白の衣装、ユダヤ人やアラブ人は落ち着いた色の高価な絹、クリング人は赤と白、大きなターバンを巻いたボンベイ商人は、ゆったりした長ズボンに肩掛け、すべてまっ白で腰には深紅の帯を巻いています。マレー人は赤いサロンを着ています。シーク教徒は純白のマドラス・モスリンなのですが、もともと体格が良いうえに、伝統的な着衣のためにまるで巨人のように見えます。中国人は、青や茶の木綿を着たクーリーから、泡のような絹のクレープや豪華な錦織をまとった金持ちの商人まであらゆる階層の人がいます。ほんとうに見ていて飽きない魅力的な群衆です(8)」。

数日後、彼女は、中国船レインボウ号でマラッカに向かった。マラッカではスタッドソース夫妻宅に迎えられた。自分の部屋に通されると、何人もの小間使いが次から次へと現れた。みな異なる人種の人たちだった。その中の一人、彼女の衣服の世話をする中国人の小間使いは仕事熱心で、「さがって良い」と彼女が語気を強めて言ってもなかなかさがろうとはしなかった。「彼がいつまでもそこにいるので、着替えをするのがかえってとてもめんどうでした」。

マラッカは、十六世紀にまずポルトガル、続いてオランダ、そして英国と、支配者が次々に変わったため、人々の文化や習慣は混然としていた。マレー人は英国式の間接支配に感謝はしているが、はたして彼らが英国人を愛しているかどうか、イザベラは疑問に思った。「東洋人と結ぶ和親条約は、表面的でしかないのでは?」と思ったのである。(9)

マラッカからはリンギ川を六十マイルほどさかのぼってサンゲイ・ウージョンまで探検した。サンゲイ・ウージョンは小さな保護領で、錫の鉱床があることで知られ、マリー大尉が管理していた。彼は、「無骨で品がなく、このような未開の土地に暮らすことが大嫌いな様子です。でも中国人やマレー人に対してはとても愛想が良いのです」。マリー大尉は土地の言葉を話せなかったが、土地の人々の心は良く理解していると自負していた。彼女もその点は認めたようである。(10)

サンゲイ・ウージョンからさらに北に向かい、スランゴールという大きな領地に着いた。ここもまた錫が豊富な州だった。その後イザベラは、ペラ州のレラットで中国人が所有している錫の鉱山を見学している。そこは、「大きな石切り場のような所で、あちこちに発掘された穴があり、その穴の中にたまった水をきわめて精巧な中国製のポンプが汲み上げています。強力な蒸気ポンプも二台作動しています。およそ四百人ほどのやせて皮のような人々が、まるで蟻のように穴から現れ、一列縦隊で歩いています。手には竹製の容器を持っていて、その中には三パウンドほどの錫をふくんだ土が入っています。その土を水の流れている樋にあけると、水力で砂が流され、大きな黒色火薬のような錫が後に残るのです。……錫は原始的な炉に入れられ、精巧な中国製のふいごを使って夜の間に精錬されます。それから砂でできた型で一枚が六十六パウンドの重さの平板に姿を変えます。錫の輸出関税がここの主な収入源です」(11)。やがてイザベラはクランに移り、そこからランガットまで川をさかのぼる小さな旅をした。このときは、徴税官として任地に赴くハウリーという人物が同行した。ハウリーは理知的でエネルギッシュな好人物だった。そのハウリーを、「マラリアに冒された湿地」に残して帰ることになり、彼女の胸は痛んだ。彼女自身、たえず蚊に悩まされていた。「どんなに気をつけていても、くるぶしから脚、腕のいたるところ蚊に刺されてしまい、ひどく腫れて袖をとおすのが大変です。二日間というもの、靴下を履くことはまったく不可能で、毎日布を脚に縫い合わせるしまつです」。

イザベラはさらに北へと進んだ。別の英国人官吏が同行していた。彼女はこの旅で、この地域の英国人がいかに多くの危険と向かい合わせで暮らしているかを知った。気候がもたらす健康への害はもとより、直接的な生命の危険もある。ペラから少し離れた島、ディンディンでは、その地区を管理していた英国人が明らかに中国人と思われるギャングに殺害されている。

イザベラは、マラヤで会った英国人官吏にはおおむね好感を持ったが、彼女がいつも好感を持たれたとは限らなかった。ポール・スウィンバーン少佐は、「背が高く、スマートで、貴族風の容貌をしていて、ロンドンの上流階級のクラブをいつも懐かしんでいるような感じの人」だったが、イザベラに会うと、「できるだけ早くお帰りになったほうが良いでしょう。見ることも、することも、学ぶこともここには何もありません」[12]と言ったのである。彼のイザベラへの接し方は変わっていたが、彼女はこの人物に大きな関心をよせている。

一八七九年二月の半ば、イザベラは難儀な旅の末、クワラ・カンサの官舎に到着した。このルートはぬかるみが多く、幸い日本で着た茶色の山服がここでも役に立った。この旅で彼女は象に乗った。金色の飾りのついた布を掛け、立派な座椅子が置いてある、あのきらびやかな象ではない。金色の布の代わりに生皮を掛け、その上に二つの浅い籠を置いてラタンのロープで縛りつけたという、無味乾燥なものである。彼女が一方の籠にポーチから「落とされる」と、もう一方の籠には若いマレー人が乗ってバランスを保った。象の旅はハプニング続きだった。旅の途中で象の御者が何処ともなく消えてしまうと、象は食べ物を求めて森に駆け込み、続いて泥沼に飛び込んだ。彼女は泥水を体中に浴びた。若いマレー人が逃げ出したため、籠はバランスをくずして激しく傾き、彼女は籠から落ちそうになった。やっとの思いで自力で籠から降りた彼女は、この機を利用して近くの家に行き、ココナッツを求めた。家の主人は猿を使って木の上からココナッツを取ってくれた。そのミルクをおいしくいただいたことは言うまでもない。彼女は、しかし、そのとき、自分のブーツが血だらけであることに気づいた。「美しい黄色い筋のある茶色の蛭が五匹」、くるぶしに吸いついていたのである[13]。彼女はそのままで象の御者と象を捜した。御者がタバコをとかした水を蛭にかけると、蛭はくるぶしから落ちた。それからは、象が彼女を乗せようとしなかったため、クワラ・カンサまで残りの数マイルを歩かなければならなかった。

ペラ州のクワラ・カンサの官舎に到着すると、使用人がイザベラを出迎えてくれた。しかし当地の駐在官、ヒュー・ロウの姿は見えなかった。自分の旅行荷物がまだ届いていなかったため、彼女は風呂に入ったものの泥にまみれた同じ服を着て夕食の部屋に入った。部屋には美しくアレンジされたテーブルが三ヵ所に設けられていた。彼女は一つのテーブルにつくように促された。ほかに客の姿は見えなかった。すると、二匹の猿が連れてこられた。一匹は大きい、もう一匹は小さい猿である。驚いたことには、その二匹の猿が別々のテーブルにつき、食事が始まったのである。猿には陶器の皿に盛られたカレー、チャツネ、パイナップル、バナナ、そして卵が出された。彼女にも同じものが出された。

二匹の猿がけんかを始めた。大きい猿のマーモウドが小さい猿のエブリスに襲いかかったので、イザベラが仲裁に入り、エブリスを救い出した。数日後、ヒュー・ロウが帰ってきた。残念なことに、それからはマーモウドとエブリスは彼女を全く無視して、ご主人様のそばを離れようとはしなかった。彼女とロウとの間に築かれた友情がどのようなものであったかは、ロウのもとを去るときの別れの言葉にうかがい知ることができる。自然の懐に抱かれて孤独に暮らすロウはこう言った。「あなたの存在が全く気にならなくなっていました。あなたは話すべきときを心得ています。私をたずねてくる客たちはみな、静かにしていなければならないときがあることをわかっていないようでした。仕事の最中でもおかまいなしに話しかけてきたのです」(14)。

イザベラは、クワラ・カンサに滞在中、ほかの滞在客とともに蓮の花咲く湖に狩りに出かけた(15)。湖はさほど遠くはなかったが、彼女がしたような冒険の経験のない者にとっては、かなりきつい行程だった。彼女たちはペラ川を横切り、ジャングルに入った。そこでは、「膝までつかって川を渡らなければなりませんでした。帰りにはこの川は腰までの深さになっていました」。陰気な湿地帯を歩き進むと、葦の生い茂る息のつまりそうな澱んだ川に出た。そこに半分水のたまった古い手彫りのカヌーが浮かんでいた。一行はそのカヌーに乗り、注意深く漕ぎながら蓮の花咲く湖に出た。「湖は何千もの優雅な葉とピンク色の花びらにおおわれていました」。同行者のウォーカー大尉はカヌーから近くの灌木に移り、そこからコガモやヒドリガモを撃つことにした。彼女はカヌーを漕ぎ進んだ。鳥が驚いて飛びたっていった。霧がたちこめ、夕闇が近くなるにつれて、彼女はしだいに憂鬱な思いになり、アーサー王の幻影を見たような思いがした。豪華な金糸のローブをまとった三人の美しい姫を見ても不思議ではない雰囲気だった。[16] ウォーカー大尉のもとに戻ると、大尉の登っていた木の枝は折れていた。びしょぬれになった大尉とともに帰路についたが、あたりはすっかり暗くなり、おそろしく困難な家路となった。ようやく官舎に帰り着くと、ロウは使用人とともにイザベラたちの捜索に出ていた。ロウは、彼女がこのような危険な狩りに誘い出されたことをとても不快に思った。

　イザベラが王室所有の象に乗ってジャングルの中を探検していたときのことである。「夜明けの森はほのかな緑色に染まります。……所々倒木のために明るく開けたところがあり、高い梢に華麗に咲く花や、純白の蘭、そして蔓にからまる黄色の花房を熱帯の太陽が照らしだしています。太陽鳥がみごとな虹色に輝いています。いろいろな蝶も見えます。全体が金色の蝶や琥珀色と黒の蝶、あるいは琥珀色と青、さらには緑色に紫のビロードの帯をつけた蝶、黒のビロードに朱色やエメラルドグリーンの玉模様のある蝶……時折、青緑色や黄色の蝶がキラキラ輝く日ざしの中で妖精のように群舞しています。太陽鳥の鮮やかな飛翔と蝶の舞いは、まさに喜びそのものを表現しています……」[17]。

イザベラは、マラヤのカムポンと呼ばれる小共同社会に興味をいだいた。これは質素なイスラム教寺院を中心にした集落で、だいたいが川のそばにあった。人々の服装はほとんど裸同然で、外国人はその姿に当惑し、眉をしかめた。しかし彼女は書いている。「彼らの寝巻のような服装は、単に習慣と気候によるものであって、私たちが未開人でないのと同じように、彼らも未開人ではありません」。彼女はまた、イスラム教徒としてのマレー人も良く観察している。イスラム教の葬儀を「不謹慎にならぬ程度の距離を保って」見物した。寺院の中には入るべきではないと判断した。寺院は通常、木の柱に支えられた円錐形の建物で、尖塔はなかった。祈りの時を告げる鐘は、隣接する建物の中に置かれていることが多かった。神聖なイスラムの儀式をとり行うのは、イマムと呼ばれるイスラム僧である[18]。

マラヤに関してイザベラが否定的な見解を持った事柄の一つに、「負債奴隷」がある。英国は「マラヤの慣習」に干渉することは避けていたが、奴隷制には強く反対していた。負債のある人々を奴隷として使う習慣は、さまざまな人権侵害につながる、と彼女は思った。しかし意見は分かれていた。この制度は、「強制的な家内労働のほんの一形態に過ぎない」と言う者もいれば、「きわめて悪魔的で残酷である」と言う者もいた[19]。

イザベラは、ペラ州のクアラ・カンサから、「すばらしい馬に乗って」タイピンに向かった。道連れは武装していないマレー人の雑役兵が一人、それに彼女の小さな荷物を乗せた象が一頭。「この旅では何の事件も起こりませんでした。太陽が木の頂き高く昇るまで、私は馬をゆっくり走らせて、数マイルの乗馬を楽しみました」。

イザベラの記録には不気味な出来事もある。タイピンの駐在官マクスウェルは旅の途中で一組の夫婦に出会った。妻はガリーに乗り、夫はそのそばを歩いて旅をしていた。次の晩、眠っていた妻が叫び声をあげながら目をさますと、すぐに催眠状態になってしまった。夫は妻に悪魔がとりついたと思った。そこで魔術師が呼ばれ、妻にとりついた悪魔に向かって話しかけた。「悪魔よ、一体どのようにしてここに来たのか」。「マクスウェル様と一緒に来た」と、妻に宿った悪魔が答えた。「彼と一緒にどのようにして来たのか」。「彼の灰色の馬の尾につかまって来た」。「どこから来たのか」。「チャンガト・ジェリンから来た」。その地は多くの悪魔が住んでいることで知られていた。魔術師が薬品を焚いてその強い匂いを妻にかがせると、妻の体から悪魔は出ていったというのである。マレー人は悪魔や縁起、幽霊、魔術などをとても信じやすい、と彼女は記している[20]。

マクスウェルはマラヤの文化にとりわけ興味を持っていたので、イザベラは彼と文化論を楽しく語りあった。特に二人の関心をよんだのは諺で、英国の諺と類似しているものが少なくなかった。彼女が気に入った諺の一つに、始終おしゃべりをしている人のことを揶揄したものがある。「亀は無数の卵を産んでも、誰にも言わない。ニワトリはたった一つの卵を産んで、それを大声で知らせる」。あるいは次のようなものもある。「虎の口から逃げ出して、虎の顎に入る」。「ジャンク（船）が難破すると、シャーク（鮫）が満腹になる」[21]。彼女は、マクスウェルとともにペナンの海岸まで旅をした。そこはマングローヴの林が何百マイルも続く暗い陰鬱な所だった。「何の役にもたたない植物が伸び放題に生い茂り、湿地と軟泥が果てしなく続き、……あたりにはおびただしい数の鰐や蛇、そのほか何やら気味の悪い生き物がうごめいていました」。

一八七九年二月二十五日、イザベラは蒸気船マルワ号でペナンを発った。「鏡のように光きらめく静かなマラッカ海峡をぬけ、ゆったりと波打つベンガル湾に出ました。船は北西に向かっています。はるか遠くには半島の丘が、紅に染まる空にまるで霧のようにかすんで見えます。常夏の夢から今私はさめようとしています。「黄金の半島」は、すでに思い出となりました」(22)。

マラヤでの冒険談は一八八三年まで出版されることはなかった。その間、妹が亡くなり、イザベラは結婚してビショップ夫人となっていた。『黄金の半島』の書評は、旅行ガイドブックの一冊としてザ・タイムズ紙に掲載された。七月のことである。書評は、数々の冒険を楽しい語り口で語り、マラヤの情報がふんだんにもりこまれている、と好意的だった。同じ旅行作家のミス・ゴードン・カミングをイザベラと比べて、「ミス・バードほど大胆でもなければ、風変わりなところもない」と書評は述べている。この二人の間には何がしかのライバル意識があったようである。それにしてもイザベラは、大胆と評されることはよしとしても、おそらく、風変わりと評されることは望まなかっただろう(23)。

「美しくコンパクトな旅行地」マラヤでのイザベラの冒険談は、全体的に気楽な雰囲気があり、彼女の世話をしてくれた現地の官吏たちへの謝辞がそえられていた。『黄金の半島』というタイトルには独特の魅力があり、それが思わぬ反響をよんだ。一八八五年にエミリー・イネスという女性が『黄金メッキのはがれた半島(*The Chersonese with the Gilding Off*)』という本を出版したのである。彼女は、マラヤのスランゴールの官吏ジェイムズ・イネスの妻で、現地で過ごした日々を生々しく描いているが、イザベラの本の内容とはきわめて異なっていた。

イザベラは、ペナンからケルタンへ向かう旅でジェイムズ・イネスに会っている。イネスは一八七六年から一八八二年までスランゴールで勤務していたが、イザベラは彼についてこう書いている。「デュリアン・サバタンの湿地のためにすっかり陰気になってしまったようです。[24]……弱々しくて、まるで絶望しているようなうつろな目をしています。同行者としては退屈でおもしろくない人です[25]」。

イネス夫人は現地の言葉を学ぼうと努力し、勇敢で機知に富んだ女性だった。故国から遠く離れた任地での孤独や、常に危険と向かい合わせでいる状況を良く理解していた。しかし、彼女は失意の中、苦々しい思いを抱きながら『黄金メッキのはがれた半島』を書いた。夫は、汚職事件にまきこまれて辞任せざるを得なかったのである。エミリー・イネスは、ヒュー・ロウについて辛口の批評をしている。彼はどっぷりとぬるま湯につかり、「任地では専制君主で、金銭的にも何ら不自由がなく、英国では望めないような高いポストについている」と書いている。[26]

イザベラとイネス夫人は二人とも、クアラ・ランガットのスルタンの宮殿に招かれている。しかし二人の本を読むと、同じ部屋のことを描写しているとは思えない。イザベラの本には次のように書いてある。「謁見室のバルコニーには美しい装飾がほどこされ、鮮やかな赤い花や涼しげな白い花があたり一面に飾られていました。どこもかしこも美しく、ヤシがそよ風にさやさやとゆれ、頭上では小鳥や蝶が命を謳歌するように楽しげに飛んでいました」。[27]その部屋の床には、美しいペルシャ絨毯が敷きつめられていた。しかしイネス夫人が通された部屋は、「板張りの小屋のような部屋で、ここが謁見室だという。四角い部屋の天井はタイル張りで、床は木がむきだしになっている。部屋の中には家具らしいものはなく、使い古された敷物が数枚と、こわれかけた洋風の椅子が一、二脚あるだけ(28)だ」。

イネス夫妻がイザベラの本を読んだとき、「ここに出てくるすべての人々、すべての事柄、すべての生き物、すべての蚊までもが、私たちには身近なものに思えた(29)」。しかしエミリー・イネスはこうつけ加えている。「ミス・バードは有名人で、どこに行ってもその土地の最も位の高い人々に紹介され、政府は彼女のために船を用意し、役人は彼女の意にかなうように最善をつくす。彼女の右手にあるペンは、事と次第によっては激しく攻撃し、あるいは報いをもたらすかもしれないことを彼らは知っていたのだ」。たしかにイネス夫人の言っているとおりだった。

イネス夫人は、また次のようにも書いている。「彼女の描写は細部にいたるまで、全くの真実であり、私の描写もすべてが真実だ。にもかかわらず、彼女の描写は明るく魅力的で、私のは暗く、退屈だ。その違いはどこから来たのかといえば、それは私たち二人が全く異なる状況のもとでマラヤを見たからなの(30)だ」。

ザ・タイムズ紙に掲載されたイネス夫人の本の書評は、幸いなことに、イザベラの本の「はがれたメッキ」の部分についてはふれていなか(31)った。書評は、ジェイムズ・イネスに対する植民地当局の不当な態度や、強力な西洋勢力の侵害に苦慮するマレー人、中国人、インド人の姿にふれていた。

イザベラはマラヤについての本に熱心に取り組んだ。イザベラは次のような手紙をジョン・マレイに書いている。「……本を出版する前に、マラヤの各州についてもう少し私自身勉強したほうが良いと思います。本の内容を読者に良く理解していただくために、各州について短い説明の章をもうけたいと思っているのです。それはできるだけ正確なものでなければなりません。マラヤに行くまで、私はマラヤのことを何も知りませんでした。おそらく英国のほとんどの人が私と同じだと思います」[32]。

イザベラの手紙の中には、エミリー・イネスの本にふれたものは見つからなかった。しかし、世間の評判を気にするイザベラが、彼女に主導権をとられた形になったことに屈辱感をおぼえなかったはずはない。ほとんど知識を持っていなかった国、しかも、一歩一歩に何の苦難もなかった旅、イザベラはそのような国の、そのような旅について、今まで書いたことはなかった。その後も二度と書くことはなかった。

Ⅲ部　一八八一〜一九〇四年

8章　結婚、そして夫の死

夫　ジョン・ビショップ

一八八一年三月八日、妹の死から十ヵ月後、自分の五十歳の誕生日からおよそ六ヵ月後、イザベラは医師ジョン・ビショップの妻となった。夫は彼女より十歳ほど若かった。結婚式は、ウォーウィックシャーのセント・ローレンス教会であげられた。イザベラのいとこ、ウィルバーフォース・バード少佐宅の近くである。[1] 数人の親類が見守る中、花嫁は少佐によって新郎の手にゆだねられた。式は、結婚式というよりも通夜のような雰囲気だった。イザベラが妹の喪に服していたので、黒のドレスと黒の帽子を身につけていたからである。マレイ夫妻から贈られた金のネックレスだけが華やかさをそえてた。[2]

結婚式の前日、イザベラは背中が痛んで一日中安静にしていなければならなかった。そのときを利用して、彼女は、「愛すべき忠実なる友」エリザ・ブラッキーに手紙を書いている。「沈みこんだ私の心を支えてくださったうれしい何通もの手紙」に対するお礼状だった。彼女はきわめて神経質になっていたが、うれしそうだった。「彼は土曜日の朝、上品に着飾って到着しました。いつものように率直で、やさしい彼ですが、このときほど堂々と見えたことはありませんでした。この結婚に批判的だった私の親戚たちも彼に会って一目で好きになってくれたようです。……結婚式は明日の朝、十時半に始まります。いとこのヴァーニー牧師が式をあげてくれ、バード少佐が私の手をとってくれます。式の参列者は、おばのマーティンズ・バード夫人とその娘たち、今泊めてくださっているバード夫人、いとこのインディア・バード、ベシー・ヴァーニー、そしてローソン教授……。教会は公園にありますが、小さく、古風な趣があって中はほの暗い教会です。七百年以上もの古い歴史があり、窓はステンドグラスで飾られています。ステンドグラスの中では、この教会の守護聖人であるセント・ローレ

イザベラが結婚式をあげたセント・ローレンス教会（イザベラ画）

ンスの姿が人目をひいています。明日の朝は私たちのためにお祈りしてくださいね」[3]。イザベラはこれまであらゆる古い慣習と戦い続けてきたが、親戚縁者が参列する中、慣習にのっとった伝統的な結婚式をあげたのである。

ジョン・ビショップ[4]は若き有望な医師として、バード一族の間に迎えられた。彼はシェフィールドで生まれ育ち、一八七〇年にエディンバラで医学の学位をとり、一八七三年には医学博士となった。その博士論文は金メダルを獲得した。一八七六年にエディンバラ外科大学の、一八七九年にはエディンバラ医科大学の教員になっている。彼はまた、王立エディンバラ病院のジョゼフ・リスターの助手も勤めている。そこでの彼の評判は、「中年の、まじめできわめて熱心な弟子」というものだった」[5]。

イザベラがレイディ・ミドルトンに宛てた手紙には、ジョン・ビショップについてこう記されている。「彼の背は平均よりやや低め、平凡な顔立ち、髪には白髪が混じり、眼鏡をかけています。彼の目は、サー・ノエル・パトゥンの表現を借りれば、「清純な美しさ」があり、あらゆる欠点をカヴァーするに余りあります。広い理知的な額をしています。とても勉強家で、理解力や鑑識眼があります。芸術的な関心は深いのですが、彼自身は芸術的な特技を持ちません。自然の熱烈な愛好者で、はにかみやさんです。社会的に目立ちたいという気持は全くなく、意識的に人に良い印象を与えようとすることもありません。素朴で誠実で忠実で利己心がなく、思いやりがあります。彼の愛の深さははかり知れないほどです。彼ほどすばらしい人はほかにはいないでしょう[6]」。

イザベラ姉妹の身近には、彼女たちを支えてくれる男性がいなかった。イザベラがジョンにひかれた理由はそんなところにもあるのかもしれない。姉妹は彼と一緒に過ごす時を楽しんだ。イザベラはジョンと顕微鏡を使って熱心に共同研究をした。[7] 妹ヘンリエッタにとってジョンは、自分と同じようにまじめで、感情を静かに内に抑えて生きる人として、共感を持てる人だった。彼自身は姉に強く心ひかれた。ハワイの旅行記を驚嘆の思いで読み、イザベラの勇敢さに敬服した。そしてジョンは、イザベラが抱いていた不安や疑問を理解し、彼女が頼るべきものを求めていることにも気づいていたのである。

一八七七年の夏、イザベラ四十六歳、ジョン三十六歳、ジョンはイザベラに結婚を申しこんだ。彼女は承諾した。彼女はジョン・マレイに次のように書いている。

「誰にも申し上げていないのですが、あなたにはお知らせしたいと思います。たった今、私は条件付きで婚約いたしました。そこで、この病んだ体をなんとか再び健康な体に回復させなければなりません。病弱な妻にはなりたくないのです。以前健康にしてくれたような旅をもう一度してみようと思います。野外の、馬上の生活ができる旅です。サンドイッチ諸島の友人を訪問したいとかねがね思っておりましたが、その方面に行くのなら日本にも行ってみたいと思います。……家庭生活に落ち着く前に旅に出るわけをあなただけにお知らせいたしました。どうぞこのことは内密にしてください。あなたが恋愛結婚についてご理解をおもちでありますように」[8]。イザベラの婚約の相手はジョン・ビショップと考えて良いだろう。

イザベラは自分の婚約を妹に伝えたとき、妹がきわめて強い衝撃をうけたことを知った。婚約の発表は問題外であり、二人は話し合って、婚約を棚上げすることにした。

この件についてジョン・マレイは、約束どおり沈黙を守っていた。婚約が棚上げされた後のイザベラの手紙には、変化が見られただろうか。「婚約を祝福していただき、ほんとうにありがとうございます。健康がすぐれないために、この婚約はあくまで条件付きですので、今後もどうぞ秘密にしていてください」(9)。

しかし、ヘンリエッタの心の傷は癒えず、健康を害した。一八七八年のはじめには、「かなり悪い」と伝えられている。マル島に滞在しても回復しなかった。イザベラは、一八七八年二月、日本ならびに他の東洋諸国に向けて旅立ち、翌年五月まで帰国しなかった。一八七九年から一八八〇年にかけての冬は、イザベラはヘンリエッタとともにエディンバラで過ごした。しかしヘンリエッタは、「冬こそ高原のマル島で過ごすべきで、町にいるなど、最悪です」(10)と書き残している。さらに続けて、「彼女は本を仕上げるためにいつもこつこつと何かをしています」。ヘンリエッタが非難めいて書いた「彼女」とは誰のことだろうか。一八八〇年四月一日、ヘンリエッタは病をかかえてマル島に移った。「今までにこれほどマル島までの旅がきついと思ったことはありません」。一時は小康状態を保ったが、再び悪化した。イザベラは四月二十九日に、ジョン・ビショップは三十日にマル島に到着し、一八八〇年六月四日、ヘンリエッタが永眠するまで、二人は彼女のそばを離れなかった。病名は腸チフスだった(11)。

ジョン・ビショップはマル島からジョン・マレイ宛てに手紙を書いている。マレイ夫妻からのお悔みの手紙に感謝するものである。「悲しみのあまり、お礼を申しのべるのが遅くなりました。……火曜日、ヘンリエッタは三時間ほど激しい苦しみに襲われ、その後三日間、小康状態を保ちました。しかし再び四時間ほど苦しんだ後、九時四十六分、魂は旅立ちました……」。その手紙には、イザベラがクリスチャンとして立派に悲しみに耐えた、とも記されている。[12]

六月十六日、イザベラ自身がジョン・マレイに手紙を書いている。「私が書いた本はすべて、ヘンリエッタからインスピレーションを与えられて生まれました。彼女は私の最も良き批評家であり、家庭そのものであり、最も気心の知れた親友でもありました」。[13] しかし、ヘンリエッタの死によって、イザベラの結婚の唯一の障害は取り除かれた。[14]

その手紙にはまた、未来の夫ジョン・ビショップについても描かれている。「ビショップ医師の行動には全く頭がさがる思いです。自己を犠牲にして膨大な量の仕事をこなしていました。それが五週間も続き、その間、ほとんど眠らず、文字どおり自分の体を犠牲にし、そのために生涯不自由な体になってしまったにもかかわらず、医師として、友人として、ときには看護夫や召使いとして接してくれました。……そして看護婦とともに柩を運び出しました……」。[15] ヘンリエッタの病気が腸チフスだったので、土地の人々の手を借りることができなかったのだ。ジョン・ビショップはここで脚を骨折し、しばらく安静にしていなければならなかったために、マル島に留まってヘンリエッタの看護ができたのである。

アンナ・ストッダートは、一九〇六年に出版されたイザベラの伝記の中で、婚約の部分については巧みに事実をぼかしている。彼女の伝記には、ジョン・ビショップは一八七七年の夏にイザベラに結婚を申しこみ、断られた、とある。実際は、イザベラは申しこみを承諾しているのだ。伝記によれば、イザベラは、「妹との結びつきが強すぎ、妹がすべてであり、妹とともにのみ喜びが存在する」のだった。さらに伝記によれば、ジョンは八月、イザベラが困惑するので友人のままでいることにしていた。[16] アンナ・ストッダートがこのように事実を脚色した理由は不明であるが、一九〇五年にジョン・マレイ四世と会談した際に作られた話のようである。イザベラは一八七七年の七月と八月に、自分の条件付きの婚約や恋愛結婚などについて、ジョン・マレイ三世に手紙を書いている。そのマレイ三世は一八九二年、伝記が書かれるはるか以前に亡くなっていた。

イザベラとジョンは、ヘンリエッタの死からおよそ半年後、一八八〇年の十二月に正式に婚約した。まわりの人々が仰天したのは言うまでもない。[17] 一八七七年に仮の婚約はしていたものの、イザベラは依然として精神的に不安定な状態にあった。一八八〇年の秋のイザベラは何の仕事も手につかなかった。人々からの誘いは、妹の喪に服しているという理由で断った。ヘンリエッタの幽霊がとりついていたのだろうか。イザベラはブラッキー夫人に書いている。「彼女なしで生きていくためには、結婚は良い方法かもしれません。彼女が生きていたら、第三者の存在など考えられなかったでしょう」[18]。

パークスは、ヘンリエッタが亡くなった同じころにエディンバラで妻を亡くしているが、イザベラに結婚を強くすすめている。長い間の友人であるミドルトンも同様に、愛があるなら結婚すべきである、と手紙を書いている。なぜなら、「彼のヘンリエッタに対する献身ぶりから、当然の帰結と世間は認めてくれるでしょう。[19] そのうえ、あなたの家柄や文筆家としての地位は、結婚によって揺らぐようなものではありません……」。

ジョンとの結婚問題が生じたことによって、イザベラは自分の社会的地位についてあらためて考えるようになった。条件付きの婚約をした翌年の一八七八年はじめ、彼女は日本に住む英国人宛の紹介状のことでジョン・マレイに手紙を書いているが、その中で自分の家系についてふれている。「私の母の家系、すなわちオールドボロウ・マナーとボロウブリッジホールのローソン一族は、ヨークシャーでは最も古い一族の一つで、その領地は父から息子の手に八世紀にわたって受け継がれてきました。私の父の家系、すなわちドゥ・バーズは、残念ながら曾祖父の時代にバードとその名を変えましたが、ウォーウィックシャーの古い家系で、父方と母方の双方の家は、結婚などを通して英国貴族と深い結びつきがあります」[20]。

ジョン・ビショップはシェフィールドの格式ある家系の一員だった。父は彼が九歳のときに、当時としては多額の千二百九十一ポンドの遺産を残して他界した。母は、長男ジョンよりも長生きしたが、彼がエディンバラで医学の勉強をすることを常に支え続けた。母は一八五〇年に、三人の幼子をかかえて寡婦となったが、子供たちに教育をうけさせるには資産は十分にあった。ジョンは結婚に先立ち、一八八一年一月二十一日に「婚前の約束」にサインしている。そこで彼は自分の死後六ヵ月以内に八千ポンドを遺産としてイザベラに残すことなどを誓っている。この「婚前の約束」を作成するにあたって弁護士は、イザベラよりはるかに若いジョンが先立つ可能性はきわめて少なく、ジョン亡きあとのイザベラの生計費にふれた項目が実際に適用されることはおそらくないだろうと考えたにちがいない。しかしジョンは、富らしい富を蓄積する前に、その五年後に亡くなるのである[21]。

結婚することによって、確かに女性は社会からある種の尊敬を勝ちえることがある。イザベラもそうだった。しかし、彼女が世間一般の妻と同じような勤めを要求されていたなら、おそらく多くのことを犠牲にしなければならなかったに違いない。イザベラとジョンは、彼女の将来について十分に話し合い、もし彼女が旅に出ることを必要とした場合には、いつでも旅に出て良いことにした。悲しいことには、結婚生活は、ジョンが病に倒れたために長くは続かなかった。[22] 一八八〇年代のはじめは、ジョンの健康を回復するために二人で南ヨーロッパを旅することが多かった。

結婚後すぐ、二人はマルヴァーンに旅している。そして一八八一年三月二十六日、二人の新居、エディンバラのウォーカー・ストリート十二番地に帰った。しかし、「落ち着くまでにはまだまだ時間がかかりそうです[23]」と、イザベラは書いている。アンナ・ストッダートは新居の居間についても描写している。当時は東洋ブームで、イザベラもほかの人々と同様、東洋の品々に魅せられていた。彼女の部屋に飾られていたものは、東洋に旅したときに求めた美しい品々だった。薩摩や長崎のみごとな磁器、伝説に出てくる双子をあらわした青銅の置物、飾り棚もあった。大名の風呂といわれる容器にはヤシの木が植えられていた。エディンバラの家のほかに、ヘンリエッタの住んでいたマル島の家も手放さずにいた。イザベラはそこで、時折一人静かにヘンリエッタをしのんだのである。

エディンバラの新居では、ビショップ夫妻はハワイのカラカナ王を迎えて昼食をともにしたこともある。王は、イザベラにハワイのカピオラニ文学勲章を授与するために来たのだった。[24] 王とは、ドゥレゴーン城でもその城主夫妻の招待で、再び会っている。秋には南へ旅し、イザベラは自分が子供のころに遊んだ場所に夫を案内し、二人でウーズ川の船遊びなどを楽しんだ。

一八八一年の末、イザベラが一人でマル島に滞在しているとき、ジョンが重い病に倒れた。ジョンははじめ、軽いひっかき傷を顔に作った。そのすぐ後にエディンバラの病院で外国人船員を手術した際、その傷からなんらかの感染菌が体内に入ったと思われる。イザベラは、悪天候のためにすぐにはマル島を出られず、いらだちがつのったが、ようやくエディンバラに帰り着いた。幸いジョンは、衰弱していたものの回復に向かっていた。年が明けたころには、ジョンは病院の仕事をこなせるまでに元気になっていた。春には二人で英国南部を旅し、そこからジョンはエディンバラに戻った。イザベラはその足で大陸に渡り、北イタリアのカデナッビアの友人を訪ね、ロンドンに帰ったのは七月のことだった。

イザベラは、旅先ではどこでも執筆活動に忙しかった。カラカナ王の訪問がイザベラの心に著作活動に対する情熱を再び呼び起こし、ハワイの本の改定版に取りかかっていたのである。『日本奥地紀行』も売れ行きは好調だった。彼女はまた、マラヤからヘンリエッタに宛てた手紙の整理にも着手していた。これは後に『黄金の半島』というタイトルで出版された。ヘンリエッタがつけてくれたタイトルである。この本は「ヘンリエッタの思い出」に捧げられている。一八八二年のイザベラは沈みがちだったが、仕事に向かうとすぐに、いつもの明敏で現実的な彼女に戻るのだった。その年の夏は、マル島で一ヵ月を過ごし、友人たちをもてなしたり、オート三輪の運転を覚えた。ジョン・マレイや「ブラウニング氏」が、オート三輪についてさまざまな助言をしてくれた。結局彼らの助言に従い、「速いはずの乗り物という私の通念からすると遅すぎる」オート三輪は、買わないことにした。(25)

イザベラがエディンバラに戻ってみると、夫の病が再発していた。前年の秋に体内に入った病原菌が依然として夫の血液中で活動していると思われた。一八八二年の末ごろから、ジョンは仕事を続けてはいたものの、体調は悪化するばかりだった。翌年の春も終わりのころ、二人は英国南部と西部を旅している。その後の二人にとっては、ジョンの健康回復が最も重要なことになった。一八八三年の末、サー・アンドリュー・クラークとジョンの恩師サー・ジョゼフ・リスターの二人の医師は、ジョンに転地療養をすすめた。ほかの治療法が見いだせなかったのである。

一八八四年の夏、二人はマル島で過ごし、ジョンはやや元気になった様子だったので、このまま健康を回復するのではないかとイザベラは期待した。冬は南で過ごすように命じられたため、二人はフランスに旅立った。しかし、この旅はジョンにとっては苛酷なものとなり、目的地のイーエアに着いたときには、衰弱が激しく、そばで誰が何をしているかもわからないほどだった。イーエアには数ヵ月滞在したが、暑くなり始めたため、北の山岳地方に移った。一八八五年の秋、容体が思わしくないままに、ジョンは、再び冬を暖かい地方で過ごすため、カンヌに移った。一八八五年十二月、ジョンは「親しい筆記者」の手を借りて、一通の手紙を書いている。そこには、愛する妻やすばらしい看護婦が、過労にならなければ良いがと思うほどに、ゆき届いたやさしい看護をしてくれること、親友の有能な医師フランクが、妻のアグネスとともにこまやかな心配りをしてくれること、サー・J・フレイザー医師の診察をうけたこと、などが書かれていた。[26]

一八八六年のはじめにイザベラがカンヌのホテルから書いた手紙に、一日の日課が記されている。

午前九時：朝食をとり、十時までベッドで読書

午前十時〜十時半：三十分ジョンの看護

午前十一時〜十二時：書斎で執筆、来客に会う

午後十二時：昼食

午後十二時〜二時半：ジョンの口述筆記、またはジョンのために本を読む

午後二時半：外出、友人に会うか、買い物をする

午後四時半〜六時：執筆
午後六時〜六時半：ジョンの看護、夕食
午後七時半〜八時半：ジョンの看護
午後九時〜午前十二時：睡眠
午前十二時〜七時半：ジョンの看護、その後就寝。(27)

それは確かに過密な日課だった。イザベラは看護婦や友人を出迎え、送り、そして明らかに夜中は「休憩らしい休憩は五分もとれない」と、イザベラはつけ加えている。毎晩自分でジョンを看護している。

しかし、ジョンの病状は悪化する一方だった。一八八六年一月三日、サー・ジョゼフ・リスター医師を迎え、思い切った治療が施された。イタリア人のたくましい農夫が、多額の報酬とひきかえにジョンのために献血をし、輸血がおこなわれたのである。サー・ジョゼフと三人の助手は、細心の注意をはらいながら、一時間半をかけて輸血をおこなった。(28) 貧血症は、一八五五年にトーマス・アディソンによって発見されてはいたが、貧血の詳細な原因や、異なる血液型の輸血の危険性については、当時はまだ何も知られていなかった。(29) 結果は思わしくなかった。一八八六年三月六日、ジョン・ビショップは、「悪性貧血」(30) のため、フランスのカンヌでついに帰らぬ人となった。

イザベラのショックは大きかった。夫の死から数日たったある日、彼女はジョン・マレイに手紙を書いている。「ジョンはとても忍耐強く、自分を抑え、知的な活動にも携わり、いつも明るくふるまっていましたので、この十八ヵ月間、彼のまわりにいた人々は、彼がいかに苦しんでいたか誰も気づきませんでした。ジョンはいつも幸福そうで、何にでも誰にでも興味を持ち、元気はつらつとしていて、人生の目的に満ちあふれ、生きていることそのものを楽しんでいる様子でした。そのジョンが死ぬなどとは、ほんとうに信じられないことです」[31]。

しばらくたってから、イザベラはこうも書いている。「私は未亡人だとは決して思いません。私はいつまでも彼の妻であり続けます。彼の愛がいかに自己を犠牲にした献身的な愛であったか、彼の性格がなんと麗しいものであったかを思い、私は今、うちのめされています。こんなに年をとってから、彼を失ったあとに、私はようやくそのことに気づいたのです。……彼なしの生活には耐えられません。純真で聖なる魂を持った、私欲のない夫でした」[32]。このような情熱的な女性が、五十歳で十歳も若い人と結婚し、そして亡くなってはじめてその人の美徳に魅了されるとは、何とも皮肉なことではないか。

ジョンにとっては、明らかに年齢の差は問題にならなかった。作家を妻に持つことの喜び、妻の作品を興味深く読み、冒険談あふれる会話を楽しんだ。妻の病状は気がかりではあったが、幸せな結婚生活が妻に健康をもたらすにちがいないと彼は確信していた。彼はイザベラが情熱的であることを知っていた。病床にあっても彼はうれしそうに語っている。「妻は私を愛しています。私が生きていることは無意味ではありません」[33]。ジョンとイザベラの肉体的な関係については、二人の年齢や経験、さらには悪化していく健康を考えあわせて、ただ推測するばかりである。

イザベラは、しかし、当時としては、いわゆる「妻の役目」を立派に果たしていたかどうかは疑問が残る。確かに彼女は、ジョンが長い間病の床に伏していたときには献身的な看護をした。しかし彼女はまた、そのあいまをぬって、スイスを旅し、友人に会い、小さな探検旅行をし、さらには、自分の仕事から目を離すことはなかった。彼女は慢性の病を持ってはいたが、同時に、抑えきれぬエネルギーをも持っていたのである。そのことに夫は気づいていたのだろうか。

もう一つ疑問がある。ジョンの病状が悪化した後、南フランスの各地を転々としたことである。彼の健康に良かれと称してはいたが、実際は、イザベラ自身が変化を求めていたのではないだろうか。住み慣れた居心地良い故郷を離れて暮らすことが、患者にとって良いことだと医者たちはほんとうに思っていたのだろうか。一八八三年の末に医者たちがすすめた転地療養の期間は一年半だった。しかし転地は続き、一八八六年三月に亡くなるまで、彼はついにエディンバラに戻ることはなかった。

ジョンはウォーカー・ストリート十二番地をイザベラとの新居に定めた。しかし彼の妻は、ここを永住の地と思ったことがあったのだろうか。アンナ・ストッダートは、「イザベラのこの家に対する愛着は、夫の愛と時の力で、しだいに深められていった(34)」と書いているが、夫が亡くなる二年前の一八八四年の春には、イザベラはこの家のあけ渡しの準備を整え、家具などを他の場所に保管している。悲しいかな、ジョンには、たとえ医者や妻から家に帰ることを許されたとしても、帰るべき家はなかったのである。

夫の病に心くだく間、イザベラは、一八八二年から一八八三年にかけての冬に背中の痛みにおそわれたことを除けば、比較的健康に過ごしていた。しかし、一八八五年六月一日、彼女はロンドンで全身麻酔のもとに手術を受けている。脊椎の腫瘍を除去したのだろうか。執刀医師はサー・ジョゼフ・リスターだった。後に彼女はこのときの経験から、『マレイズ・マガジン』に、クロロフォルムの効果について寄稿している。[35] 彼女は長年、背中の欠陥をカバーするためにドレスの背に特殊な鬘を作って着用していたが、この手術のあとには、その鬘をとっている。[36] はたして手術以前もこの鬘は必要だったのだろうか。

ジョンの遺言により、イザベラはただ一人の遺産相続人になった。遺産には不動産の収益や約三千五百ポンドの生命保険が含まれ、総額は四千五百五十五ポンドほどだった。これらは「婚前の約束」にもとづき、イザベラに残された。[37] 彼の書籍や医療器具の値は合計六十ポンドほどだった。ジョンの年老いた母への遺産は何もなかった。後にイザベラ自身の遺言の中では、彼女はジョンの六人の甥や姪に五百ポンドから百ポンド、合計千八百ポンドの遺産を残している。

夫の亡き後、イザベラは、「エディンバラには悲しい思い出がある」ため、ロンドンに居をかまえた。彼女はその家を自分の住居とすると同時に、パディントンのセント・メアリー病院に遠くから通院する患者のための宿泊施設にするつもりだった。しかしこの計画の実行は、想像以上に大変であることがわかり、断念することになった。彼女はロンドンで外科の看護婦としての訓練を受けることにし、セント・メアリー病院に勤めた。そこでは、骨を固定するための添え木の扱いや包帯の巻きかた、救急患者の処置のしかたなどを学び、一日に十時間、病院に勤務することもあった。また、さまざまな種類の手術を見学した。その中には、手足などの切断手術、頭骨に穴をあける手術、ヘルニアの手術、腫瘍の除去手術なども含まれていた。これらの手術患者の看護方法も学んだ。脚を硬膏で固める新しい技術も習得した。イザベラの現存する手紙の中には、この間のことについてふれたものはごくわずかしか残っていない。そのわずかな中に、ジョン・マレイに宛てた手紙がある。それは、一八八七年六月のヴィクトリア女王即位五十周年記念祭のパレードの見物に関するもので、彼がイザベラのために贈った見物券をセント・メアリー病院の看護婦長に譲っても良いかをたずねる内容だった。(38)

イザベラは、小さなキリスト教伝道病院を設立する計画を持っていた。夫と妹を記念するには最もふさわしいことだと考えたのである。彼女が看護婦としての訓練を受けたのは、その病院で少しでも役に立ちたいと思ったからである。彼女は、エディンバラでさまざまな情報を収集するとともに、友人や亡き夫の同僚たちにも協力を呼びかけた。彼らは一様に熱心に賛同してくれた。彼女は世界各地を旅した際、初期症状の病人や軽いけが人に対してさえ、自分が全く無力であることに無念な思いをしばしば抱いていたのである。

当時は、キリスト教徒にとって聖地パレスチナはおおいなる魅力の地だった。イザベラはナザレにベッド数十二の病院を設立する計画をたて、自分も外科の看護婦として働くつもりでいた。当地ではすでに、亡夫の友人だったトランス医師が医療伝道活動を行っていた。(39) しかしトルコ政府は、さんざん待たせたあげく、ついに許可をおろさず、イザベラの計画は泡と消えた。(40) ほかの場所を検討しなければならなかった。

一八八八年にはイザベラは、「死の悲しみ」に別れを告げるべく、インドに旅することを決意している。その航海は、慣れ親しんだ生活と未知の世界とを静かにつなぐ転換の旅になるにちがいない。インドでは、こまごまとした政治問題に煩わされる事なく病院を設立できるにちがいない。(41) そして(イザベラは公言してはいないが)、チベットや、ペルシャ、さらにはクルディスタンへも足をのばすことができるかもしれないのだ。

9章　紅海から黒海へ

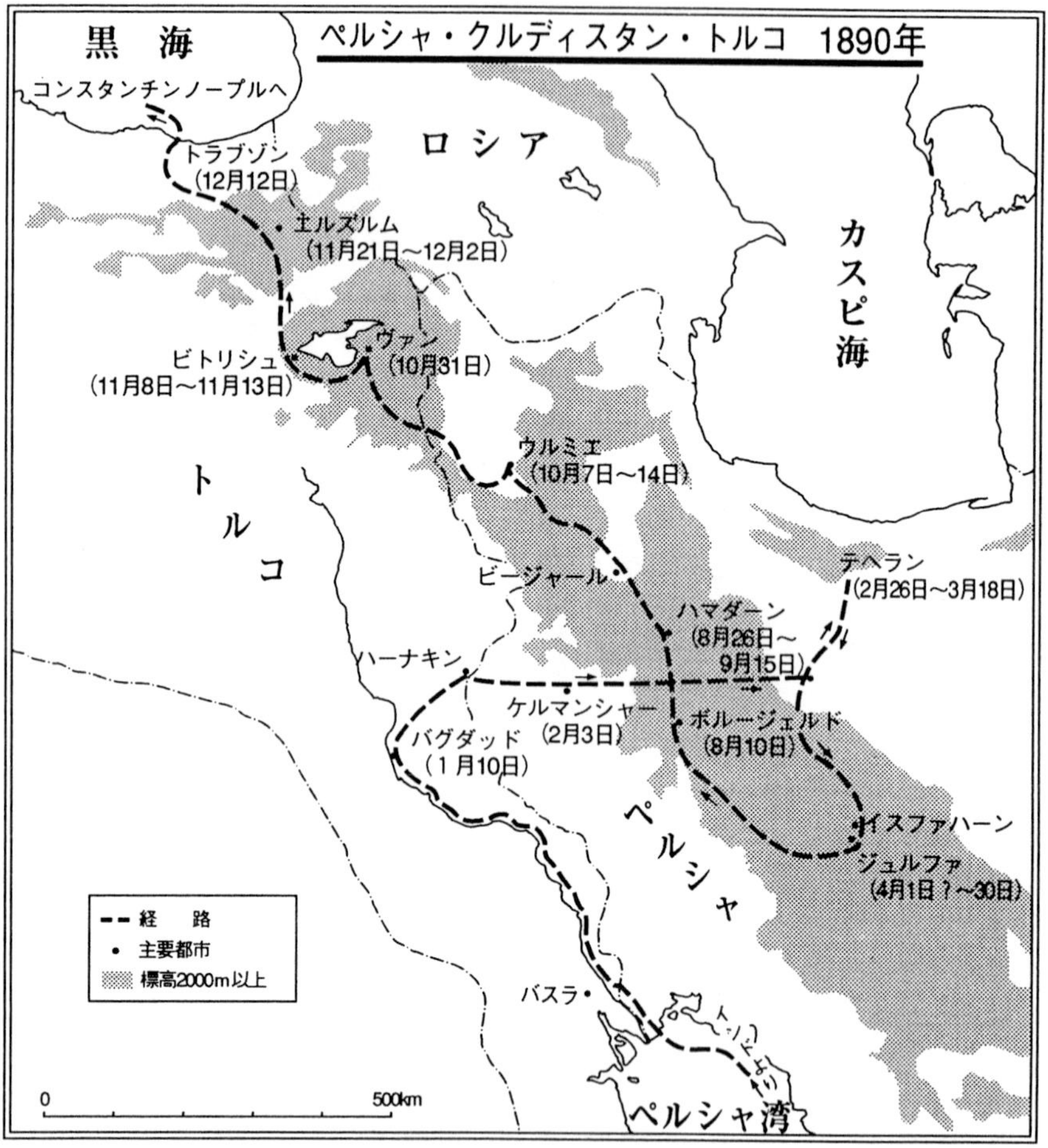
ペルシャ・クルディスタン・トルコ　1890年
黒　海
コンスタンチンノープルへ
ロ シ ア
カスピ海
トラブゾン
(12月12日)
エルズルム
(11月21日～12月2日)
ヴァン
(10月31日)
ビトリシュ
(11月8日～11月13日)
ウルミエ
(10月7日～14日)
ト ル コ
ビージャール
ハマダーン
(8月26日～9月15日)
テヘラン
(2月26日～3月18日)
ハーナキン
ケルマンシャー
(2月3日)
ボルージェルド
(8月10日)
バグダッド
(1月10日)
イスファハーン
ジュルファ
(4月1日？～30日)
ペ ル シ ャ
バスラ
インドより
ペルシャ湾
経　路
主要都市
標高2000m以上
0
500km

一八八九年二月、再び一人になったイザベラはインドに向けて出発した。この旅には二つの目的があった。一つは記念病院の設立であり、もう一つはこの十一年間できなかった冒険旅行をすることだった。はたしてイザベラは、このときすでに、ペルシャの南から紅海を経てトルコ、黒海へと北に長く続く困難な旅を計画していたのだろうか。こうした国々を旅すれば、グレイト・ゲーム(1)に巻きこまれることになろうとは、予想しなかったのだろうか。

グレイト・ゲームとは、十九世紀を通じて英国とロシアの間に起こった、中東をめぐる宣戦布告なき戦いのことである。その範囲は、西は滅びつつあるトルコ帝国から、ペルシャ、アフガニスタン、そして東はチベットにまで及んでいた。中央アジアの一部が実質的な緩衝地帯になっていた。そのため英国はインドとそこに至るルートを死守しようとし、一方ロシアは、拡大の一途をたどるロシア帝国に少しでも多くの領土を取り入れるべく、侵攻をくりかえしていた。ロシア軍の最前線にいたコサック兵がタシュケント、サマルカンド、ブハラを獲得すると、英国軍は、インドの暑さに辟易していたこともあって、ただちに北に向かった。インド北西部にロシアからの影響が及ばぬよう、秘密の作戦に立ち上がったのである。これは明らかに戦争だった。しかし宣戦布告なき、ベールに覆われた戦争だった。イザベラは、知らずに足を踏み入れ、巻きこまれていくことになる。

一八八九年十月、インドのシムラで、イザベラはインド情報局副主計総監のソウヤー少佐に出会った。彼は、軍の地勢調査のためにテヘランまで行くという。イザベラは同行を許され、願ってもない旅をする機会に恵まれた。西洋の女性が、好戦的なイスラム圏を旅することになったのである。

イザベラは、その約半年前の一八八九年三月、カラチに到着した。気力を減退させるほどの暑さの中、ただちに列車でラワルピンディ経由でカシミールに向かった。カシミールでは、ジョン・ビショップ記念病院設立のため数日を過ごし、そこからチベットに旅立った。(2)チベットへの旅は、イザベラの好きな「未踏」のルートではなく、十分に踏みならされたルートをたどり、「探検」というよりは単なる「旅行」にすべきだったのかもしれない。しかし、この十一年間というもの冒険らしい冒険をしていなかった彼女は、五十八歳になった今でも、かつてのような奮闘を要する旅ができることを確認したかった。その結果やはり大冒険旅行となったのである。インド中心部はちょうど暑い盛りだったため、北部のカシミールは、英国人の避暑客でにぎわっていた。イザベラは、「騒々しい英語でのおしゃべり」や、「テニスコートやバドミントンコートにすっかり姿を変えてしまった土地」から急いで逃げ出した。(3)

カシミールを出発した際に携えていた「装備」は、以下のとおりである。二人の召使い、カシミールのマハラジャ兵一人、三頭の荷馬、一頭のアラブ馬、そして小型テントと五フィート四方のテントそれぞれ一張りずつである。(4)イザベラは旅支度を楽しんだ。再び冒険に挑めることがうれしかった。

カシミールを出てからまもなく、チベットに行くためには三本のルートがあることに気づいた。一つは海抜一万一千三百フィートのゾジラをたどるルート、二つ目は海抜一万三千フィートのナミカラをたどるルート、最後の一つは海抜一万三千五百フィートのフォツラをたどるルートである。(5)中央アジア方面に向かう人々のほとんどは、ゾジラのルートを利用していた。イザベラもそのルートをとったが、それはきわめて危険なルートだった。道は峡谷に沿ってかろうじて作られたような道で、実際、馬一頭がようやく通れるほどの幅しかなかった。「時々、千フィートから三千フィートもある断崖絶壁につくられた道が崩れ落ちていますが、岩の裂け目に丸木が渡され、その上を厚板や小枝などで覆って足場にしています」。二つのグループがここですれ違うようなことにでもなれば、大惨事が起こりかねない場所だった。急流にかかる「小枝のような橋」もまた難所だった。橋がこわれたため、イザベラは二頭の馬を失ってしまった。

ゾジラを二千フィートほど登ったあたりで、感動したイザベラは次のように書いている。「日の出とともにあたりの大気は露を含み、爽やかなバラ色に染まります。頭上には、灰色や紅に染まった山々がそびえ、行く手のはるかかなたには、茜色の雪を頂いた山並みが絶壁やのこぎりのように険しい岩肌を見せ、さらに上を仰げば、純白の雪をかぶった峰々が真っ青な天空に幾重にもそびえたっています。その下には夢のように美しい光景が広がっています。バルタルの谷です。芝生のような緑が一面に広がり、まるで星のように白百合が咲き誇り、木立ちが所々に点在して、その間を赤や黄色のバラ、白いジャスミン、クレマチスなどが花綱をつくったように咲き乱れています。耐寒性の落葉樹の上からはモミやトウヒが顔をのぞかせ、丘の斜面は堂々たるヒマラヤスギに覆われ、森のはるかかなたにも朝日でほんのりと茜色に色づいた白銀の山々がそびえています。……それから数ヵ月後、山を下りてクルのパラダイスにたどり着くまで、私は草原や森を見ることはありませんでした」(6)。

チベット側に入ると、六月の末だというのにあたりは雪の原で、あちこちにクレヴァスや雪崩の跡が見られた。ドゥラス川を一日に何度も渡り、四つ以上も雪の橋を渡った。海抜一万フィートの谷間は山で囲まれ、雨も届きそうにない不毛の地だった。沸点が百八十七℉(八十六℃)から百九十五℉(九十一℃)の高度で湯を沸かして入れた紅茶のひどい味は、風や日ざしの強さとともに、この愛想のない土地の思い出となった。

イザベラはようやく人里にたどり着き、ホッとした。チベット人は、カシミール人に比べて外見はさしたる印象もないが、「誠実で、信頼でき、自立心がある」と書いている。彼女は立ち寄る村ごとにその長に紹介された。彼らは一様にイザベラの馬をほめ、旅の安全を祈ってくれた(8)。(7)

チベットが仏教の国である証は、行く先々で確認された。絶えずラマ僧の集団と出会い、丘という丘の頂きには僧院が建っていた。これらの僧院は、「不規則な形をした堂々たる建築物の集まりで、必ずと言って良いほど、巨大な岩や山の頂きに建てられ、険しい石段が続いています。狭間のある胸壁の塔や張壁、大きな丸屋根、岩の裂け目にかけられた橋など、すべてが黄金色に輝き、まるで岩から生まれた新芽や花のように見えます(9)」。

イザベラはレーに到着し、うれしいことに英国地方長官のバンガローに滞在することができた。八月のレーは活気にあふれ、愉快だった。カシミールやカブール、パンジャブ地方やラーサの各地からキャラヴァンが到着し、市場が開かれるのである。商人たちは市場に殺到し、「価格を交渉する人々の声が不協和音となって響きわたり、……ロバやラバや馬やヤクが蹴ったり、嘶んだり、キーキー鳴いたり、うなったり(10)」するのだった。

イザベラはレーから三週間をかけてヌブラの山岳地帯を探検した。その地方に詳しいモラヴィア人宣教師が案内してくれた。海抜一万五千フィートから一万八千フィートの高地では馬も高山病にかかったので、馬のかわりにヤクに乗ろうと試み、鞍を置いた。「私のヤクは何にでもすぐに驚き、突進したり、蹴ったり、絶壁の縁で突拍子もないことをしたり、飼い主をつき倒したり、山道を猛烈な勢いで下っていったり、石の上を次から次へと跳び移ったり、あげくのはては乗っている私を振り落としてしまったのです」[11]。

ラフルの谷に入ると、当時「英国チベット」[12]と俗称される地域があった。そこではモラヴィア人宣教師が灌漑に成功しつつあった。キランではちょうど楽しい収穫期にあたり、予定外の三週間をそこで過ごした。キランからは五週間をかけてのんびりとシムラに向かった。一八八九年十月十七日、シムラに着いたイザベラは書いている。「ここであらためて文明の喜びと慎みとを知りました」。チベットへの旅はイザベラにとっては、幕間のようなものだった。自分の健康状態を確認し、結果的にはこれから待ち構えている厳しい旅への足ならしになった。とはいえ、この幕間にもドラマはあった。増水したシャヨック川を馬で渡ろうとしたとき、対岸へのジャンプに失敗して馬もろとも川に転落してしまったのだ。溺れかかった彼女はようやく川から救い上げられたが、肋骨が一本折れ、あちこちにひどい青あざができた。馬は溺死した[13]。

イザベラが半ば公の部隊の一員として、たとえ微力ながらも、たとえ女性であっても、グレイト・ゲームに戦士として参加できたことはまさに幸運だったと言えよう。若いソウヤー少佐は、この高名な女性を旅のメンバーに加えるように上官から命令されたのだろうか。確かにイザベラの評判は高かった。ハワイやロッキー山脈、そして日本やマラヤについての著作が彼女の身分保証書だった。しかし、冬の最中、六十歳に近い女性がイスラム圏のペルシャを旅するのである。道は長く、厳しい。ソウヤー少佐が自らすすんで彼女を同行させたとするには疑問がある。彼女は確かにみごとに馬を乗りこなせはしたが、女性の扱いが異なるイスラム圏を、その扱いに不慣れな西洋の女性がはたして無事に旅して行けるだろうか、重荷になるのではないか、彼女自身が危険要因になるのではないか、少佐はさまざまな不安をつのらせたにちがいない。イザベラは、この旅ではずっとベールをかぶったままで、かつてあらゆる場所で享受してきた自由を全く与えられなかった。イザベラは少佐を「閣下」[14]と名づけた。彼が現地人に対して尊大な態度をとるためである。彼女によれば、少佐は、「カーゾンと同じくらいとげとげしくて独善的、危険や困難に直面したときは、私と同じくらいに頑固で計略に富み、そして勇敢」だった。

しかし、この若い少佐と冒険好きな女性は、長く困難な冬の旅を続けるうちに、互いに尊敬の念を抱き、好感を持つようになっていった。少佐が自分の任務を無事に終え、イザベラに対する責任から解き放たれたのちも、二人はまた一緒に探検することを約束している。数々の試練にみまわれたとはいえ、通常は西洋の女性に閉ざされていたイスラム圏を無事に旅することができたイザベラは、忍耐強く自分と行動をともにしてくれた少佐に心から感謝した。

チベットからインドに戻ったイザベラは、一八八九年十二月、ソウヤー少佐との探検に向けて準備を整え、バグダッドで少佐に合流するため、列車でラホールからカラチへ、さらに海岸沿いに船で西に旅した。バグダッドまでの道中では、ジョージ・N・カーゾン（一八九九年から一九〇五年までインド総督）と出会った。カーゾンは、ロシアの脅威がどの程度までインドに及んでいるかを調査するため、中東を歴訪していた。一八八八年の秋には、新しく敷設されたカスピ海鉄道に乗ってロシア領域にまで入っている。彼の著書、『中央アジアにおけるロシア（*Russia in Central Asia*）』は、イザベラが中東を旅していた一八八九年の末に出版された。彼女が出会ったころのカーゾンは、まさに前途洋々たるもので、次の本、『ペルシャとペルシャ問題(*Persia and the Persian Question*)』を準備しているところだった。中東における重要な戦略問題について、広く人々の関心を集めるための本である。

イザベラは、この旅を馬と通訳一人との静かな旅にしたかった。だが戦略的かつ文化的理由で、それは果たせず、大部隊の旅となった。召使いとラバ使い数人、乗るためのラバ二頭と荷物用のラバ三頭、食料と火鉢、衣類や身のまわりの品を入れたインド製のトランク、折りたたみ式ベッドと椅子などがその装備だった。彼女はこのときはじめて拳銃を装備に加えた。

一八九〇年一月十日、イザベラとソウヤー少佐はいよいよ、バグダッドから東に向けて出発した。彼女は気がすすまないながらも、ラバに鞍をつけて乗り、「ひどい旅」の一歩を踏みだした。雪が降り、凍りつくような風と寒さが容赦なく襲いくる真冬である。ソウヤーがこの時期を選んだのは、安全上の理由からだろうか。彼女は遠慮なく書いている。「果てしなく続く行進、おそまつな食べ物、ひどい宿、不潔な水、乱暴で粗野な人々……、こんな旅になることをあらかじめ知っていたなら、私はついてこなかったでしょう。ハーナキンでは豪雨のため四日間足留めされました。……ペルシャ北部の高原は雪に覆われ、四℉（零下十六℃）から十二℉（零下十一℃）の中を毎日十八マイルから二十二マイルも歩き続けました。雪の深さは十八インチから三フィートもありました。一時間に一マイル半しか進めない日もありました。夜は、寒くて不潔な隊商宿に三百から四百頭のラバやラバ使いたちと一緒に泊まるか、クルド人の家でラバやロバや牛や羊と一緒に寝るかのどちらかでした[15]」。

強風の吹きすさぶ雪の高原を進むにつれて、イザベラは寒さから身を守るため、衣服を一枚、二枚と重ねていった。一八九〇年二月二日、ケルマンシャーでの記録には次のようにある。「ウールの下着を二枚着て、やはりウールの靴下を二枚はき、さらにその上にもう一枚重ねてはいています。靴は、羊の皮でできた長いアフガン・ブーツで、内側にも毛皮がはってあります。厚手のホームスパンの裏地がついたフラノの乗馬服の上にはこれまたホームスパンの長い上着をはおり、さらにその上からアフガン羊の皮のコートを着ました。膝には厚手の毛皮の膝掛けをかけ、さらに全体を防水服で覆いました。頭にはコルク製のヘルメットと漁師のフードをかぶり、六重のマスクをして、手袋もウールの長手袋を二枚重ねました[16]」。このように何重にもくるまれているため、馬やラバの乗り降りがとても面倒だった。イザベラはマスクを防寒のためにつけたが、ペルシャの女性はいつでも必ずつけなければならなかった。暑さのためにマスクをはずすようなことでもすれば、たちまち危険が襲ってくることになる。

　驚いたことには、道すがらに出会ったペルシャの女性たちは木綿の衣服しか身につけていなかった。「このひどい寒さの中、女性たちは足には何もはかず、青い短い木綿のズボンをはき、ゆったりとした短い上着を着て、頭には薄手の青い布をかぶっているだけです。衣服とはただ名ばかりのものです[17]」。

　一行はケルマンシャーでしばらく休養をとり、一八九〇年二月三日に再び出発した。道程はさらに厳しかった。道は雪に深く覆われ、寒風は何もかもを麻痺させるようだった。カヴィル砂漠では、深い泥に黒い岩や小石が散らばる水なし地帯がしばらく続いた。毎日彼らはただ、「乗り、そしてよろめき歩いた」。夜のキャンプも惨めだった。従者の中には、雪で眼を痛めたり、過労で倒れるものもいた。イザベラは彼らのために毎晩湿布を作った。

泊まった宿も心地良さとはほど遠かった。「崩れかけた泥の家の、崩れかけて上るのが困難な階段をようやく上ると、風雪からかろうじて身を守ることができるほどの部屋がありました。……男が部屋の雪をかきだし、火をおこそうとしましたが、煙がひどすぎて男も私も耐えられず、火をおこすとはあきらめました。部屋には窓があり、四枚の木の板がはめられているべきところ、一枚しかありません。ドアにはひびが入っていますが、ささやかながらプライヴァシーを守れます。壁にもひび割れが多く、夜は五°F（零下十五℃）の寒風が吹きこんできます(18)」。

ほかにも困ったことがあった。それは従者たちが彼女を医者として紹介したことである。朝目覚めると、彼女は病み苦しむ女や子供たちに囲まれていることがしばしばだった。白内障などの眼の病気を発見しても、イザベラが彼女たちの苦しみを和らげてあげることはほとんどできなかった。「彼女たちをそのまま残して去るのは、まさに残虐行為です」と、イザベラは心を痛めている。

この旅では、さまざまなラバに乗った。良いラバもいたが困ったラバもいた。時々、特に危険に直面したときなどは、イザベラには立派な馬があてがわれた。あるときなどはすばらしいアラブ馬に乗ることができた。その馬は、まるで人を乗せていることを誇りに思うかのように、しなやかに走り、彼女を若返った思いにさせてくれた。雪道は非常に滑りやすく、スリルを満喫することができた。十三頭のアラブ馬はみな元気いっぱいにもかかわらず、道が滑りやすいので並み足の歩速に抑えられていたため、油断をしていると騎手はいつなんどき振り落とされるかわからなかった(19)。

この旅につきまとった危険はほかにもある。別の隊商と鉢合わせになることである。断崖絶壁に作られた狭い行路ではまさに命にかかわった。お互いに道を譲ることはできない。ある日、七時間半にわずか十四マイルしか進めなかった悪路で、別の隊商と出会ってしまった。危機にそなえて全員一緒にまとまっているように、と少佐はかねてから命令を下していた。「ほんとうに危機でした！」と、イザベラは悲鳴をあげている。「私はほとんど押しつぶされそうになりました。眼下は深い渓谷で、道は岩場につくられた細道です。その向こうから隊商が来るではありませんか！」向こうからは、それぞれ背中に二個ずつ荷物を乗せた六十頭もの馬やラバが押し寄せて来るのだった。彼女は道を譲ろうと懸命になったが、ラバは足もとを恐れて道の端によろうとしなかった。これが大惨事に至らなかったのは、ソウヤー少佐の適切な指示命令のおかげである。このとき彼女は、ゴーグルをなくし、スカートを破き、あちこちに青あざをつくり、切り傷もつくっておびただしい出血をした。もっともその出血は、すぐに凍結した[20]。雪の多い時期には、このような出来事はまれではなかった。雪でいくつかの行路が遮断されてしまうため、隊商は限られた行路に集中するのである。吹雪がおさまると、隊商は一列縦隊で行進を始めるが、荷を積んだ動物が深い雪に足をとられ、身動きできなくなることがしばしばだった。そのたびに荷をおろし、救い出すのである。六十頭から百頭もの動物をつれている隊商にとっては、実に厳しい行程であり、何時間もの遅れになることがある。

イザベラたちは、一八九〇年二月二十六日、テヘランに到着した。イザベラを出迎えたのは英国公使サー・H・ドラモンド・ウルフである。このときのことをイザベラは次のように書いている。「止むことを知らない雨にうたれながら、カヴィル砂漠の泥と濁流の中を疲れ切った馬に十時間も乗り続けていました。頭から足の先まで泥の固まりがこびりつき、目はかすんでいました。私の四十六日間の厳寒の旅はついに終わり、泥小屋や汚れきった服からやっと解放されたのです。華やかな明かりと美しく飾られた家を見てどんなに感激したかおわかりでしょう」。ドラモンドはおそらく、彼女の到着がもう少し早いものと予想していたにちがいない。なぜなら、彼女が到着したまさにその日に、彼は彼女を歓迎する夕食会を催し、彼女が紹介状を持っていた人々がすべて招待されていたのである。しかし、その夜の彼女はすっかり疲れはて、自分の部屋に案内されると、これまで世話になった泥だらけの外套を脱ぎ、赤々と燃える暖炉の前に横になると、そのまま翌朝の四時までぐっすりと眠ってしまった。(21)

イザベラは五十九歳になり、体重は三十二パウンドも減っていたが、「バグダッドを発つときに比べ、はるかに体調はすぐれています。たしかに疲れきったときや、目が痛くなるような煙には参りましたが、そのほかのすべては楽しいことばかりでした(22)」。

ソウヤー少佐自身が残した旅の記録は簡潔なものだった。イザベラは、「彼の強靱な体力もさすがに衰えています」と、書いている。少佐自身は自分の健康状態について何もふれていないが、隊員たちの様子については次のように記している。「(二月十五日)隊員はみな疲労が激しい。馬も惨めだ」。その三日後、「このところ続いた寒さと雪のため、隊員のほとんどが肋膜炎や肺炎の兆候を見せている。不安がつのる」。そして最後の日には、「ぬかるみはますますひどくなる一方だ。英国公使館に到着するのは夜の八時すぎになるだろう(23)」。

ソウヤー少佐が、自らグレイト・ゲームに参加していると認識していたか否かは別として、この旅で彼が残した記録はほとんど地理・地学的特徴についてだった。山や川や道の位置、砂漠か湿原か、川の氾濫はないか、土壌の質はどうか、道路や鉄道の建設は可能か、などである。通過する土地の軍事力についての記録もある。インドを統治しているような方法で英国がペルシャを統治すれば、事はもっとスムーズに運ぶだろうという少佐の考えもこの記録からうかがえる。

疲れきっていたイザベラは、しかし、すぐに元気を取り戻し、テヘランに到着してから三週間もたたないうちに、さらに南に（故国からさらに遠ざかる）旅をする計画をたてた。イスファハーンのジュルファにある伝道本部に行き、さらにそこから北西のラリスタンの山岳地帯を訪れる計画である。この旅の終わりに、ようやく彼女の足は故国へと向かうのである。ソウヤー少佐はこのときも彼女の保護の任を負ったが、旅の途中までは、イザベラは自分で自分の責任を持つという厳しい条件付きだった。少佐は、まだ秘密の使命を担っていたのだろうか。

テヘランを三月十八日に出発した。出足は快調でイザベラは上機嫌だった。(24) 彼女の喜びの要因はいくつかあったが、まずは、すばらしいアラブ馬に乗っていたことである。一月や二月の苦難の多い旅とはまるで違っていた。「道はほとんど乾いていて、旅行者が多く、活気に満ちています。太陽は照りつけていますが、風は涼しく、空気はさわやかです。虫たちはまだ冬眠中です」。この旅では幸運にも恵まれた。すばらしい通訳兼助手を見つけたのである。彼はこうした召使い的な仕事ははじめてだったが、英国に行くついでにこの仕事を引き受けたのである。名はヤスフといい、九ヵ月間、あらゆる面でイザベラに良く仕えた。この南への旅は、乗馬を楽しむのどかな旅となった。「三時間半から四時間半をかけて、二十二マイルから三十マイルを走りました。この乗馬は実に愉快でした」(25)。現地の女性と同じような衣装に身を包んだイザベラが、キャラヴァンの先頭をいかにも楽しげに、自由に、馬で疾走する姿を見て、ペルシャ人はいったいどのように思っただろうか。

召使いを除けば、イザベラはまさに「一人旅する女性」だった。[26] 南に行くにつれて、うれしいことには、何の不自由も感じなかった。しかし、ある日のこと、土地の女性と同じように体の線をかくすベールをまとっていなければ実際どのようなことになるか、彼女は身をもって体験することになった。まずその日は暖かかったこと、そしてジュルファの伝道本部に近づいたため、「ヨーロッパのセンスで」服を着るべく、ベールを身につけていなかった。その姿はたちまち人々の目にとまった。土地の子供たちが「ヨーロッパ人だ！　キリスト教徒だ！」と叫び、その声を聞いて集まった大勢の男や子供が口々に卑しい言葉を投げ、「悪魔のように笑う」のだった。彼女に向かって唾もはいた。彼女ができる限り静かに進み、何の抵抗もしなかったためか、危害は加えられなかった。「ひどい三十分でした」[27]。別の日にはまた、ふとしたことから被っていたベールがずり落ちてしまった。少年がすぐさまイザベラに気づき、「異教徒だ！」と叫んだ。幸いこのときはあたりに人影が少なく、「走りませんでしたが、できるだけ足早にホテルに帰りました」[28]と、彼女は不愉快そうに書いている。

アメリカ人宣教師の基地であるジュルファでは、伝道本部に滞在するブルース夫妻がイザベラを歓迎してくれた。ブルース氏は次のような記録を残している。「一八九〇年の四月は、彼女のおかげでとても楽しいひと月になった。彼女は伝道活動にきわめて深い興味を示した。すばらしい客であり、おもてなしできたことは光栄だった」[29]。イザベラはここでは土地の高僧に会ったり、史跡や景勝地を訪れた。ともに布教活動をしたり、年に一度のアメリカ人のお祭りにも馬に乗って参加した。

ソウヤー少佐が到着したのは、イザベラがこのようにくつろいだ時を過ごしているさなかだった。きわめて単調な生活を送っていたアメリカ人の間では大騒ぎとなった。なぜなら、「彼の端正な容貌、

バフティアーリー地方でのイザベラのテント：イザベラ（右），ソウヤー少佐（左）

強烈な個性、機知、率直さ、能力、やさしさなどが人々を圧倒した(30)」からである。しかし少佐は、テヘランからイザベラを迎えに来ただけだった。彼女たちは、これからバフティアーリー地方（イラン西南の高山地帯――訳注）へ旅立つのである。彼女は可能な限り少佐からは援助を受けずに行動するが、夜のキャンプだけは、少佐の兵が見張りをすることになった。

イザベラは、明らかにソウヤー少佐とは気があったようだ。彼が自分の息子のように思えたのだろうか。「私たちは良き仲間です。困難な状況に際して、彼がとても思いやりのある態度を示したことが何度かありました。楽しみにしているこれからの旅でも、何のトラブルも起こらないと確信しています。おそらくささいな意見のくい違いはあるでしょうが、二人の友情をそこなうほどのことはないでしょう」。

この旅では、いつもに比べて膨大な量の装備を整えた。肉の缶詰、ミルク、ジャム、固形スープ、お茶、ローソク、サッカリン、さらにこれから訪れる山岳地方の人々へのおみやげも含まれていた。[31]少佐はボルージェルドまでイザベラと一緒に行くことになった。この旅は、彼女にとって帰国の途の第一歩でもあった。

このころのイザベラは、ある種のジレンマにおちいっていた。彼女は確かに恐れ知らずの旅行家である。しかし同時に医学の知識を持った宣教師でもあったのか？　少佐に医療の援助を求める人はいなくても、イザベラのキャンプにはいつも、病をかかえた大勢の人々が群がっていた。バロウズ＆ウェルカム社がイザベラに美しい薬箱を贈ってくれた。それはコンパクトで持ち運びに適し、中には貴重な錠剤を入れた五十種の小さな瓶と注射器、さらに簡単な外科手術用具が収められていた。「ここに私はキニーネ剤と、テヘランのオッドリング医師がくださった貴重な薬を加えました。包帯やリント布、脱脂綿も加えて、ほぼ完璧な装備になりました[32]」。しかし土地の人々は、「石けんと水をふんだんに使うことがまず第一の治療という金言[33]」を決して受け入れようとはしなかった。

一八九〇年八月十日、ボルージェルドに到着した。ここまでの旅は例によって骨の折れるものだった。医療活動もしだいに増え、疲労といらだちがつのるばかりだった。イザベラはここで、「困難や危険や不自由をともにわかちあった」ソウヤー少佐と別れた。少佐は八月二十五日にジュルファの伝道本部に戻り、[34]イザベラは故国へと向かった。ラバ使いがこれ以上遠くへは行かないため、彼女はキャラヴァンを解隊した。

一八九〇年八月、イザベラは長い間の夢を実現させることにした。ボルージェルドからクルディスタン、アゼルバイジャンを経て、トルコの黒海に面した町トラブゾンまで、千マイルの旅をするのである。ルートには高山地帯があり、吹雪や厳しい寒さに襲われることが予想された。さらに、彼女が通過する土地には、とりわけ好戦的で法秩序を持たないイスラム教徒が住んでいた。そこにはまた、迫害され続けてきたアルメニア人キリスト教徒の飛領土もあった。イザベラの知性と好奇心を考慮しても、アルメニア問題について彼女がいかほどの知識を持っていたか疑問がある。旅を始めたころは、ただ漠然とアルメニア人よりはクルド人に同情的だった。後に故国に戻ってイザベラがアルメニア問題について報告した際、彼女に質問したのは、あのW・E・グラッドストーンだった。ボルージェルドで旅装を整えていたときには予想だにしなかったことである。

イザベラはみごとな馬「ボーイ」に乗ってボルージェルドを出発し、快調に進んでハマダーンに到着した。ハマダーンでは背中の痛みのため、アメリカ人伝道本部に三週間ほど滞在した。一八九〇年九月十五日、ハマダーンを離れて、彼女はいよいよトラブゾンまでの第一歩を踏み出した。先行きは決してバラ色とは言えなかった。海抜六千フィート、九月半ばのハマダーンにはすでに寒さが押しよせ、行く手は高山地帯だった。このとき同行したラバ使いは、安全性を考えて大きなキャラヴァンに加わって行動すべきだと主張した。その言葉に従った彼女は、昼も夜も騒々しく、埃だらけの旅をしなければならなかった。さらに悪いことには、衣類、主な化粧道具、スケッチ、旅の記録、そして鉛筆や純金のペンなどを盗まれてしまった。(35) これらの事態に業を煮やした彼女は、主導権を取り戻すことを決意し、使いに託して土地の指導者に手紙を渡した。その結果、彼女のキャンプを警護するために八人の兵士が派遣されることになった。ラバ使いは彼女の権威と行動力に驚き、彼女の言うことに従い、大きなキャラヴァンから離れて旅することになった。彼はウルミエまで同行した。

ウルミエに到着すると、イザベラは急いでキャラヴァンを再編成した。今回はクルド人を雇うことにした。しかし出発してまもなく、彼らが、「無礼で、乱暴で、きわめて反抗的」であることがわかった。一八九〇年十月十四日、ウルミエを出発した。翌日は五十九歳の誕生日である。満ち足りた思いで静かに祝ったのだろうか。旅の途中ではシリア人キリスト教徒（ネストリウス派）に出会い、クルド人が彼らにとっては略奪者であることにようやく気づきはじめた。略奪者と悪政に苦しむこの地の無力なキリスト教徒の農民たちが、マホメットに屈するよりも迫害されることを選んでいる事実に、イザベラはこのときはじめて気づいたのである。

ウルミエからは一路アルメニアに向かった。このときは土地の指導者から派遣された武装兵士の警護がつき、心おだやかな旅ができた。数々の冒険と、英国副領事や宣教師たちの援助活動などをしながら、十月三十一日、ヴァンに到着した。(36) ヴァンには商店があり、盗まれた化粧道具その他の装備を補填し、来たるべき冬に備えて暖かい衣類も整えることができた。

十一月五日、イザベラはエルズルムに向けて出発した。装備は十分に補給され、マーフィー・オルクというアイルランド系トルコ人を通訳兼ガイドとして雇った。ビトリシュまでは快適な乗馬を楽しむことができ、ビトリシュに五日間滞在し、十一月十三日、再び出発した。良い従者に恵まれながらも、ビトリシュからの旅は決して愉快なものではなかった。きわめて寒かったうえに、時折、山賊に襲われたのである。幸いイザベラはクルド人の護衛を数人雇っていたため、大事には至らなかった。

雨や雪をともなう身を切るような寒さのため、十一月二十一日にエルズルムに着いたときには、全員すっかり疲れきっていた[37]。八日間の疲労困憊の旅だった。彼女はエルズルムに十日間滞在することを余儀なくされた。一つには元気を取り戻すためと、もう一つには、彼女の馬ボーイに乗って消えてしまった通訳マーフィーを捜すためだった。彼は貧しい町の片隅で泥酔状態で発見され[38]、再びキャラヴァンに復帰した。一行は十二月二日、トラブゾンに向けて出発した。悪天候にもかかわらず、海岸に至るルートはにぎやかで、彼女は退屈しなかった。高山を登るルートでは、道が凍って滑りやすくなっていたので、事故を避けるため、しばしば馬からおりて歩いた。十二月十二日、トラブゾンに到着した。翌日、マーフィーたちに別れを告げ、イザベラはコンスタンチノープルに向かう蒸気船ドウロ号に乗った。コンスタンチノープルからはオリエント急行でクリスマスにパリに到着した。翌二十六日にはロンドンでマレイ夫妻と朝食をともにした後、エディンバラに帰り着いた。その翌日、故郷では、シャーロット・スクエアーのグレインジャー・スチュワート夫妻が暖かく迎えてくれた。

アンナ・ストッダートはイザベラの業績について、次のように述べている。「イザベラは、あらゆる危険や障害をほとんど無傷で乗り越え、良く観察し、記録し、保存し、冒険心を満たすものであれば何でも挑戦し、手に入るものはすべて獲得した。これは、静かな自己主張、ひるむことを知らぬ勇気、比類なき指導力、贅沢にとらわれぬ質実さ、さらには何でも消化してしまい、時にはからっぽでも耐えられる丈夫な胃を彼女が持っていた故になしえたことである[39]」。

この半ば秘密裡になされた旅から帰ったイザベラは、領土獲得を争う各国の動きに注目するようになった。旅行記をまとめた彼女は、これまで経験したことのない束縛を受けることになった。バフティアーリーの旅行記録をインド作戦本部に提出せよ、との要請があったのである。[40]旅行記『ペルシャとクルディスタンの旅(*Journeys in Persia and Kurdestan*)』は、天候の厳しさに前進がはばまれた様子などをはじめ、記述は生き生きとして精彩にあふれている。しかし彼女としてはかなり控えめな描写になっている。ソウヤー少佐は単にMとして登場し、戦略的に重要な点については一言もふれていない。

イザベラが無事にこの地を旅することができたのは、彼女の勇気と知力のおかげだったのだろうか。あるいは、女性がグレイト・ゲームの秘密作戦にかかわっていることなど誰も想像しなかったからだろうか。旅した地域について豊富な知識を得た彼女は、グレイト・ゲームに関心を持つようになった。彼女が旅行中にある外科医とかわした会話から、当時の中東の人々の考えをうかがい知ることができる。「あなたの国には力があります」と、外科医は語りはじめた。「しかし、行動はとても遅い。あなたの国の政治家は、事態について何も知らない人が多すぎます。あなたの国はアジアで大きな権力を持っている国の一つですが、アジアには西洋の政治方式をあてはめることはできません。独裁的かつ迅速、政策は不変でなければなりません。この国をごらんなさい。王が亡くなると、王位継承をめぐって争いがおきています。ロシアはまもなく二十万の兵をもってアゼルバイジャンを占領しようとしています。テヘランも侵攻され、イスファハーンも彼らの手に落ちるでしょう。その間にあなたの国の政治家は、議会で何週間もただ議論しているだけです。ロシアがペルシャを手中に収めて威信を確立しているころ、わずかな軍隊を乗せたあなたの国の艦隊は、ようやくおもむろにインドから出港するのです。女性が王である国にアジアは支配できませんよ！」[41]

イザベラは一八九〇年一月十日にバグダッドを発ち、同年十二月十二日にトラブゾンに到着した。二千五百マイルの旅だった。

10章　朝鮮——大国のはざまで

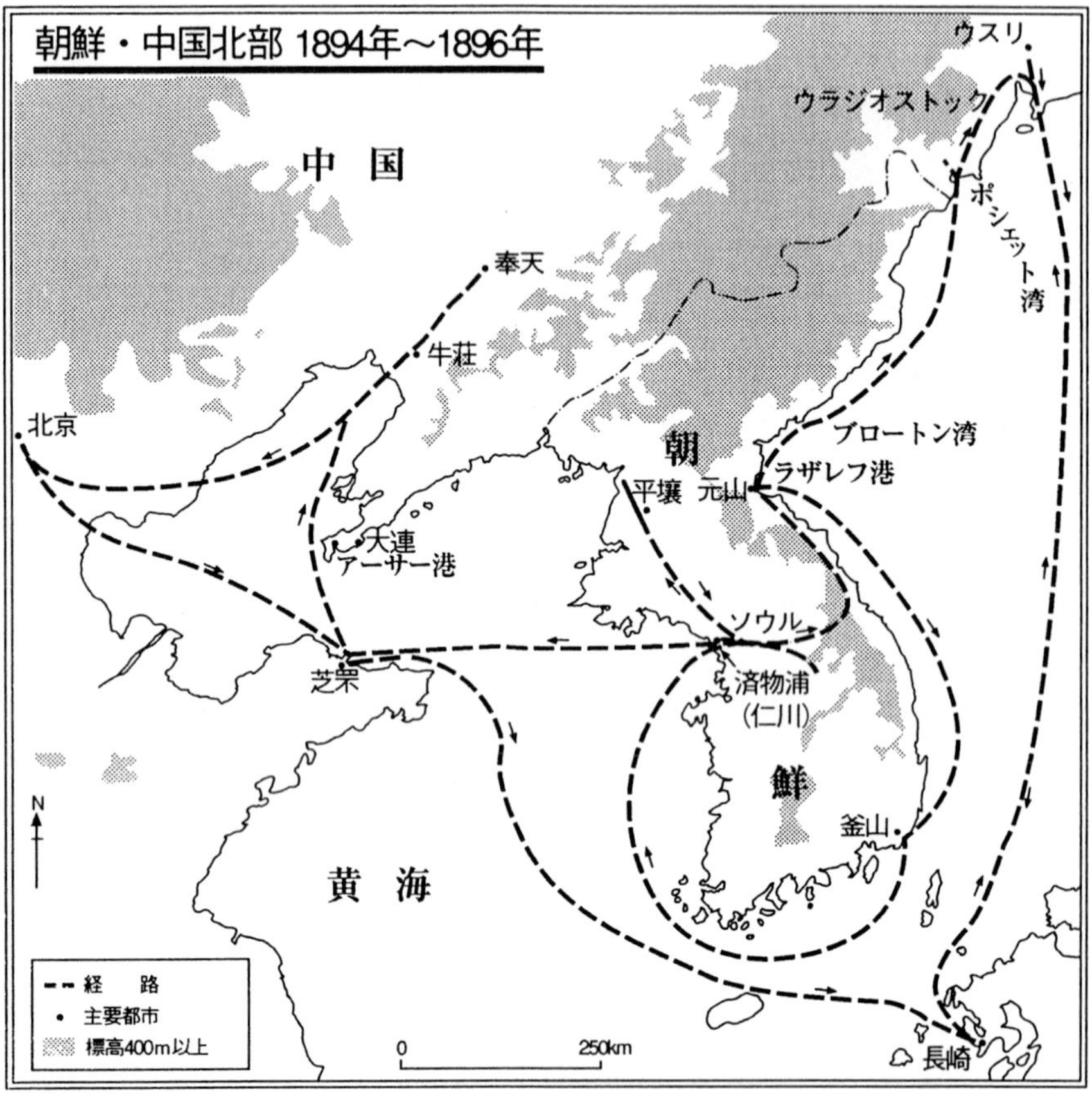

朝鮮・中国北部 1894年～1896年
ウスリ
ウラジオストック
中　国
ポシェット湾
奉天
牛荘
北京
ブロートン湾
朝
ラザレフ港
平壌
元山
大連
アーサー港
ソウル
芝罘
済物浦
(仁川)
鮮
N
釜山
黄　海
経　路
主要都市
標高400m以上
0
250km
長崎

一八九四年一月、イザベラは、極東に向けて故国の岸を離れた。これから三年二ヵ月の旅が続くのである。目的地は朝鮮と中国[1]、その合間には日本にも休養に訪れている。この旅からは二冊の本が生まれた。一八九八年に出版された『朝鮮とその近隣諸国(*Korea and her Neighbours*)』[2]と、一八九九年に出版された『揚子江渓谷とその奥地(*The Yangtze Valley and Beyond*)』である。これら二冊の本は、快活で情熱あふれる彼女の健在ぶりを示してくれたが、同時にまた、彼女がまるで幽霊船のように、安らぎの場所を永遠に失ってしまったかのような印象をも与えている。

イザベラは朝鮮を合計四回訪問した。期間は合わせて九ヵ月である。一八九四年三月一日にはじめて朝鮮を訪れ、その年の六月二十一日には戦争の気配が生じたため、半ば強制的に中国に移送された[3]。その後、一八九五年のはじめと十月に朝鮮に滞在し、十二月に中国に行き、そして一八九六年十月半ばにまた朝鮮に戻り、十二月の終わりまでソウルに滞在した。朝鮮の第一印象は、「憂鬱で単調な国」だった。彼女の好意的でないこの反応は、親友クレイトンが亡くなった知らせを受けとった直後だったためと考えられる。

イザベラは朝鮮各地を訪れ、この無力な発展途上国が、ロシア、中国、日本の三国間を羽子板で打たれる羽子のように行きつ戻りつしている様をまのあたりにした。彼女は国王や王妃に拝謁し、西洋各国の公使と会見した。朝鮮でのさまざまな出来事は、否応なくイザベラの目を当時の極東をめぐる政治状況に向けさせた。『朝鮮とその近隣諸国』は、朝鮮各地の旅の記録であるが、同時に、政治的外圧に十分に対応しきれずに苦悩する朝鮮の姿をも描き出している。

朝鮮は王国として鎖国体制を保持してきたが、一八七六年に日本が開国を要求し、続いて中国が一八八二年に「交易と国境規定」を押しつけた。門戸がこじ開けられると、アメリカ、英国、ドイツ、ロシア、イタリア、オーストリアと、次々に条約を結んだ。朝鮮はこれまで中国の宗主権下にあったが、条約締結によって独立国とみなされた。開港場は、ソウル、済物浦《チェマルポ》（仁川《インチャン》）、釜山《プサン》、元山《ウォンサン》、木浦《モクポ》、鎮南浦《チンナムポ》だった。

条約が締結されると、各国から公使が派遣された。英国は中国公使が朝鮮公使を兼務した(4)。ソウルやそのほかの開港場には外国人居留地が設けられた。居留地に滞在する外国人は日本人が最も多く、その数は、一八九七年には一万五百人余り（外国人総数一万一千人）だった。外国企業総数二百六十六社のうち、日系は二百三十社だった。英国人は六十五人ほどが滞在していた。銀行業務を行っていたのも日本人だった。「円とドルがどこに行っても通貨として使えます。ソウルと他の開港場では、日本の第一銀行と五十八銀行が銀行業務をおこなっています(5)」。朝鮮の地方の町にはポンドを両替できるような施設がなかったため、開港場に設けられた日本の銀行は大変便利だった。

一八九〇年代末の朝鮮の農村では、イザベラはそれまで経験したことがないような個人的な嫌がらせを受けた。あるとき、同行していた若き宣教師ミラーは、彼女に嫌がらせをした男に「冷静に」巧みな一撃を与えた。この一撃で、「男は、麦畑の中にあおむけに倒れてしまった」のである。彼女は申しわけなさそうに、「これはリンチでした」と、書いている(6)。

イザベラはまた、女性が堂々と旅をしているという理由で好奇心の対象にもなった。ある宿では、「大勢の女や子供が私のベッドの上で私が着ているものにさわったり、私の髪のピンをぬいて髪をほどいたり、部屋ばきを脱がせたり、さらには、私の袖を肘の上までまくりあげて腕をつねり、私が彼女たちと同じ人間であるかどうかを確かめるのです」[7]。旺盛な好奇心は時として襲撃に変わったのである。このときは、彼女の中国人の召使い翁《ウォン》が四度もこの女・子供を追い払った。何度も追い払うことにうんざりした彼は、ベッドにすわって拳銃の手入れをしてはどうか、と助言した。これが功を奏した。ちなみに、宣教師ミラーも（彼自身、朝鮮人にとっては怪しげな外国人だった）、中国人のすばらしい召使い翁も、日本旅行の伴をした伊藤ほどには、ここでは権威も権力も持っていなかったのである[8]。

極東の旅に出発する前、イザベラは英国に三年留まっている。英国地理学会やスコットランド地理学会で講演しただけでなく、伝道活動にも参加し、数々の貴重な旅の経験談を織りまぜながら、キリスト教布教のため講演活動をおこなった。

健康状態は決して良くはなかった。彼女の友人スチュワート医師は、一八九三年の末にエディンバラで次のように語っている。「彼女は心臓の働きが弱り、片方の肺に疾患がみられます。このため脈が遅く、呼吸が困難です」[9]。この診断が正しかったか否かは別として、予想されるとおり、彼は旅行を止めるどころか、むしろ奨励したのである。彼女はすでに旅行計画の作成にとりかかっていた。

一八九四年一月、イザベラは死を覚悟しつつ（六十三歳であれば、健康な人でも死を覚悟しただろうが）、リヴァプールの港から出航した。アラン汽船会社は、蒸気船モンゴリア号の甲板船室を無料でイザベラに提供した。彼女が喜んだのは言うまでもない。その船でハリファックスまで行き、カナダを横断してヴァンクーヴァーから横浜に向かった。一八九四年三月一日、神戸からの船がソウル近郊の港、済物浦（仁川）に到着し、イザベラははじめて朝鮮に足を踏み入れた。

イザベラの船（イザベラ撮影）

朝鮮各地を旅するには、通訳が不可欠だった。長老派教会の若き宣教師ミラーが救いの手をさしのべた。旅に自分が同行し、自分の召使いも連れて行く、と言ってくれたのだ。[10] 一行は、さっそく小さな船を借り、漢江《ハンガン》をたどる探検に出発した。漢江は山岳地帯を源として、朝鮮を寸断しながら済物浦近くの海にそそぐ川である。

船は、長さ二十八フィート、幅五フィートの大きさで、棟木と棒で屋根の骨組みが作られ、イザベラの強い要望で屋根には草で編んだ筵がかけられた。雨漏りはするし、風に吹き飛ばされることもしばしばだったが、ないよりはましの屋根だった。船首部は台所と家禽類の飼育場所、中央部はイザベラの部屋、後部はミラーと召使いの部屋になった。イザベラの部屋には、ベッド、椅子、鞍、旅行カバン、穀物袋、米袋、衣類、バスケットなどが置かれ、空間はわずか六フィート分が残された。ミラーの部屋は、七フィートの長さ、四フィート四インチの幅で、そこで彼は生活し、研究し、朝鮮人の召使いも寝起きするのだった。[11]

漢江での生活は五週間以上続いたが、激しい川の流れに逆らって進まなければならないことがたびたびあった。二人の船頭が、一人は前、もう一人は後ろで櫂や棹を使って漕いだ。進行はきわめて遅く、「一日に七マイルしか進めない日もありました。数ヤード進むのに二時間かかることもめずらしくありません。二人が全力で棹を使い、三人が岸からロープで船を引いたのですが、ロープが切れてしまい、船はくるくる回りながら、たちまち激流に巻きこまれてしまいそうになりました(12)」。イザベラ自身が引かねばならないこともあったが、ほとんどの場合は、彼女は防水服を着て歩いて川岸に渡り、男たちが船と格闘している間、あたりの風景をのんびりと観賞していた。

イザベラは明らかに急流の旅を楽しんでいた。「川は時折、巨岩にさえぎられたかと思うと、泡立つ怒濤となって噴き出します。深さが二十フィートから三十フィートもありそうな静かな流れに出ると、大きな岩にバラやスイカズラの花綱がからまり、美しいエメラルド色の水がやさしく岩を洗っています。夢のような入り江の岸は小石や砂で飾られ、空気は喜びにあふれています。警戒心のない雉がいたるところで声高に鳴いています。蜂は羽音をたて、香気に満ちた空中では蝶々やトンボが閃光のように光っては消えます。ただ私を悩ませたのは、ロープが三回も切れたことです。船は急流で岩にひっかかり、私は船に残され、一時間も轟音と泡の中で過ごさなければなりませんでした。この時は十二時間で五マイルしか進めず、記録を更新しました(13)」。

イザベラたちは、まず漢江の南を探検し、後に、船頭たちの猛烈な抗議にもかかわらず、北にさかのぼった(14)。東の海岸まであと四十マイルという所で、船頭と船に別れを告げ、それからは馬を借り、金剛山《クンガンサン》経由で東海岸の開港場元山に到着した。元山では、アメリカ人の長老派教会宣教師ゲイル

済物浦港（イザベラ撮影）

夫妻の客として迎えられた。十二日間の滞在で、彼女はブロートン湾やラザレフ港を訪れている。元山からは船でソウルに向かった。途中の釜山港には日本の軍隊や軍艦が停泊していた。一八九四年六月二十一日の早朝、再びソウルの港、済物浦に戻った。かつての「ひどく退屈な港」は、日本人の手によってすっかりその姿を変えられていた。

港で出迎えた英国副領事は、日本軍が侵略してきたため、上陸せずにこのまま乗ってきた肥後丸で中国の芝罘《チェフー》に行くように、とイザベラに告げた。必需品は、秋の旅行に備えてほとんどを元山に残してきた。今着ている厚手のツイードのスーツのほかには何も衣類を持たず、八十°F（二十七℃）の中、彼女は中国に行くことを承諾したのである。

芝罘に到着すると、お金も身分証明書も衣服もないまま、炎天下を英国領事館に向かった。領事館の前では、自分のあまりにひどい身なりに臆して、「しばら

奉天（イザベラ撮影）

く門の前にたたずんでいました。ようやく勇気を奮い起こして、住所が記されている破れた手紙をドアの間から差し入れました。唯一の身分証明書がわりでした」(16)。

領事のクレメント・アランは、もちろんイザベラを歓迎し、銀行に案内し、お金を使えるように手配してくれた。さらに女性たちがたくさんの夏服を贈ってくれた。こうして再び旅装の整ったイザベラは、同じ肥後丸に乗って、満洲の牛荘《ニューチャン》まで旅を続けることにした。この船旅の途中、北河《ペイホ》の河口や、いくたびか激しい戦場となった太沽《タク》砦をかいま見ることができた(17)。

牛荘に到着したイザベラは、さらに北に進んで奉天《ムクデン》に行くことにした。そこには大きなキリスト教伝道病院があったからである。時は七月初旬。休養をとり、まさに奉天に向かおうとしたそのとき、北へのルートは洪水になっていることを知った。しかし彼女は、「豆船」に乗って北への困難な旅に出発した。「豆船」とは、北部の主要穀物である豆を運ぶ船のことである。帆が一つ、屋根は筵だった。洪水と激しい雨のために川筋がわからなくなり、船はしばしば進めなくなった。

悪天候と洪水の中を旅したイザベラは、奉天近くの船着き場に到着したときにはすっかり弱りはてていた。さらに悪いことには、そこから奉天市街に向かう途中、乗った荷車がひっくり返り、放り出されたために腕の骨を折り、あちこちに切り傷を負った。スコットランド人宣教師クリスティー医師が自宅で手厚い看護をしてくれ、イザベラはまもなく回復した。(18) 彼女は、奉天で医療伝道活動をおこなっていたロス医師とクリスティー医師の活躍に深い感銘を受けている。二人は二十二年の長きにわたって、多くの困難と闘いながら、土地の風俗・習慣を尊重し、研究を続け、権力者たちとも良好な関係を築いていた。

戦争の足音はすぐに奉天にも届き、イザベラは雨よけのついたジャンク船で牛荘に戻り、そこから北京に向かい、さらに船でウラジオストックへと旅を続けた。ウラジオストックには一ヵ月滞在し、ロシアが極東に新しく獲得した領土を見てまわった。彼女がとりわけ知りたかったことは、一八六〇年代まで全くの荒野だった土地に、ロシア人の手によって農民として入植させられた朝鮮人が、現在どのような状態に置かれているかということだった。彼女が訪れた一八九四年末、この土地には「『斬新さと進歩と希望』がありました。この言葉はまた、太平洋に向けて拡大しつつあるロシア帝国の中心に位置するウラジオストックを象徴する言葉でもあります(19)」。ウラジオストックにはロシアの強大な陸軍、海軍が配備されているのがイザベラの目にもはっきりと映った。

イザベラは七時間をかけてポシェット湾へ旅した。そこはロシア領だったが、朝鮮の東北部国境に近く、朝鮮人がロシア軍のために家畜を養い、豊かに暮らしていた。ポシェット湾から十一マイルほど入った国境地帯からは、中国領土も見ることができた。乗ってきた船は、寒さのため川の水に凍りついてしまったが、なんとかウラジオストックに帰り着いた。その後、ウスリー川をさかのぼり、シベリア横断鉄道の臨時の終点地を訪れている。当時はまだこの鉄道は東の海岸には達していなかった。彼女は日本の船でウラジオストックを発ち、長崎にしばらく滞在した後、一八九五年一月、再び朝鮮を訪れた。

イザベラは、ウラジオストックやその周辺で過ごす間に、多くのロシア軍人や外交官に会い、概して好ましい印象を持った。ロシアの成功の理由を次のように記している。「断固たるべきところでは、断固たる態度をとっています。しかしほかのところでは可能な限りの自由を認め、外国人をうんざりするような細かな規則で縛っていじめるようなことはしません。それぞれの人種の特性や習慣に適した地方の自治組織を作ることを奨励し、習慣や宗教や衣服などで不都合な点がある場合には、教育の力で、あるいはほかの文化とふれあう中で、ゆっくり時間をかければ改革できると考えています」[20]。彼女のロシア政策に対する熱烈な賛美は、楽観的すぎただろうか。

二度目の訪朝になる一八九五年一月、二月は、イザベラはほとんどをソウルの英国領事館で過ごした。「興奮の二ヵ月」[21]だった。その年の秋に朝鮮に戻ったときも、平壌《ピョンヤン》を訪れたほかはソウルに滞在している。朝鮮国王と王妃をめぐる列強の動きが激しくなっていることに彼女は注目していた。日本軍が動き始めたのである。近代史の中でこのときはじめて、非西洋圏の一国が列強に肩を並べることになった。

1895年当時のソウル南門（イザベラ撮影）

一月に再び朝鮮を訪れたイザベラは、八日、日本が朝鮮に「独立」を「贈呈」する式典を見物することができた。国王はさまざまな理由を見つけては、この式典を延期してきた。「独立」は中国からの独立をも意味し、それは先祖の精霊に背くことになるのではないか、と彼は恐れていた。しかし、日本に上手にあやつられた国王は厳粛に祭壇に進み、しぶしぶと宣誓した。彼女は次のように書いている。「空は暗く不気味で、身を切るような冷たい東風が吹いていました。これは朝鮮では不吉な兆候です(22)」。

宣誓に向かう国王の行列をイザベラは次のように描写している。「緋色や青色の上着に同色の道化師帽のような帽子をかぶった男たち、黄色の上着に黄色の竹帽子をかぶった国王の侍従たち、そして小旗を持った男たち。それから赤い絹の傘が続き、……両脇がガラス張の木の椅子に乗った国王が青白く、気力のない表情をして運ばれてきました……(23)」。宣誓は聖域でおこなわれた。暗い松の大木が国王と関係者を見下ろしていた。

この式典からまもなく、イザベラは国王夫妻に拝謁した。その後数週間にわたって、彼女は合計三回、国王夫妻に会い、二人の人となりをある程度知ることができた。国王は気のやさしい人物で、自分の国が直面している危機にどう対処して良いかわからない様子だった。それに反して王妃は、活発で聡明、知性とエネルギーにあふれていた。

一八九五年十月、王妃暗殺の噂を聞いたイザベラは急いで朝鮮に戻った。暗殺の噂は真実だった。日清戦争終結にともなう下関条約によって、中国は多額の賠償金を戦勝者日本に支払うだけでなく、台湾を譲渡した。はなばなしい勝利を収めた日本にとって、朝鮮は手中にあるも同然だった。王妃暗殺は朝鮮人の不満分子が首謀者だったが、日本は黙認したばかりか、煽動さえしたのである。日本政府は暗殺に直接は関与していなかったかもしれないが、朝鮮にいた日本政府要人の関与は、明白である（王妃が日本人に暗殺されたことは現在ではほぼ明らかになっている——訳注）。

王妃暗殺の興奮がまだ冷めやらぬうちに、イザベラは二人の従者を伴ってソウルを発ち、平壌に向かった。朝鮮人の李《イ》は、英語を良く話し、明るく礼儀正しく、理知的で気だてが良かった[24]。林《イム》は、英国領事館がつけてくれた警備兵だった。例によって、厳しい冬の寒さなどものともしない彼女は、十一月七日、北に向かって出発した。平壌も近いあたり、彼女は日本と中国の戦場になった場所を通過し、戦争の破壊力の凄まじさを目のあたりにした。足場の悪い山岳地帯や森をゆっくりと進み、穀物の取引場として有名な、かつての王国の首都、松都《ソンド》に到着した。ちょうど朝鮮人参の収穫期で、許可を得ている百五十の栽培農家が一斉に莫大な量の朝鮮人参を収穫していた。これらの人参は二人の業

朝鮮でのイザベラの同行者たち

者によって加工された。

平壌からは、中国人左《ツオ》将軍の記念碑が建てられている戦場を訪れた。記念碑には、「奉天最高司令官左将軍」と記されていた。彼女は奉天と満州で左将軍に会っている。彼はスコットランド人宣教師たちととても親しくしていた[25]。戦いは、彼女が言うように、「戦闘というよりは、大虐殺」だった。「訓練を積み、装備に優れ、中国軍の華だったこの部隊は、夜も明けやらぬうちに消滅してしまったのです。……二千人から四千人の兵士が殺されたと言われています[26]」。

イザベラは海竜号で平壌を発った。この船はすでに日本兵ですし詰め状態だったが、船の中以外にはどこにも体を休める場所がないことを知ったイザベラは、強引に乗船した。気のやさしい李は、頼もしいイザベラがいなかったなら、野宿しなければならないところだった。

一八九六年十月二十三日、四度目に訪れた朝鮮の様子は、以前とはすっかり変わっていた。国王はイザベラを歓迎し、三度、宮廷に招待した。このとき国王は、英国公使館を朝鮮に設置してほしい、とイザベラに語っている。朝鮮は日本の統制下にあった。さまざまな職種の朝鮮人の役人がソウルの通りを掃除させられていた。ロシア人の姿も多く見られた。国王は王妃暗殺事件の際にロシア公使館に避難したが、それ以来一年間にわたってロシア公使館に留まっていた。宮廷に戻ったのちも、日本から独立していることを示すため、ロシアに朝鮮軍の再組織と訓練を依頼している。

サー・ウォルター・ヒリアーは、イザベラの朝鮮旅行記を絶賛している。「私は、朝鮮が外国に門戸を開いたころから朝鮮を知っていますが、ビショップ夫人の観察の細やかさ、正確な事実認識、そして推論の正しさを高く評価しています。国王や亡くなられた王妃も、彼女にはどの外国人旅行者に対してよりも、絶大なる友情と信頼をよせていました。彼女には豊かな情報源がありましたが、同時に彼女は、朝鮮が最初の舞台となった日清戦争の戦中・戦後にかけて朝鮮に滞在していましたので、これまで誤述と誇張のベールにつつまれていた極東史のひとこまを、隅々まで、正確かつ公正に記録することができました。朝鮮国内を旅した際の労苦についてはは軽くふれられているだけですが、その労苦がなみなみならぬものであったことを知る私たちは、彼女の勇気と忍耐とねばり強さをただ称賛するばかりです……(27)」。

一八九六年十二月、イザベラは朝鮮の地を永遠に離れることになった。このころの彼女には、「餌食」としての朝鮮の姿が見えていた。互いに主権を争うロシアと日本の戦略に巻きこまれた逃れようのない「餌食」である。日露戦争で勝利をおさめ、朝鮮からロシアを追い払った日本は、無力な朝鮮に全力をそそぐことになる。

一九〇六年当時、極東情勢に詳しい西洋の評論家たちは、日本の朝鮮統治の仕方を知りつくしていた。もっとも、日本人自身も自分たちの評判を知っていた。一八九〇年代に朝鮮とその民族についてイザベラが抱いていた憂慮がいかに正しかったかを証明する記述が、ここに二つある。一九〇六年八月、G・T・ラッド博士は、朝鮮(大韓国)の統監伊藤博文侯爵の要請をうけて、アメリカのニュー・ヘイヴンから朝鮮に向けて出発した。ラッドは、日本の方式を朝鮮人に受け入れさせる方法について伊藤に助言し、報告書には次のように記している。「さまざまな類いの不満が日に日に鬱積している。個々の日本人への不満のみならず、日本政府に対する不満が大きい。その内容は、朝鮮人に対する不公平さ、抑圧、他の諸外国人に対する利己的・排他的態度等々。不満は特にアメリカ人宣教師たちから直接、あるいは文書、新聞などで伝えられている。[28]……このような方法で誇張や虚偽の噂が海外に広まりつつある。……伊藤侯爵は、絶対の公正と真正を切望し、朝鮮と日本の双方にとって害をなすことは徹底的に防がなければならないと願っている[29]」。

極東の評論家として豊かな経験を持つB・L・プットナム・ウィールの記述にも、イザベラはきっと興味を示したにちがいない。彼はこう述べている。「二つの首都(日本と朝鮮)の間はわずか四十八時間である。……文明化の使命を担う日本にとって、何もかもが有利になった。悲惨な国の首都は、繁栄する帝国の首都に限りなく近づけられた。その結果は、しかし、目下のところまったくの失敗である[30]」。

日本は一九一〇年に朝鮮を併合した。[31]イザベラが世にあってその知らせを聞いたとしても、おそらく驚かなかっただろう。一九〇二年に結ばれた日英同盟が、この道を切り開く助けとなっていた。

11章　中国——複雑で旧式な文明国

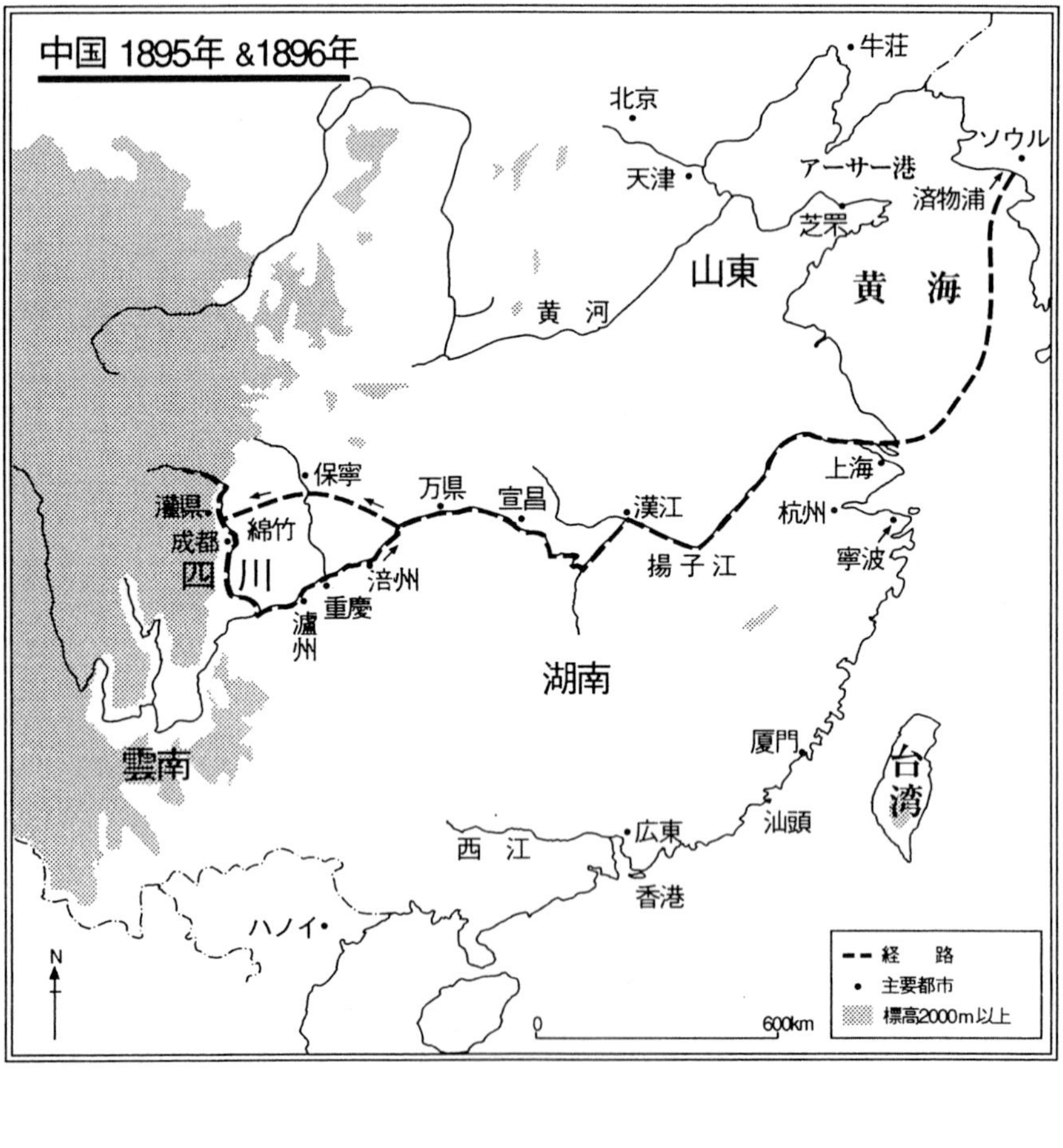
中国 1895年 &1896年
牛荘
北京
天津
ソウル
アーサー港
済物浦
芝罘
山東
黄海
黄河
保寧
万県
宣昌
漢江
上海
杭州
灘県
成都
綿竹
四川
涪州
重慶
瀘州
揚子江
寧波
湖南
厦門
台湾
汕頭
雲南
広東
西江
香港
ハノイ
N
経路
主要都市
標高2000m以上
0
600km

一八九四年から一八九七年の極東滞在中に、イザベラは二度中国を訪れている。(1) 一八九五年の春、三ヵ月にわたって上海、杭州《ハンチョウ》、寧波《ニンポ》を旅し、一八九六年の前半は、主に内陸の四川地方を中心に旅している。当時の中国人は、帝国主義的野望を抱く外国人に対する反感が強く、数年の間鬱積していた反感は一九〇〇年、義和団事件(2)となって爆発した。これは中国北部の宗教結社、義和団が起こした反乱である。十九世紀末の中国を旅する外国人は、ささいな出来事が大事件に発展する危険性を熟知していた。イザベラの旅行記『揚子江渓谷とその奥地』(3)には、彼女が実際に体験した驚くべき出来事が記されている。

中国人の外国人に対する嫌悪には、それなりの理由があった。武装した西洋諸国は、以前から中国に条約の締結と開港を要求していた。開港場は当初、広東《カントン》、厦門《アモイ》、福州《フーチョウ》、寧波、上海だったが、一八九〇年までには、外国人の執拗な要求によって、内陸部の漢江《ハンコウ》と重慶《チャンキン》も含まれた。西洋人の内陸部への侵入は、各地の人々の反感を強めることになった。イザベラは次のように記している。「新たな開港場は、その土地の犠牲の上に清朝政府の力を強めることになりました。土地の役人たちがそれまで手にしていた「正当な役得」を奪うことになり、さらには、清朝の役人に直接賄賂を贈ったほうがよいと思うような事態が生じたのです」(4)。その土地の歳入や役人たちの副収入が吸い上げられる事態は、多くの不満をもたらし、暴動にもなりかねなかった。宜昌《イーチャン》の関税局長官ショルツの家に到着したイザベラは、玄関をはじめ至る所に石の山ができているのに驚いた。これらの石は、数日前に起こった外国人に対する暴動の際に、窓から投げこまれた石だった。(5)

キリスト教宣教師も彼らの反感の対象だった。宣教師は帝国主義者の手先であるばかりか、熱心に改宗をすすめることは、とりもなおさず中国人が何世紀にもわたって信奉してきた儒教を批判することである、と中国人は考えたのである。無防備で、しかも人目をひく宣教師は、とりわけ、むき出しの敵意の対象になった。

中国内陸伝道会は、中国服にすっぽり身を包むことまでした。確かにいくらかは目立たなくなっただろうが、その効果はいかばかりか。万県《ウァンシェン》では、イザベラが訪れる一ヵ月ほど前に暴動が起こった。深い井戸が枯れ、誰もが宣教師のせいだと思った。土地の人々が暴徒となって襲ってきたが、一人の人望ある官吏が暴徒を説得してその場は収まった。しかしその官吏さえもが、キリスト教徒の外国人たちは子供をさらってその眼を抜き取り、彼らの家の裏庭にある桶には子供たちの死体が詰まっている、などと言うのだった。(6) 西洋人と東洋人の理解を隔てているものの一つに、東洋人の迷信がある。多くの悪魔のうち、外国人宣教師は眼を抜き取る悪魔だとみなされた。宣教師の魔力はあらゆることを可能にすると考えられ、何か災害が起こるたびに外国人は非難の対象となり、恰好のいけにえにされるのだった。

中国人にとって西洋人は、商人であれ宣教師であれ、いずれも後ろに強大な軍艦を従え、互いに手を取って入って来た侵入者なのである。

イザベラにも不審の目は向けられた。一人旅をする外国人女性、しかも覆いのない椅子に乗り、五指にも満たない従者の数。きちんとした中国人女性なら、覆いのある椅子に乗り、大勢の従者を従え、守りは堅い。イザベラは中国服を着ていたが、それが綿入れの木綿の服であることは一目でわかり、しかも日本の帽子を被っていた。彼女が絹の服を着ていたなら、少しは尊敬の対象になったのだろうか。覆いのある椅子に乗って旅をしたなら、じろじろと見られずにすんだのだろうか。しかし、中国人お好みの覆いのある椅子に奥深く、安心して座って旅をしていたなら、彼女は、風景も、人々の暮らしや習慣も、何一つ見ることはできなかっただろう。

四川地方でのことである。ある日の午後遅く、町に入る門を椅子に乗って通過したイザベラは、自分が「何か騒がしく叫んでいる群衆に囲まれている」のに気づいた。青あざができるほど群衆にぶたれた彼女は、かろうじて近くの宿屋に逃げこみ、暗い戸棚の中に隠れた。群衆の勢いはさらに増して、叫び声は、「打て！」、「殺せ！」、「焼け！」などに変わった。この恐ろしい出来事からイザベラを救ってくれたのは、椅子を担ぐために雇っていた中国人で、襲撃から一時間ほどたったころ、彼は土地の役人のところに駆けこみ、「群衆が外国人を殺そうとしている」と通報した。(7) 彼女は無事救い出されたが、心の傷はなかなか癒えなかった。

イザベラは、主として揚子江に沿って旅をした。万県までは船で行き、そこから最初は北に、それから西に、かなり遠回りをして四川盆地の都、成都《チェンツ》に向かった。成都からは岷江《ミンコウ》に沿って北西に進み、「蛮族」の住む東チベットとの境、中国の西のはずれにまで足をのばした。そこから再び成都に行き、急流に乗って南に下り、上海に戻った。

イザベラは、朝鮮政府の所有する小さな蒸気船でまず上海に上陸した。上海では、なつかしい英国風の建物を見て感激した。銀行、商館、ホテル、個人の屋敷など、「大きくて立派な英国風の建物が、緑の陰をなす広い庭に囲まれています。香港・上海銀行、P&O汽船やカナダ太平洋鉄道の事務所、あの有名なジャーディン・マセソンの美しい事務所や社宅、正面に広い芝生を敷きつめた英国領事館の堂々たる建物などが特に際立っています」(8)。イザベラは「モデル居留地」である上海を称賛している。清潔な水が供給され、下水道が完備し、塵一つない通りは有能な警察官に守られていた。彼女はまた、上海の西洋人の間で異常なほどのレジャー熱が高まっていることにもふれている。

英国商人社会について、イザベラは称賛ばかりしているわけではない。次のような苦言も呈している。「スポーツやその他のレジャーに費やす時間をほんの少しばかりさいて、中国語や中国式の商法などを学べば、中国ではもはや多額の富を成すことはできない、などという不平を聞く機会は少なくなるのではないでしょうか(9)……海岸通りの英国銀行のような立派なところでも、小切手を換金する簡単な仕事でさえ、中国人の助けがなければできないしまつです。……身なりのきちんとしたその中国人は、銀行業務を良く知っている様子でした。横浜正金銀行では事情は違っていました。そこでは中国語を話す機敏な日本人の行員が、自分の仕事は自分でこなしていました」(10)。英国が中国式商法を取り入れることを躊躇している事態は、イザベラの頭を常に悩ませていた。

上海から遠く離れた四川盆地を旅しているとき、彼女はランカシャー綿業の見通しについて記している。「だいたい英国製綿布の幅はまちがっています。中国服を作るには、十五インチも無駄がでるのです。不満はまだあります。英国製品は文化的生活をしている中国人のために包装されているのですが、その上包みは、中国では「不運」を意味する色で、中国人はいつもその色の製品を陳列しなければなりません」。さらに、「型染めされた綿布は、模様も色も上品さにおいても低級で、洗練された文明人よりは外国の野蛮人にふさわしいものです。……英国製綿布が売れないのは高価すぎるからではなく、たとえ価格がいくらであっても、大半の中国人は欲しいとは思わないのです。中国産の丈夫で重みのある手織りの綿布は、英国産の四倍も長持ちし、たとえぼろになっても、さまざまな用途があるのです」[11]。

イザベラが明確に伝えたにもかかわらず、綿業に携わる英国人は彼女の助言には従わなかった。そしてそのころ（一八九〇年代）、日本は盛んに日本製綿製品を中国で売りさばき、中国をはじめ極東市場からランカシャー製品を駆逐していたのである[12]。

イザベラは、上海から揚子江をさかのぼって漢江に到着した[13]。漢江は実際は、武昌《ウーチャン》と漢陽《ハンヤン》という二つの都を含み、川の支流が三つの都を隔てていた。エルギン卿が漢江までの勇敢な旅をなし遂げた三年後の一八六一年に開港した。漢江にとって揚子江は、イザベラが言うように「繁栄の源と同時に災害の源」でもあり、ここでは川幅は一マイルあった。川の水量は雨量や西方地区の雪の量によって左右されたが、しばしば破壊的な洪水をひきおこし、多くの人命が奪われた。「赤い」水が流れてくると洪水がおさまる兆候である、という言い伝えがあった。赤い水は、はるか上流の「四川の赤い盆地」から流れてきた。

漢江の中心街は大きな敷石で舗装されていた。しかし一歩裏通りに入ると、そこは生産物を運ぶ手押し車の轍がくっきりと残る深い泥道だった。通りには人が溢れ、通行がままならぬほどに混雑していた。その混雑の中、「じつに横柄で高慢な官吏」[14]が、八人が担ぐ椅子に胸を張って乗り、大勢の従者を従えて我が物顔で群衆をかきわけて通って行った。この様子にはさすがのイザベラもあきれはてた。

漢江からは、アメリカの汽船に乗った[15]。六人の宣教師と何百人もの中国人が乗っていた。川の水量は少なく、砂州に妨げられて進行は遅かった。ようやく水深が十分な土手際を進むと、今度は土地の人々が口々に、「外国の悪魔！　外国の犬！」などと叫びながら泥を投げつけた。(16)川には数十隻の中国のジャンク船が航行していた。いずれもエンジンはなく、イザベラが感心したのは、彼らは手際よく長い竹棹を操って巨大な帆の張りを保ち、巧みに危険を避けて進んで行くのだった。

宜昌（一八八七年に開港）に着くと、蒸気船を降り、小型の船を借りることにした。四川地方に至るまでに、恐るべき峡谷を通らなければならない。この先百マイルにわたって、川幅は硬い岩の崖に狭められ、水量余って深い激流を生み出していた。下流から溯る船は、体にロープを巻きつけた何百人という「船引き人夫」が泡立つ水の中で引いて行くのである。

各船は乗組員として船引き人夫を乗せて航行していたが、急流ではさらに多くの人手を必要とした。船出の前に、船はおはらいを受けた。祈祷者は、「水の支配者よ、我々の旅に幸運の星を与えたまえ」と書かれた白旗を持っていた。こうして川の神のご機嫌をとってはじめて、出発の準備が完了するのである。イザベラの船の前には二十四隻の船がおはらいの順番を待っており、三日間待たなければならなかった。しかし出発してからは順調で何の障害もなく、この急流を五時間四十五分で切り抜けた。(17)揚子江の峡谷を溯ることがいかに危険であるかは、まさに先人が生き生きと描写したとおりだった。

特に急な上りでは、乗客は船から降ろされた。乗客はぶつぶつ言いながら急流を避けて、湿って滑りやすい岩の上に這い上がるのである。「急流の中にいるのは何度経験しても慣れません。足もとがとても不安なのです。大騒ぎの中で、引き綱が擦り切れるのをただ眺めながら数時間も過ごすよりは、大きな石や川岸の岩にぶつかって骨を折るかもしれない危険を冒したほうがずっとましです」。ある急流でのことである。「この騒音の源が何なのか、誰も何も教えてくれませんでした。数日間、耳から離れなかったほどの凄まじい騒音です。やがてそれが大きな滝の音であることがわかりました。何百人という船引き人夫の叫び声に、太鼓や鐘の音が入り混っています。太鼓や鐘は、合図や川の魔物をおどすために使われます。この大混乱のことは決して忘れられないでしょう(18)」。「柩の峡谷」と呼ばれる穏やかな流れでは、長い間、絶望的に風を待たなければならなかった。やがてさらにいくつかの大滝を乗り越え、彼女はようやく四川地方に入った。

万県で川から離れ、北に向かって遠回りの旅をした。この旅では、中国内陸部で活動する伝道会の人々と親しくなり、そのうちの何人かとは各地をともに旅した。この伝道会の各支部には、毎年、送料無料で、「缶詰の食料数箱、ソース、くず粉、病人用の慰問品」がアバディーンのモートンという人から届けられていた(19)。これらの貴重品のいくつかはイザベラの荷物の中に収まったが、彼女は次のように記している。「長く旅をすればするほど、準備に手間をかけなくなり、荷物も少なくなります」。イザベラには確かに、他の旅行者には考えられないような強靭さがあった。百四十六日間、毎朝、彼女はインスタントの紅茶を飲み、茹でた小麦を食べ、その日の旅の終わりにはまた紅茶を飲み、夕食には毎晩鳥肉または卵のカレーと米を食べたのである(20)。木綿の中国服と藁靴を時折買い替えて身につけたが、これは旅行く土地の人々の好奇心の目を少しでもそらすためだった。彼女の旅は、「幸先良く、夢のように晴れわたった朝から始まり、その日は金色に輝く夕日とともに暮れました。ガラスのように透きとおった美しさでした」。しかしその後の旅は厳しさの連続で、さすがの彼女も壁につき

当たったと感じることがしばしばだった。(21)

川や山を越え、ある日は五千段もの石段を登った。「石段は登りやすく、美しい縁石が施され、修復がゆき届いていていました(22)」。炭鉱にもイザベラの鋭い目がとまった。「崖に掘られた穴から坑夫が黒い物を入れたかごを手に持ち、這って出て来ます。……作業場から、十二インチ幅しかない軌道の上を小人の国のような貨車が下りて来ました。少年たちが出てくる穴もありました。彼らは二十五パウンドほどしか入っていないかごを持って出てきました。背中にはロープがつけられ、頭の上にはわずかな空間しかありません」。炭坑はいずれも水平坑道であることに彼女は気づいた。これは、下に掘ると、「龍の背中にふれ、龍が地面を揺らす」危険性があったからである。(23)

時がたち、数々の冒険を経ながら、イザベラは保寧《パオニン》に到着した。この都市周辺では、およそ六十名ほどの英国人宣教師がさまざまな活動をおこなっていた。内陸伝道会の活動の中心地であり、宣教師たちは簡素な中国式家屋数軒を二区画に分けて住んでいた。イザベラは暖かく迎えられた。宣教師たちは男も女も、中国の生活にすべてを捧げていた。その姿に彼女は深い感動を覚えた。中国語を学び、中国服を身につけ、中国の特殊性を観察し、さらに伝道活動をする……彼らのすべきことは山ほどあった。

この伝道基地には病院がなかったので、イザベラは喜んで資金を提供し、ヘンリエッタ・バード記念病院が設立されることになった。彼女が保寧を発って数ヵ月後、病院はある立派な屋敷の一部に開設され、官吏の行進など盛大な祝典が催された。

イザベラはさらに西に向かい、途中、綿竹《ミエンチュー》の伝道本部に宿泊した。彼女はここでも、宣教師をとりまく厳しい環境に胸を痛めた。二人の女性宣教師が不屈の精神をもって孤独と排外主義とに立ち向かっていたのである。数日前、二人が暴漢に襲われると、地方官吏が暴漢に向かって、「もういいだろう。相手はたかが女じゃないか」と言って二人を救った。[24]このように、人口の半分を占める女性をきわめて軽視した中国社会で、はたして女性の宣教師はその使命を十分に果たしうるのだろうか。子供を連れた夫婦の宣教師もいたが、当時の厳しい中国社会で子育てすることが賢明なことか、彼女は疑問に思った。中国人の絶えざる襲撃のために、心身ともに深い傷を負った子供もいた。このような状況で子供を育てるべきではない、と彼女が考えたのも無理はなかった。

成都をめざして西や南に旅したイザベラは、四川地方の豊かさに目を見張った。揚子江の峡谷とまわりを囲む山々が自然の障壁となり、この地方をほかから隔てていた。四川地方には、およそ四百万の人々が住み、そのうち約五十万人が成都に住んでいた。肥沃で手入れの行き届いた土地は、李冰《リビン》とその息子（李二郎）の功績によるものだった。彼ら親子は二千年ほど前に水利工事を完成させ、この地を一大庭園に造りあげたのである。

良く管理された土地では、一年に四度穀物を収穫でき、米、ケシ、タバコ、砂糖、サツマイモ、藍、アブラナ、その他の植物油、トウモロコシ、綿花、蚕を育てるための桑、そしてあらゆる種類の果物が育った。李冰のモットーは、「川床はできる限り深く掘り、土手はできる限り低くせよ」[25]だったが、彼のみごとな治水方式は、中国のほかの地域を衰退させた旱魃と洪水から長い間この地方を守ってきた。入り組んだ水路は綿密に管理され、毎年、五、六フィートの深さの沈泥を取り除き、水路の石を定期的に修復する。短い人造の川（灌県《コワンシェン》近くの岷江）もあり、これらすべての徹底した維持管理が、

四川地方の西門（イザベラ撮影）

羨むべき肥沃と繁栄とを四川地方にもたらしているのだった。

成都は「第二の北京」であると聞いて、イザベラは成都を訪れることを心待ちにしていた。彼女は西門から入った。タタール人街では、背が高く、足が大きく、健康そうで、しかも英国人女性のようなのびやかさを持った女性たちが、自由に自分の仕事をこなしていた。その姿を見てイザベラは安心した。丁寧に舗装された通りは、広く直角に交差し、街の中を流れる水路は多くの船で賑わっていた。街のまわりには、高さ三十五フィート、周囲十四マイルほどの壁がめぐらされ、八ヵ所に要塞が設けられていた。壁には四つの門があり、産物などの搬入はここでチェックし、通行税を徴収した。成都はヨーロッパのどの都市にも似ていなかった。数々の大寺院と堂々たる官舎を備えたこの都市は、十三世紀末にマルコ・ポーロが訪れたときと同じ姿をイザベラにも見せたにちがいない。(26)

成都市内の観光を楽しんだイザベラは、さらに北へ西へと旅の計画をたてた。何度目かの激しい襲撃を受けたショックからようやく回復しようとしていた彼女は、中国語を良く知るケイという人物を含め、何人かの同行者を伴うことにした。その中には苦力も含まれていたが、彼らは後にトラブルのもとになり、彼らを連れてきたことを彼女は後悔することになる。後悔したことはもう一つあった。これから僻地に向かうというのに、気温や気圧を計測する器具を何も持っていなかったことである。水の沸点を計って地点の高さを計算する測高計も子馬が壊してしまっていた。(27)

一行は、イザベラと彼女が乗る椅子の担ぎ手が三人、ガイドが二人、荷物運びが五人、小間使いが二人、そしてケイである。ルートは岷江《ミンコウ》の谷に沿った山岳地帯でかなりの登りがあり、雨や霧が多かったが、上に行くにつれて涼しくなり、景色はたとえようもなく美しかった。川に架けられた竹のつり橋はみごとだったが、「渡るには勇気がいりました」。なぜなら、橋の敷板は、「上下に傾いたかと思うと、突然目の前から消えたり、足を置くと、とてつもなくにぎやかな音をだすのです。板は所々に隙間があり、その間からは泡立つ荒波が見えて、よほど落ち着いていないと通れません」(28)。

二週間にわたって、一行はこの美しい地方を旅した。道は山岳地帯や川をめぐってゆっくりと下って行った。岩の深い裂け目に板をかけた道や、岩を削って造った石段などもあった。椅子の担ぎ手の一人がこの仕事に向いていないことが出発してすぐにわかった。道が悪くなるにつれて、彼女は自分の鞍を朝鮮に置いてきたことを後悔した。馬を借りて自分の鞍をつけて旅すれば、椅子も満足に担げない男たちを雇わずにすんだのだ。山岳地帯を奥深く進むと、そこに住む人々は、中国人というよりも中央アジア人と呼ぶにふさわしい人々だった。茅葺きの屋根は姿を消し、平らな石板の屋根の上に強風にそなえて重い丸石が置かれていた。ここでは女性はいっそう自由で、男性と同じように「綱の橋にぶら下がりながら」川を渡る姿を見て、彼女は我が意を得たりという思いがした(29)。

今回の旅では食料不足が深刻だった。この山奥で、この人数のパーティーに不足気味の食料をどう配分するかは重要な問題だった。ある日は「マカロニ」を作った。「大麦のあら粉に良く似たもの」をこねて薄くのばし、細く切って茹で、唐辛子と玉葱と一緒に食べた。「蒸したパン状のもの」にみじん切りのニンニクをはさんだ「サンドイッチ」も作った(30)。山の中での食料不足はなんとも心細いものである。この人為的とも思われる食料難は、彼女の旅行を思い留まらせようとするものだったのだろうか。

しばらく行くと、礼儀正しい役人が現れ、これ以上先に行くことはならぬ、と告げた。身の安全を考えて戻るべきである、と言いながら門を閉じ、番兵を置いた。「役人のうわべだけの礼儀正しさは、すぐに消えてしまいました」[31]。イザベラは一日待って、役人に反抗することにした。彼女が椅子に乗ろうとすると、いろいろと妨害されたが、なんとか乗ることができた。役人は担ぎ手に椅子を持ち上げてはならないと言い、彼女は持ち上げろと言った。ケイが先に進んで門を開けると、役人はそれ以上止めようとはしなかったが、口汚く罵りながらしばらく後について来た。

イザベラは勝利の喜びを味わい、「未踏の地に突入する」興奮に胸踊らせた[32]。彼女が足を踏み入れた中国の西のはずれには「蛮族」と呼ばれる人々が住んでいた。彼らは、中央アジアからきたタタール人で、イザベラは彼らに強い関心を抱いた。彼女はこのときには、当時中国領土とみなされていた境界を越えて、石造りの建築が並ぶ仏教国に入っていたのである。

一行はラバを借り、荒野に入った。食料不足はいっそう深刻になっていた。イザベラは紅茶と、「灰の中で焼いた堅パン」だけですまし、食事と食事の間隔はしだいに長くなっていった。全員空腹をかかえながら前進したが、イザベラはついに引き返す決意をした。中国人は役人を派遣して、一行には協力しないようにと言いわたしていたが、引き返す決意をしたことを知ると、「山羊の塩漬け肉、小麦粉、蜂蜜、そして恐ろしく古い、毛のはえたバター」を贈ってくれた[33]。同行者たちにまともな食事を与えることができるようになり、彼女は安堵した。

中国当局の抵抗をはね返すことができたイザベラは、勝利感を味わった。しかし、そこからさらに幾多の滝や峡谷を経て西南方向に向かう計画は断念した（かなりの遠回りである）。イザベラ自身が

「蛮族」の寺院（イザベラ撮影）

疲れていたことと、苦力の一人が発熱して衰弱が激しかったことが理由である。一行は少ない荷物をまとめ、輝く紺碧の空のもと山岳地帯をあとにし、成都に向かった。途中「雲の多い地方」では、高温の中、蚊と砂蠅に悩まされた。

成都でしばらく休息した後、五月二十日、上海までの二千マイルの旅に再び出発した。彼女は、筵の屋根がついた小さな平底船を借り、その屋根に自分の亜麻布をかけてカーテンがわりにし、ささやかながらプライヴァシーを保った。「喜びあふれる、順調な旅立ち」だった。最初は、船は砂や砂利の上を人力で進んだが、まもなく大きな川に出た。そこでは、土地の農民たちが至る所で川をせき止め、川の通行料を要求した。特に西洋人に対しては法外な料金を要求した。川岸の水車の回る音は耳に心地良く、川が広く深くなるにつれて、船をさえぎるものはなくなっていった。

百三十マイルを八十時間かけてたどり着いた町に数日滞在し、船を換えた。内陸へ向かった旅の厳しさに比べて、帰路があまりに平和であることにイザベラは驚いた。

途中の濾州《ルチョウ》にしばらく滞在し、再び炭鉱を見学した。さほど規模の大きな炭鉱ではなかったが、ここでは下に掘ると龍を怒らせる、などという迷信を信じている様子はなかった。次に重慶《チャンキン》で数日過ごし、宜昌に向かった。この道中では、往路でさかのぼった急流を今度は下らなければならない。六月ともなると、アジア高原の雪解け水が流れこみ、川の水位は冬に比べて四十五フィートも高くなっていた。重慶では、冬は川幅が八百ヤードだったのに対し、初夏にはその二倍以上にもなっていた。イザベラは、下流への旅を生き生きと描写している。「いよいよ急流にさしかかると、五人の男たちが大変な力で船を引っ張り、その叫び声は歌声のように響きました。船は舵がきく程度の微速力で進

楊子江の谷間（イザベラ撮影）

んだかと思うと、一気に光のような速さで急流を下りました。川筋を飛び越え、飲み込まれたらこっぱみじんになってしまいそうな恐ろしい渦を通りぬけ、ひとたび陸に目をやると、そこには寺院や塔、はるか小高い丘には灰色に霞む町並みが見えます。深い緑の中に白く輝く村、丘や谷や森、そして良く耕された田畑。工場も見え、繁栄の様子がうかがえます。夏に備えて入り江で休んでいるジャンク船、陽気な歌にあわせて猛烈な力で引っ張られて行くジャンク船、……くる日もくる日も、大河は私たちをどんどん下流に運んで行きました。……川岸に見える塔や町は、見えたかと思うとたちまち過ぎてしまいました。船は、前方に次から次に現れる怒濤をあっという間に後にして進みました……」[34]。

重慶を出ておよそ五十六時間後（夜の停泊時間を除く）、ようやく宜昌にたどり着いた。宜昌から漢江、そして漢江から上海までは、立派な蒸気船で旅した[35]。それまでがイザベラとその同行者だけの、静かで平和な旅だっただけに、「きらびやかに飾られた船」の旅を彼女は楽しむことができなかった。

一月十日に上海を出発したイザベラは、同じ年の六月下旬に上海に戻った。戻ったときの彼女は、すべてを許せる気持ちになっていた。不愉快な襲撃のことは忘れることにした。「たいした事故もなく旅を終えることができ、心から感謝しています。中国や中国人に対し大いなる興味を抱かせてくれたことも感謝しています[36]」。六十五歳の女性にとって思い出多き長期旅行となった。

中国に対してどのような態度をとるべきか、イザベラは当然自分の意見を持つようになった。「賢明な方策は、中央政府の力を弱めるのではなく、むしろ強化することだと思います。私たちは皆、清帝国を崩壊させることに手を貸していますが、北京政府が弱体になれば、条約の効力も弱まり、廃止されることにもなりかねません[37]」。イザベラの意見は先見の明があった。だが、当時中国を旅した鋭敏な人々の間でも、それはめずらしい意見だった。

12章　モロッコ——最後の挑戦

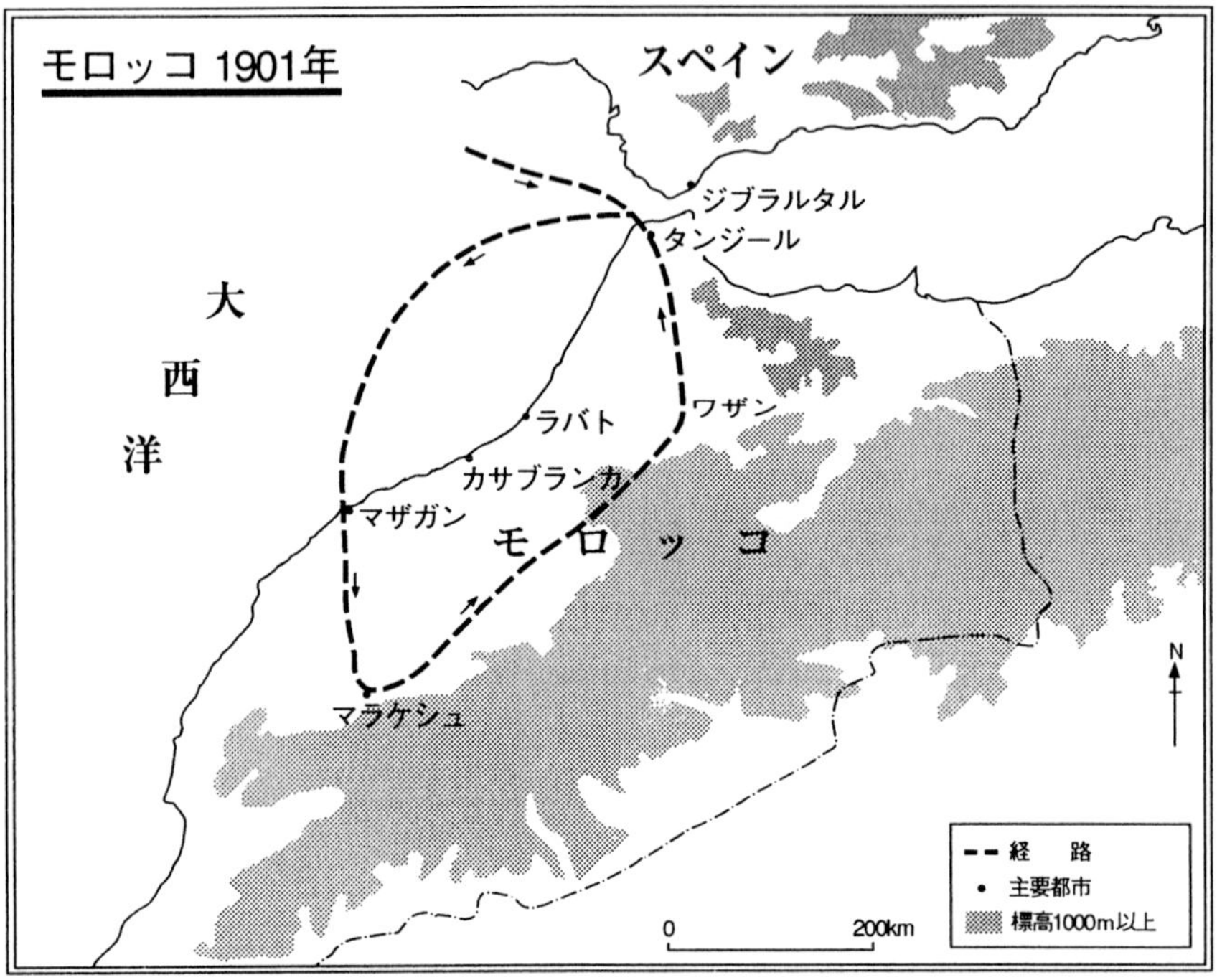
モロッコ 1901年
スペイン
ジブラルタル
タンジール
大西洋
ワザン
ラバト
カサブランカ
マザガン
モロッコ
マラケシュ
N
経 路
主要都市
標高1000m以上
0
200km

イザベラの最後の冒険は、七十歳になる一九〇一年の北アフリカでの半年だった。一月から八月までをモロッコの砂漠と山々で過ごした忘れ難い旅である。(1) アラブの人々とともに生活する中で、彼女は昔の情熱を取り戻していくようになる。彼女は、この旅では簡単なメモを残しただけで旅行記は書いていないが、一九〇一年十月に発行された『マンスリー・レヴュー』に辛辣な論文を発表している。(2)十九世紀末のモロッコは、国全体を統括するに十分な力量を持つスルタンがいなかったため、権力の空白地帯になっていた。この時期にはすでに、アフリカ大陸のほとんどすべての地域が列強によって分割されていた。英国は一九〇四年に北西アフリカに対する興味をフランスのために放棄し、その見返りにエジプトに関する利権を得ることになった。その数ヵ月後、モロッコは、北部はスペインに、南部はフランスに分割された。イザベラの論文は英国寄りの立場を反映しているが、同時に、貪欲なヨーロッパ列強の餌食になったモロッコの無政府状態を冷静に描き出している。

モロッコへの旅はたまたま計画されたと言って良い。イザベラは、一九〇〇年のはじめは妹が住んでいたマル島のトバモリーの家で過ごしたが、そこでの生活を楽しむことができず、永久にひきはらう決意をした。かつてほど島を楽園とは思えなくなっていた。アンナ・ストッダートは次のように分析している。「昔の島の日曜日は平和で信仰心に満ちていた。いまや島の人々は不信心になり、妹が愛し身を捧げた人々にイザベラは失望したのである」。(3) 一九〇〇年三月のある日、彼女は、トバモリーの家の近くを散歩して岩の上に滑り落ち、左の膝と右の腕をひどく痛めてしまった。四月四日、彼女は弱々しく島を去った。回復は遅く、先の予定をたてることは難しかったが、秋も終わり近くになってようやく、また旅ができそうに思えるほど元気になった。彼女はハンテンドンシャーに持っていた家でその年の夏を過ごし、少女時代のように、川にボートを浮かべて一人漕いだり、あるいは客を乗せて漕いだりした。そうすることによって腕の力を強め、回復を早めると信じた。

サー・アーネスト・サトウは、イザベラが日本を旅して以来の古き友人だったが、中国公使に任命されており、一九〇〇年から一九〇一年にかけての冬を北京公使館で過ごさないかと彼女を誘った。中国を舞台裏で観察するのはきっとイザベラにとって楽しいにちがいない、と思ったのである。さらに、カルカッタの主教は、飢饉にみまわれたインドに救援物資を供給するため、イザベラの同行を切望した。中国とインドへの招待を彼女が喜んだのは言うまでもない。しかし、体調が十分に回復していなかったため、結局、北アフリカまでの旅でがまんすることになった。

一九〇一年一月四日、イザベラはタンジールに上陸したが、すぐに敗血症にかかり、高熱がでた。この病気が深刻な結果に至らなかったのは、おそらく、医療伝道病院のロバーツ医師が自宅で手厚く看護したからである。彼女はしだいに回復し、三月にはタンジールからマザガンに向かう船に乗ることができ、二ヵ月のキャンプ生活にも耐えることができた。

海の旅と上陸は、それ自体、すでに大冒険になった。「海が荒れたために、大変厳しい二日間の航海でした。マザガンに上陸するときも依然海は荒れ続け、波がとても高かったので、船は着岸できません。そこで船長は、船にあった石炭かごに私を入れてクレーンで吊し、船から海上のボートに降ろしたのです。荒れ狂う大波を乗り越えて埠頭に向かうボート上の私に、乗組員や乗客が歓声と激励の言葉を送ってくれました。船荷は一つも陸揚げできませんでした。こんなに荒れた海でボートに乗ったのははじめてです」(4)。

「乾いた」陸地に上がっても、イザベラの悩みは続いた。彼女は、「今までで一番悪い召使い」を雇い、予期せぬ所でキャンプをすることになったときには、「必需品」が何もなかった。「蒸気船をおりる前から、熱がぶり返していました。唯一のキャンプ用地は、水びたしの耕地、暴風雨のためにテントを張るのが難しく、テントの杭がなかなか立ちませんでした。ようやくぬかるみの中に私のベッドが置かれ、横になったときには、このまま死ぬかも知れないと思いました。でも、それ以来ずっと元気で、熱もでません！」(5)

マラケシュでは、内陸に向かう二ヵ月間のキャンプに出かける前に、スルタンに拝謁することを許された。この旅では、サマーズという人物が同行している。彼は、「有能で親切、しかもこの国の言葉や民族を良く知り」、イザベラにとっては大きな支えになった。サマーズがあらゆる費用を払い、一週間毎に精算した。一九〇一年春のモロッコでの冒険は、はたしてサマーズなしでも可能だったのだろうか。

スルタンはイザベラを暖かくもてなしてくれたが、そうだからといって、この国の人々を苦しめている悪政に目をつぶるわけにはいかなかった。「この国は私が訪れた中で最もひどい国です。迫害と残虐さは地獄のようです。誰も安全ではありません。この国は芯まで腐っていて、忌まわしい悪徳にむしばまれています。誰も信頼できません。言葉では表現できぬほどの堕落は、日毎に私の中に恐怖をつのらせます。悪魔がここには住みついているのです」。どこもかしこも頽廃と不道徳ばかりだった。彼女はイスラム教に批判的だった。イスラム教は、「モロッコにかけられた呪いであり、進歩を妨げる恐るべき障害でもあります。七世紀という足かせにすべてのものを縛りつけ、きわめて偏狭な信念と思考に信者を夢中にさせ、精神錯乱的なやり方を信奉するように奨励しているのです」[6]。

イザベラは、権力をもつ人々が直接かかわっている組織的犯罪についても記している。カイドと呼ばれる権力者たちは（その地位は高い金を払って手に入れたに過ぎない）、本来は税金を集めて上納する役目があるだけなのに、「スポンジのようにしぼり取れそうな」人々を投獄してはその保釈金をかすめ取っていたのである（彼女は監獄の劣悪な状況を雄弁に語っている）。投獄されている人々のほとんどは、友人たちが保釈金を払ってくれるのをただ待つばかりだった。彼女はここでも馬に乗ったが、「泥棒役人と強欲宮廷」のために、良い馬を買うことはほとんど不可能だった。モロッコにいる「雌馬はきわめてひどい状態で、産まれた子馬たちは背中は美しくても、柔らかで弱々しく、胸幅が狭く、特に後ろ脚が弱く、スタミナがない様子」[7]だった。立派な動物をいくら育てても、破廉恥な泥棒役人にすぐに取られてしまった。欲深い役人たちにとって実質的に盾になる仕組みもあり、彼女はこれを糾弾している。役人たちに利益をもたらした人々には、列強諸国のいずれかが「保護認定書（Protection papers）」を与える。フランスはこの時期、モロッコにいる自国の支持者にこうした「保護認定書」をしきりに発行した。いつかフランスがモロッコの支配的立場に立ったとき、何らかの形で埋合せをすることが約束されていた。

モロッコでのひどい生活に嫌悪を覚えながらも、イザベラは旅を楽しみ、次のような手紙をザルクタン城から書き送っている。「青い乗馬ズボンをはき、ムーア人の大元帥から借りた、立派な真鍮の拍車をつけたみごとな馬に乗っている私の姿をごらんになったら、これがあの病弱なイザベラかと、きっとご自分の目を疑うことでしょう」[8]。巨大な軍用アラブ馬に乗る際には、馬があまりに大きすぎたために、馬の体に梯子をかけて登らなければならなかった。彼女はそんな自分を笑う余裕さえあった。

イザベラは、マラケシュにベースを置いて、サマーズとともにその近郊を旅している。「アトラス山脈の馬道は岩の階段や、滑りやすい岩の坂道で、大変な道でした。二頭の馬が脚を痛め、ラバが一頭絶壁から落ちてしまいました。……私たちにはガイドと衛兵、それに奴隷もついていました。天気は良く、空気はさわやかでした(9)」。

このとき、彼女はフェズの南およそ五百マイルあたりにいた。(10)安全な旅を続けられたのは、おそらく、スコットランド出身のサー・ヘクター・ド・ヴェル・マクリーンの援助のおかげである。彼は二十五年間にわたってスルタン軍の参謀だった。マクリーンを雇っていた若きスルタンは、「純白の服を着て、高い壇に設けられた玉座に座って」イザベラを迎えた。彼女は帽子をかぶらず、黒い絹の服を着て、壇の前に進み出た。「モロッコの君主に拝謁した最初のヨーロッパ女性」になったのである。彼女は若きスルタンに、「いつまでも健康で幸せでありますように」と言うと、スルタンは即座に、「私の髪があなたのように白くなるころに、私にあなたほどのエネルギーが備わっていれば良いのですが」と答えた。アトラス山脈に足を踏み入れ、猛悪なバーバル人に会うという偉業をなしとげた最初のヨーロッパ女性イザベラは、自分自身に大いなる誇りを抱いた。

その後、マラケシュからタンジールに戻る途中、武装して馬に乗ったアラブ人数人に追いかけられ、必死の思いで逃げなければならなかった。何の冒険もなければ、彼女はきっと満足しなかったにちがいない。タンジールでは、再びロバーツ医師の世話になり、七月八日、故郷に向けてジブラルタル海峡を渡った。一九〇一年夏、最後の旅を終えて故郷の海岸にたどり着き、十月には七十歳の誕生日を祝うのだった。

『マンスリー・レヴュー』に掲載されたイザベラの論文は、支配者が交代すべき時期を迎えた国についての痛烈な批判である。ムーア人の悪行の数々は、すでに英国の新聞によって暴露されており、人々の興味と関心は深かった。モロッコではさまざまな税制改革案が提示されていたが、これらの改革案は単に列強の目を欺くためのものである、とイザベラは厳しく指摘し、次のように書いている。「木の根に斧を入れる以外には、モロッコの苦悩を救う方法はありません。責任能力のない宮廷は、忌まわしい悪政の根や枝をどうすることもできないのです(11)」。イザベラはモロッコに対する外国の介入を望んでいるわけではなかった（もっとも、英国を例外として）。しかし、一九〇一年の無政府状態は、一九〇四年のフランス、スペインによる侵入を招くことになったのである。

Ⅳ部　イザベラの人物像

13章　探検家を越えて

汕頭にて

十九世紀の英国では、それまで男性にのみ門戸を開いていた専門職のいくつかは、不屈の精神をもった女性たちの激しい抗議によって、その門戸を女性にも開きつつあった。しかし、女性が正当な職業につくことはまだまだ困難だった。イザベラは、何ら技能をもたない他の女性たちと同様に、あくまで一人の旅行愛好家にすぎなかった。しかし、たゆまぬ努力と堅い決意で専門家として名をなし、収入を得るようになったのである。

イザベラが生まれた一八三一年当時の英国議会は、民衆を代表した組織ではなく、地主階級の利益のみが反映され、ごく限られた男性だけに投票権が与えられていた。二度目の選挙法改正案が上院で否決され（二十一人の主教が反対票を投じた）、国中に社会不安が広がっていた。[1] 英国近代史の夜明けを告げる選挙改正法は、一八三二年六月に成立し、その後徐々に、一般大衆に力が移行したのである。

これらの改正運動では、しかし、法律や慣習によって著しく権利が制限されていた女性に参政権を与えることは、問題にされなかった。一八三八年から一八四八年に起こったチャーティスト運動[2]は、すべての成人男性に投票権を与えることを要求するなど、重要な課題を掲げて広く人々の関心を呼ぶところとなった。それからまもなく、女性にも参政権を与えるべきだ、と主張する勇敢な人々が現れた。一八六七年、イザベラが三十代の半ばころ、ジョン・スチュワート・ミル[3]は、当時、議会（下院）で論議されていた選挙権法案に修正案を提出した。その修正案は、「男」を「人」という表現に置き換え、特定の女性に参政権を与えることなどをうたっていたが、懐疑心と嘲笑の中で否決された。[4] その同じ年、イザベラの住んでいたエディンバラでは、スコットランド婦人参政権協会が結成された。一八八二年には、イングランドとスコットランドの既婚女性にそれまで認められていなかった財産の所有権が認められ、運動は一歩前進した。イザベラが他界した一九〇四年当時も、まだ女性に参政権はなかったが、機は十分に熟しており、もう笑い事ではすまされなくなっていた。女性に参政権が与えられたのは第一次世界大戦中のことである。

イザベラが生きたのはまさにこうした時代だった。海外に頻繁に足を向けたのも、一つには彼女の欲求不満の現れだった。当時、彼女が属していた社会の女性が異なる処遇をうけていたなら、彼女は、若いときに関心を示した化学の分野にそのまま身を置いていたかもしれない。現実には、彼女が置かれている社会的立場を考慮しながら、自分の人生を設計するほかはなかった。そして、彼女が意識していたか否かは別として、遠い外国を旅することによって、自己を確立し、通常は男性のみが享受する権威を獲得することができたのである。

イザベラはありきたりの女性の生活に不満を持ち、男性的な自由を求めて長い道程を歩んだ。しかし故国では社会の現実をそのまま受け入れ、社会を変革しようとはしなかった。社会は変革しない、その代わりに自分の自由を求めて、放浪の旅をした。女性たちが抑圧されている状況に決して無関心ではなかったが、自分自身はその状況を克服することができたのである。旅行家として、また旅行作家として、成功した要因はさまざまである。彼女の社会的立場、父親の寛大さ、経済的余裕、そして決断力と完璧とも言える処理能力などである。彼女には、矛盾するが互いに補い合う二つの人格がそなわっていた。彼女自身、若きころはそれらの性格をもてあましていたが、やがてみごとな花を咲かせていくのである。

イザベラは、偏見や不利益と戦う女性の苦境に対して、決して鈍感ではなかった。『エディンバラ旧市街に関する覚書』では、エディンバラにおける上水道の不備とともに、その結果生ずる「女性の苛酷なまでの負担」を糾弾している。(5)生涯を通じて彼女は、故国にいても、あるいは海外にいても、女性の不当な処遇には常に神経をとがらせていた。彼女の著作が当時の女性にとって（そして現代の我々にとっても）魅力的なのは、普通の女性の生活が、詳細に、かつ暖かい目で語られているからである。

一八八〇年の秋、イザベラの『日本奥地紀行』と、サー・エドワード・リードの『日本――その歴史、伝統、宗教（*Japan, Its History, Tradition and Religion*）』とがほぼ同時に出版された。「あなたは男性のライバルを徹底的にうち負かしましたね」と、ジョン・マレイは彼女の勝利を祝福している。サー・ハリー・パークスも次のように書いている。「あなたの見聞は広く受け入れられていますが、サー・エドワードの見聞はどこにも受け入れられていません！」そしてイザベラは次のように書いている。「女にできることは女にもする権利を与えよ、と主張し続けてきたことに密かな満足感を覚えています。二冊の本を同時に書評したものを読むと、どの書評も重点を置いているのは私の意見や調査であり、肩書きを多く持つ男性のものではありません」(6)。

イザベラがなしとげた旅に比べて危険や困難がはるかに少ない旅をしても、男性旅行家たちには栄誉や報奨が与えられたが、イザベラには何も与えられなかった。彼女はその点について一度ならずふれている。そのことからも、彼女が女性の不利な立場を強く意識していたことがわかる。

ロンドンにある英国地理学会の事務局長だったスコット・ケルティー宛てに、イザベラは次のような手紙を書いている。「私は最近、スコットランド地理学会で講演会を開きました。二千人の聴衆が集まり、大変なごやかな雰囲気の会になりました。同じ講演会をグラスゴーやダンディー、アバディーンでも開きました。人々が私のことを「高名な旅行家」と呼び続けるものですから、私もカーゾン氏やほかの方々のようにメダルをいただく資格があるように思えてきました」[7]。カーゾン卿[8]との比較はまとを得ていた。なぜなら、カーゾンとイザベラは、一八九〇年に中東を一緒に旅したのである。当時のカーゾンは大志を抱いた若き政治家だったが、今や中東における英露関係の権威だった。中東についても、しかし、イザベラもまた十分に詳しく知る一人だった。

英国地理学会の評議会は、これまでの慣習を破って二十一人の女性を特別会員に選出したが、その反響は大きく、一大騒動になった[9]。カーゾンはこの騒動にも登場する。イザベラは、ジョン・マレイの推薦によって特別会員に選出された。選ばれて彼女が喜んだのは、学会が持つ地図の作成設備を利用できることだった。しかし、女性が特別会員として選ばれたことを一般の会員が知るところとなると、大騒動が巻き起こった。

二十一人の女性特別会員を選んだことは、評議会の越権行為である、と抗議の声があがったのである。会議にはいつになく大勢の会員が集まり、短気な退役海軍将官が猛烈に抗議した[10]。続いてその抗議の支持演説をしたのがG・N・カーゾンだった。彼は次のように語った。「女性の解放は、男性にとって有害というよりも、むしろ女性にとって有害でしょう。……社交会用の部屋は、女性の社交会が盛んなために、足りなくなっています。……ともかく女性は、地理学会の講演会の聴衆になっていることで、すでに学会に影響を及ぼしているのです。……女性が会員になれば、地理学会の名声は損なわれることでしょう。……我々男性にとって、地理学会会員の肩書きは、海外で大いにものを言います。

女性には我々と同じことをしていただきたくありません」[11]。彼の演説には多くの賛同の声があり、投票結果は僅差となった。女性会員を増やすことに賛成百五十八票、反対百七十二票である。その後数年間は、それ以上の女性会員は選出されなかった。

しかしカーゾンが、「特別会員となったビショップ夫人（イザベラ）の偉大な業績」を讃え、「真に有能で優れた女性の入会」に反対するものではない、と言ったこともつけ加えておこう。

一八九三年五月二十七日、英国地理学会からの文書を読んだイザベラは、次のように書いている。「入会のことなど考えてもいませんでしたので、この問題に立ち入ろうとは思いません。特別会員といっても、それは栄誉でもなければ、仕事を認めてくれた、というものでもありません。大騒ぎするほどのことはないのです。さらに、提案されたものは、卑劣なほどに女性を不当に扱っています」。すでに選ばれた二十一人の女性特別会員のほかに女性を選出することが否決された七月、イザベラは憤慨して書いている。「地理学会の反動的動きには、とても驚きました。しかし、女性を入会させて会員の中にいまいましい差別を生み出すよりは、完全に入会を拒否されたほうがまだ良いのかも知れません。しかし、問題はこのままでは収まらないでしょう。もっとも特別会員になることは、単に金銭の問題であり、業績の認知ではありません。たいしたことではありません」[12]。

この問題に対する表面的な態度とは裏腹に、イザベラは、英国地理学会の特別会員に選ばれたこと、さらにはスコットランド地理学会の初めての女性特別会員に選ばれたことを心密かに喜んでいた。エディンバラにある彼女の墓標には、会員の肩書きが誇らしげに刻まれている。

イザベラの自己矛盾とも思える感情は、特別会員に選ばれた喜びを親友に語った手紙にもうかがえる。「誰の援助もうけずに、女性の繊細さを失うことなく、作家として、旅行家として自ら自分の地位を築いたことを心から誇りに思っています[13]」。

一九〇二年四月十日、マーシャル・ロング博士が主催した会議の一環で、イザベラは王立ハロウエイ・カレッジで講演した。「女性の地位について」という演題だった。講演を聴いた女子学生たちは、全員が感謝の寄せ書きをしてイザベラに贈った。翌年の七月には、ベアリング・グールドが座長を務めた会で、八十人の帰国女性宣教師のために講演した。彼女の晩年を物語るこれらの講演記録は、残念ながら一つも残されていない。

ヴィクトリア朝の英国で、家庭の外で立派な仕事をなしとげたイザベラには、さまざまな天賦の才があった。鋭い観察力、情報収集力、写実的な表現力、勇敢さ、大胆さ等々。彼女が立派にやりこなせた仕事は、きっと多くあったにちがいない。実際、彼女の関心は広範囲にわたっていた。人類学、植物学、歴史、政治（特に旅した国々の権力抗争）、さらに、著作活動、写真術、医学である。

イザベラは常に、まだ「文明」の波に洗われていない人々に強い関心を抱いていた。そして時が経るにつれて、人類学者としての力量を身につけ、その土地の人々とともに生活した。一八七八年には北海道の先住民アイヌと生活し、一八九〇年にはペルシャのバフティアーリー地方を旅して先住民の風俗・習慣を学んだ。さらに一八九六年には中国の西方奥地に入り、チベットとの国境近くに住む人々を調査している。一八九四年一月から一八九七年三月にかけての四回の朝鮮訪問では、何世紀も変わらぬ生活を続けている農民たちに接した。彼らの生活様式は、日本の侵攻でまもなく消えてしまう運命にあった。

アイヌ民族は、[14]北海道およびさらに北方のサハリンに住んでいた。彼らは、背が高く、頑丈で、毛深く、生活の糧を与えてくれる陸と海とを崇拝していた。陸では熊を狩り、海からは魚を得た。それらは彼らが必要とするすべてだった。イザベラが同じ小屋に寝起きしている間、彼らは寛大で、暖かくもてなした。もっとも、アイヌの生活を脅かす日本政府と関係のあった彼女に対し、敵意を持つものもいた。彼女のアイヌに関する調査は、後に専門家の間で高く評価されることになった。

一八九〇年のバフティアーリー地方の調査では、キラ・バズフトに住む人々が半遊牧的な生活を送っていることがわかった。彼らは羊とともに移住すると同時に、耕作もしていた。彼らの耕作の模様は、イザベラ式スタイルで詳細に描かれている。「彼らが耕作に使う鋤は、先に少しだけ金属をつけた小さなもので、長いまっすぐな畦溝をまず作り、次に斜めに交差する畦溝を作ります。土地に肥料は施しませんが、長い休耕期間を設けます。……収穫の際には、五インチから六インチほど株を残して刈取ります。牛のいないところや傾斜した耕地では、踏み鍬を使う労苦の多い作業になります。こちらの踏み鍬は、私たちが使っているものよりずっと長く、両側の上の方が三インチほど反り返っています。踏み鍬は二人で操作します。一人が両手と片足を使い、もう一人が鍬に結びつけたロープをぐっと引くと鍬がもち上がるようになっています。高地では、小麦や大麦だけですが、低地では、米、綿花、メロン、きゅうりなどを栽培し、アヘンも輸出用に栽培しています。秋に土地を耕して種をまき、次の夏に戻ってきて収穫します[15]」。

中国西方の人々の描写には、イザベラは気を使っている。ここでは、同行者の評価も尊重し、彼女も一つの意見を述べる、という姿勢をとった。たとえば、「少なくとも四人の意見が一致」という表現を用いている。[16]この地方の人々は四つの種族からなり、合計二万人ほどで、長の統制のもとに暮らしていた。長は絶対権力を持ち、生死にかかわる問題だけでなく、税制も統括していた。収穫の三十％を税とし、それを中国政府に納める年貢にあてたのである。この半ば自治的な種族は、西の国境の護衛として中国政府にとっては重要な存在だった。

彼らは仏教徒であり、あちこちにその証を見ることができた。岩壁には仏像が彫られ、どの家庭でも、息子の一人はラマ（僧侶）になることを願った。家々の前では、山から吹いてくる風にあわせて摩尼《マニ》車《グルマ》（回転礼拝器）が軽快に回っていた。特にイザベラが感銘を受けたのは、女性が「男性と全く平等」で自由であることだった。[17]財産の所有権もあり、いかなる職業につくことも自由だった。ラバ使いをはじめ、驚くべきことには、長になることさえ女性であることは妨げにならなかった。

一八九五年十一月、イザベラは朝鮮で一日に三回葬式を見ることができた。[18]葬式には彼女はいつも興味を抱いた。このときの同行者は朝鮮人だったため、埋葬の風習など、さまざまなことを学ぶことができた。人類学的見地から、この種の儀式を記録しておくことはきわめて重要だと彼女は考えた。日本が侵攻してくれば、必ずや消滅してしまう風習だからだ。

今日の人類学から見れば、イザベラの調査は驚くに値するものではないだろう。しかし、当時はきわめて先駆的だった。一八六九年に創刊された科学研究雑誌『ネイチャー』には、しばしば彼女の著作の書評がのった。[19]一八七五年、『サンドイッチ諸島での半年（*Six Months in the Sandwich Islands*）』が出版されると、この雑誌では特に火山活動や先住民の消滅に力点が置かれた。書評家は次のように書いている。「サンドイッチ諸島やその人々の現状を生き生きと、余すところなく語った本をお望みの方に、私たちはこのすばらしい本を推薦致します[20]」。一八八一年の『ネイチャー』には、次のように記されている。「アイヌ民族についての記録は、とりわけ民族学者に興味深いものとなるでしょう[21]」。

イザベラは、旅に出るといつも熱心な植物学者になった。彼女は、一つ一つの植物が経済性を持つものか（お金になるものか）、否かを記録した。一八七三年、ハワイのヒロでは、彼女は目にしたもの、経験したことすべてに興奮し、妹に次のような手紙を送っている。「この豊かな緑の光景をあなたにどう伝えたら良いのかわかりません。すべてが輝くばかりに生い茂り、自由に伸びた蔓や羊歯が目障りなものすべてを包み隠してしまいます。ユリ、バラ、フクシャ、クレマチス、ベゴニア、アサガオ、ヒルガオ、巨大なトケイソウ、紫や黄色のウォーター・メロン、食用のパッション・フルーツ、ギュウシンリ、フトモモ、マンゴー、グァヴァ、タケ、バンレイシ、オレンジ、タマリンド、パパイヤ、バナナ、パンの木、モクレン、ジェラニウム、オハイアス、カマニ、カロ、ノニ、その他まだ名前を知らないたくさんの木や花があります。パイナップルやメロンの畑、子供たちがおやつに吸って楽しむサトウキビ、そしてサツマイモの畑もあります[22]」。

彼女は、ハワイの植物の豪華さに比べて、故国の植物の種類が貧弱であることを意識せずにはいられなかった。エディンバラ植物園の温室について次のように記している。「タコの木は全く劣悪な模倣としか言い様がなく、枝は長くからまり、葉は病んで弱々しい。同じ温室にあるバナナも、この世のバナナの中で最も貧弱なものです。温度と湿度、さらには熱帯の陽光が必要です。ナツメヤシやサトウヤシはかなり良い状態です。ココナッツヤシはまるで、「島流しにあったヤシ」といった様子です[23]」。

朝鮮では、日常生活に重要な麻の栽培に注目している。麻は、「喪に服している人々の衣服や、袋、ロープなどに用いられています。川沿いを歩いていたときに麻を紡ぐ様子を何度か見物することができました。きわめて原始的で粗雑で奇妙な方法なのですが、効果的でもあります。簡単な炉で熱した大きな石のくぼみに麻束を置き、棒で激しくたたき、その上に土をかぶせ、さらに徹底的にたたきます。それからすぐに水をかけます。じゅっと水蒸気があがります。そのまま置くと、二十四時間後には麻の繊維が分解して、紡ぎやすくなるのです(24)」。

一八九二年には、その後の人生に大きな喜びをもたらした写真に興味を持ちはじめ、技術を身につけることに熱中した。一八九七年、ソウルからの手紙にはこう書かれている。「今までに写真ほど私を夢中にさせたものはありません。好きなことにだけ時間を使って良いのなら、私はすべてを写真に費やすでしょう(25)」。優れたアマチュアになるべく、イザベラは、リージェント・ストリート工芸学校のハワード・ファーマーのクラスに出席して教えをうけた。その後もロンドンに出るたびに必ずファーマーに会い、さらに腕を磨いている。

イザベラは以前から自分でスケッチすることに興味を持っていた。四川地方の成都からは次のように書いている。「お金のかからないスケッチは、旅行記には欠かせません。私が撮った写真を旅行記に使うつもりはありません(26)」。しかし、旅行荷物はカメラやその付属品で十六パウンドも重量が増えた。当時は、小さなフィルムを持ち歩き、故国に帰ってプロに現像してもらえばすむような時代ではなかった。イザベラ自身が技術者だった。一八九六年一月の揚子江旅行記は、彼女のあっぱれな腕前を楽しげに披露している。「ハイポ（現像定着薬）を洗い流す一番良い方法は、船べりから身をのり出して揚子江でネガを洗う方法です。揚子江の流れは停泊地でも十分に速いのです。（持参してきた濾過器を使って）濾過した水が最後の仕上げをします。……ただ、川でネガを洗えるのは、船引き人夫が岸に上がっているときか、船尾でアヘンを吸っているときに限られます。焼き付けはとてもむずかしく、焼き付けフレームを船端にかけることで、どうにか間に合わせました。こうして写真が上手に出来上がったときの喜びはとても大きく、また失敗したとしても不面目ではありません[27]」。

さらにイザベラは満足そうに書いている。「暗室も流しも水もテーブルもなく、なしですませる優越感を味わっています。夜の暗闇が暗室であり、偉大な揚子江が水であり、箱がテーブルの代わりをしてくれます。そのほかのものはなくてもすむのです[28]」。一九〇一年にはマラケシュのスルタンに拝謁しているが、そのとき彼が持っていた何台かのカメラを見て彼女はどう思っただろうか。アンナ・ストッダートは次のように報告している。「チェアリング・クロスのアダムズに作らせた二台のカメラがスルタンのもとに届いたばかりだった。そのうち一台は十八金製で価格は二千ギニー、もう一台は純銀製で九百ポンドだった[29]」。

イザベラはまた、夫を亡くしたすぐあと、ロンドンのセント・メアリー病院で医学と看護法を学んでいる。医師の残された妻として最善の行為と考えたのだろう。彼女は、亡き夫や妹を記念した伝道病院を設立し、そこで自ら看護婦として働くつもりでいた。しかし病院は設立されたものの、彼女がそこで働くことはなかった。海外へ旅するときは、常に薬品箱を携えていたが、行く先々で彼女のまわりには病人が押し寄せた。一八九〇年に旅したペルシャでは、バロウズ&ウェルカム社の立派な薬品箱を持っていた（薬品会社からの贈物である）。バフティアーリー地方では、彼女が「医者」であるという噂が広まり、ある日、族長の息子を「診察」することになった。息子は、「ひどい肺炎にかかっていたので、からしの湿布をして、ドーブル散を与えました[30]。しかし、診療するたびに心は痛んだ。乏しい貯えの薬品を使っても病気を悪化させてしまうかもしれない、さらに、救いを求めてくる病人たちすべてを診てやることはできなかったのだ。診療は、彼女が心ならずも手をそめた仕事だった。

イザベラはもし現代の世にあったなら、戦争や飢饉にみまわれた国々から故国にニュースを送る海外特派員になっただろうか。彼女は、危険と対峙することが自分の健康維持に必要であることに気づく以前から、海外に出たときは常にプロ意識を持って行動した。一八七二年にオーストラリアで絶望的な二ヵ月を過ごし、オーストラリアを「ぞっとする大陸」と称しているにもかかわらず、一八七七年に『レジャー・アワー』に発表した九つの論文のタイトルは、「幸福のオーストラリア[31]」だった。論文には、ヴィクトリアでの生活がさまざまな角度から生き生きと描かれており、彼女を悩ませた蠅や暑さやほこりについても正直に記されている。

イザベラが正式に特派員として「海外」に渡ったことが一度だけある。一八八七年、アイルランドに行き、その現状報告を『マレイズ・マガジン』に書くようにジョン・マレイから依頼されたときだ。前年に夫を亡くしたイザベラを元気づける意図がマレイにはあった。彼女がアイルランドから書いた手紙を読むと、彼の意図は成功したと思われる。「持久力がまだ私に残っていることを知って驚いています[32]」。

アイルランド問題は当時深刻さを増していた[33]。「アイルランドの無冠の王」と呼ばれていた指導者、チャールズ・スチュワート・パーネルがW・E・グラッドストーン首相の支持表明をしたからである。グラッドストーンは、長引くアイルランド問題を終結させるべく、アイルランド自治法案を提出したが、多くの支持にもかかわらず、一八八六年にこの法案は否決された。パーネルはまた、アイルランド小作人組合の過激な活動にも関与していることが明らかになっていた。マレイがイザベラにアイルランド行きを依頼したのは、このころである。

一八八七年のクリスマス・イヴ、雪が激しく降る中をイザベラはウェクスフォード駅に降りたった[34]。土地の人によれば、これでも比較的暖かい日だという。彼女はただちにアイルランド問題に取り組んだ。カトリック側に立つか、少数派プロテスタント側に立つかで、彼女の行動は左右された。ある日、翌日の移動のために車を借りようとしたが、車は手に入らないと断られた。断った男に持っていた手紙を示すと、「この人なら我々が尊敬している人です。さっそく車の手配をしましょう」ということになったのである[35]。政治犯として収監されている人々について、彼女は次のように書いた。「政治的理由で囚われの身になっている人ほど、アイルランド人の胸をうつことはありません」。

パーネルが絶大な尊敬を集めていることもわかった。アークロウでは「彼は聖なる母のように愛されている」と言う人もいた。パーネルが一八八〇年九月にエニスでおこなった演説を彼女は引用している。ある人が強制的立退きにあって農地を離れたが、その農地を引き継いだ男がいる。その男に対してどういう態度をとるべきか、パーネルは次のように語った。「道で会ったら彼に告げなさい。町でも、店の中でも、市場でも、教会の中だってかまいません。あなたがたが彼の犯した罪をどれほど憎んでいるか告げて、彼を村八分にするのです[36]」。

一八八八年に絶頂期にあったパーネルも、その三年後には失墜した。不倫の罪で相手の女性の夫から訴えられたのである。一八九一年六月、彼はその女性と晴れて結婚することになったが、同年十月、四十五歳で他界した。

イザベラは報告書の最後に次のように記している。「私見をまじえず客観的な事実のみを報告する、という約束は守れたと思います。しかしこのことだけは、つけ加えさせてください。土地法案だけでは、たとえそれが進歩的な内容であっても、問題は解決しないということです。今アイルランドの農民たちは、多額の負債を抱えて窮地に陥っています。必要な法案を作って、不当な小作料の負債を解決しなければ、農民たちを苦しみから救うことはできないでしょう[37]」。

それからしばらくたった一八九五年十月、朝鮮北部を旅していたイザベラは、平壌での戦闘の模様を生き生きと描いている。日本軍が中国軍を駆逐した戦いである。彼女は実際に戦いを見たわけではない。しかし彼女の眼前にあるかつての戦場には、「まわりでは今年も作物が新しい実を結んでいるというのに、人の頭蓋骨や肋骨のついた背骨、骨盤のついた背骨、腕、手、帽子、ベルト、刀剣の鞘などがあちこちに散乱しているのです[38]」。

政治的に微妙な状態にあった国々、特に中東や極東の各地を馬や徒歩で長期間旅したイザベラは、それらの地域の専門家とみなされるようになった。一八九〇年のペルシャからクルディスタン、トルキスタンを経てトルコへ至る旅は、この地域が戦略的に重要で、しかもほとんど知られていない地域だっただけに、彼女に大きな功績をもたらした。彼女は、トルコに住むキリスト教徒が迫害されている状況に胸を痛め、一八九一年の五月と六月にかけて、「クルド人の影」という題で、二本の論文を『コンテンポラリー・レビュー』に発表した[39]。キリスト教徒の迫害問題には常に大きな関心を抱いていた

W・E・グラッドストーンがその論文に興味を持ち、イザベラと会談することを望んだ。ジョン・マレイが会談のための夕食を準備し、そこでグラッドストーンはイザベラに、ネストリウス教徒やアルメニア人に対するクルド人の暴虐の実態を尋ねた。偉大なる人物を前にしても彼女は臆する事なく三十分にわたって講義し、質問を返したりもした。

このことが契機になり、イザベラは一八九一年六月十八日、下院の委員会室でクルディスタンの状況についての質問に答えることになった。委員会室には、両院の議員ならびにその妻たちが集まっていた。百年後の今日では信じがたいことだが、女性がこのような席で専門家として発言することは、当時はきわめて異例なことだった。午後五時から六時半まで、彼女は大勢の聴衆を魅了し、「その声はやさしく、態度には威厳があり、発言は謙虚で明快」だった。(40) 一八九一年八月二十六日のザ・タイムズ紙には、イザベラがバフティアーリーの人々について書いた記事が掲載された。その前日には、カーディフでの英国協会の会合で講演している(地理部門、セクションE)。彼女のテーマは、「カールーン川上流地域とバフティアーリー」だった。

講演者としてもイザベラはみごとな経歴を持っている。めずらしい女性の講演者としてはじめは単に好奇のまとだったが、しだいに、経験を積んだ旅行家として人気を呼んだ。会場はどこも満員になり、聴衆が彼女の話に失望することはなかった。

イザベラが最も熱心に取り組んだ仕事は、読んでいて楽しい旅行記を出版することだった。本を出版するたびに、各種の雑誌にそれを補う形で旅行記を載せたため、読者層は広範囲にわたった。少女時代に『ブラックウッズ』をはじめいくつかの雑誌に投稿して拒否された彼女は、今や、どこでも喜んで掲載してくれる作家になっていた。『レジャー・アワー』では定期的な寄稿者になり、一八八七年に創刊された『マレイズ・マガジン』にも、購読者を増やすためにしばしば投稿して、マレイに協力した。

彼女の本を出版したジョン・マレイは、イザベラをプロとして扱い、彼女が自分のやり方で仕事をするように激励した。彼はイザベラの生き生きとした表現のしかたが好きだった。女性にも良く売れる本を書く可能性があることを認め、女性に活躍の場を提供した、当時の出版界ではめずらしい存在だった。

イザベラの本は成功する、というマレイの直感は当たった。彼はどういう人が成功するか良く知っていたのだろう。一八八〇年の秋に『日本奥地紀行』を出版すると、ただちに批評家から喝采を浴びたが、好評に驚いたイザベラは次のように書いている。「『クォータリー』をはじめ、四十七もの雑誌が絶賛していますꟷ」。マレイも、期待以上の成り行きに驚き、彼女に次のように書き送っている。「長い間出版に携わってきましたが、これほどまでの称賛を得たことははじめてです。あなたを讃える声でどれほどここが大騒ぎになっているか、お伝えしようもありません。このような旅行記で一ヵ月の間に第三版が出るとは、いままでなかったことです(41)」。

一八九二年にジョン・マレイ三世が亡くなったとき、イザベラは彼の家族に宛てて次のような手紙を書いている。「あなたのお父様は、やさしく、思いやりがあり、人々に喜びを与えていらっしゃいました。それはお父様にとっては全く自然なことなのでした。そういうお父様をみんなが愛していました。……アルバマール通りのお父様のまわりには、お父様の温情と聡明さに引かれて多くの人々が集い、そこではお父様の上手な計らいで、互いに知らぬ人同士も旧知の間柄になるのでした。お父様のまわりは、「ロンドンで一番魅力的な場所」と、グラッドストーン氏が語っていました……」[42]。

ジョン・マレイは、政治的、宗教的には温和主義者であり、彼の対象とする中産階級の好みを熟知していた。旅行、探検、発見などの読み物が良く売れることは、彼にとっては望むところだった。そしてイザベラの中に、旅行・冒険作家としての豊かな才能を見いだしたのである。イザベラは、その後、父のあとを継いだジョン・マレイ四世（一八五一～一九二八）とともに仕事をすることになる。

著者と出版者との間の利益の配分は、著者が多くを得た。利益の三分の二をイザベラがとり、残りがマレイのものになった[43]。これによって、一八八〇年から一九〇四年にかけて、多少の変動はあったものの、彼女は安定した収入を得ることができた。一九〇四年十月にイザベラが亡くなったときには、すべての版権は「無税で、ジョン・マレイ四世個人に」遺贈された[44]。

イザベラはビジネスの才にも長け、自分の経済状態に細心の注意を払った。一八八九年一月十日、彼女はインド旅行に先立ち、英国での経済問題を処理する代理人として、最高裁弁護士ダンカン・F・ダラスを選んだ[45]。英国内のすべての経済処理をダラスにまかせ、さらに、自分の死亡時の財産処理をも委任している。ダラスが、インド旅行後に出かけた旅の際にも代理人を務めたか否かは明らかではないが、彼はその後もイザベラの良き相談役を務め、彼女の遺言執行人の一人になっている。ちなみに、アンナ・ストッダートが『イザベラ・バードの生涯』を執筆中、ダラスは原稿を読ませてくれるように、二度にわたってストッダートに依頼の手紙を書いている。驚いたストッダートは、「原稿であれ、校正刷りであれ」、出版前には絶対に見せないようにマレイに書き、「もしダラス氏が原稿を読むのなら、

四人の遺言執行人全員に読んでいただかなければなりません。そうなったら最悪です」と、つけ加えている。(46)

一九〇四年にイザベラが他界したとき、遺産は三万三千ポンド余りにのぼった。(47)税金は千五百ポンドだった。彼女が作家としていかに成功したか、いかに自分の財産を倹約して使っていたかを物語る金額である。三万三千ポンドのうち、千五百ポンドは母の、六千五百ポンドは妹の、そして四千五百ポンドは夫の遺産だったが、(48)その他はイザベラ自身の仕事で得たものである。マレイからの収入のほかに、新聞や雑誌などに寄稿して得た収入もあった。旅行愛好家として出発したイザベラは、亡くなったときには立派な探検家になっていたのである。

14章　宣教師？

揚子江にて

イザベラは、当時世界中で盛んにおこなわれていたキリスト教伝道活動に対しては、あいまいな態度をとっていた。確信が持てなかった理由はいくつかあったが、その一つは、彼女が幼かったころ、バーミンガムで伝道に熱心な父が安息日厳守を強く訴えたために襲われたことである。(1)そしてもう一つは、自分自身の信仰心が不確かになってきたことだった。(2)イザベラの父は英国国教会で不遇の日々を送り、スコットランド長老派教会に共鳴していた。彼女にはその影響が色濃く現れている。各地を旅行するうちに、生活基盤や価値観の異なる人々に対して、干渉したり判断を押しつけたりするのは誤りであることを彼女は実感するようになっていた。

ポリネシアの島々でも、日本でも、中国北部でも、マレー半島でも、セイロン、インド北部、カシミール、西チベット、中央アジア、ペルシャ、アラビア、小アジアの各地でも、イザベラの旅行が成功したのは、現地の人々に対して自分の判断を押しつけることなく、中立的な態度でのぞみ、純粋に彼らの生活に興味を持ち、彼らの習慣を尊重したからだった。彼女は、改宗を説く宣教師として旅したのではなく、むしろ学ぶことをめざす人類学者として旅をした。彼女の忍耐強さが優れた観察力を支えた。「私の目的は、土地の人々とともに生活することでした。……彼らの家やテントで何泊もしました」。(3)繊細な彼女は、キリスト教の侵略を恐れた。人々を救うという強い信念に基づいているとはいえ、宣教師たちは必ずや、その土地の人々の社会を破壊するという副産物をもたらしたからである。宣教師たちは、間接的に政治的役割を果たしていることに気づいていなかった。そのことがなんらかの事態を引き起こすのではないかとイザベラは危惧していた。

晩年の彼女は、しかし、亡き父母、妹、夫に代わって伝道活動に関与した。だがそのころでさえ、この高名な女性は、伝道活動支援の講演会で、伝道に対する率直な批判もし、自らあいまいさを示した。

一八九〇年にアルメニアを旅したイザベラは、自分を厚くもてなしてくれたネストリウス派教徒に強く心を動かされた。彼らは、イスラム教が支配する地域に長い間住み、圧政に苦しんでいた。地下の住居で彼女は大勢のネストリウス派牧師に囲まれ、キリスト教について教えてくれる人を派遣して欲しいと懇願された。答えをためらっていると、「英国は金持ちではありませんか」と、誰かがそっと言った。ネストリウス派教徒は、キリスト教宣教師が伝道の対象にしている「異教徒」ではなかった。何世紀にもわたって圧政に苦しみながらもその信念を曲げぬこれらの人々に、彼女は深い感動を覚えた。彼女には、彼らの忠誠心こそ神の御業のように思えた。[4]

イザベラが海外での伝道に意義を見いだすこともあった。その理由の第一は、イスラム社会での女性の悲惨な状態に胸を痛めたことである。キリスト教の布教は彼女たちの状態を改善させる力になるだろうとイザベラは思った。第二は、イザベラが旅してまわった各地では医療設備がないばかりか、基本的な衛生観念さえも欠けていたことである。行く先々で、彼女は救いを求める病人に囲まれ、乏しい医薬品を使わざるを得なかった。このため彼女は、しだいに医療伝道を支援するようになっていったのである。

イザベラの夫ジョン・ビショップは、一八四一年に結成されたエディンバラ医療伝道会の熱心な支持者だった。この会は、エディンバラ市の貧しい人々のために医療活動をおこなうと同時に、キリスト教の伝道をかねていた。会のメンバーは、ほとんどが布教を目的に医師や看護婦としての訓練をうけた若き男女だった。ジョン自身もパートタイムで活動に参加した。[5]一八七三年にデヴィッド・リヴィングストンがアフリカで亡くなり、エディンバラにリヴィングストン記念医療伝道大学を設立することが計画されると、バード姉妹は、ジョン・ビショップの指示のもとに設立のための募金活動に参加し、一八七七年十二月には大々的なバザーを催した。

貴族を後ろ楯にしたバザーは、この時期、中産階級を刺激するには最も効果的な手段だった。このバザーでは、ヴィクトリア女王の子供の一人、ルイーズ王女をはじめ、四十三名の著名なスコットランド人の賛助を得ることができた。一八七七年十二月十三、十四、十五日の三日間にわたったバザーは、ちょうどクリスマスの買物時期と重なり、大成功だった。ヘンリエッタが発行した『バザー・ガゼット』は好評を博し、毎日午後三時に発売された。イザベラは『バザー・ガイド』を書いて二千部を売ると同時に、レイディ・パトンを助けて絵を売り、売上げは六百三十ポンドにのぼった。サー・ノエル・パトンは自分の描いた絵を姉妹に贈っている。イザベラは次のように書いている。「バザーはすばらしい成功を収めました。私が今までに参加した中で最も楽しい活動でした」[6]。

しかし、医療伝道それ自体は、本来の意図からそれたものだった。布教は、医療やその他いっさいの甘言を抜きに、純粋にキリストの教えを普及するものでなければならなかった。キリストは、「世界中の生きとし生けるものに、教えを広めよ」と語ってはいるが、医療をおこない、衛生観念を教えよ、とはどこにもうたっていない。しかし、確かに医療活動は宣教師にとっては強い味方であり、彼らがほかにどのような形で努力するよりも、最も容易に人々に受け入れられる活動だった。

イザベラはインドに夫と妹の記念病院を設立したが、英国支配のもとにあったインドでは、布教は比較的スムーズに運んでいた。彼女は一八八九年二月九日に英国を出発し、同年三月二十一日にカラチに到着した。そこから北に進み、炎天下を現地の病院や伝道病院を見学してまわった。シアルコットでワイト医師の病院と医局を見学した後、ラワルピンディ、カシミールへと向かった(7)。スリナガーでは、アーサー・ネヴ医師やアーネスト・ネヴ医師、さらにノウルズ氏などの暖かいもてなしをうけた。

カシミールは、気温は高かったがしのぎやすく、夫の記念病院にふさわしい土地を探し求めた。アーサー・ネヴが案内役を務めた。彼はイザベラがみごとに土地の民族服を着こなしているのを見て感心している。彼の記録によれば、彼女はペルシャ風の衣装をつけて馬にまたがった。暗い色のスカート、茶色の上着、青いヴェールをつけていたために、混雑した市場でも郊外でも、何ら反感を持たれることはなかった。

ある地区の首長が公の機関にはかり、イザベラに土地を贈与してくれることになった。イスラマバード郊外の、病院には理想的な場所だった。彼女はパレスチナで失望を味わっていただけに、事がこんなにスムーズに運んだことを喜んだ。彼女は胸はずませて書いている。「その土地はすばらしい環境に恵まれ、美しい水路のそばにあり、大木が三本も生い茂っています。二百四十フィート×二百七十三フィートの広さです。そこには、外来患者病棟、待合室、相談室、手術室、医局、合計三十二ベッドの入院病棟、さらに患者の見舞い客や看護のための宿泊所を建設するつもりです(8)」。

ジョン・ビショップ記念病院の建設がただちに始まった。全体の指揮はアーサー・ネヴが熱心にとり、次のように記している。「すべての建物はこの地域から切り出した上質の石灰岩で建てられ、レンガはこの場で作られる。レンガ焼きの炉や石灰焼きの炉はただちにフル回転となる(9)」。夏季は川の水位が低く、材木を川に浮かべて運ぶことができないことも記している。病院は、完成後まもなく周囲の川の氾濫のために崩壊してしまったが、のちに同じ場所に再建された。この病院は、当初は英国国教会ゼナナ伝道会が、後には北インド教会がそれぞれ管理運営し、ジョン・ビショップを記念してはいたが、常に女性と子供のための病院だった。

イザベラは建設現場についている必要がなかったため、すぐにチベット旅行に出かけることにした（9章参照）。彼女はシムラでソウヤーに出会い、ともにペルシャに向かうことになった。予定外の旅が入り、このとき、まだヘンリエッタ記念病院の敷地が見つかっていなかったため、急遽バイアスにある使われていないホテルを買い取り、病院として改装することにした[10]。ペルシャへの出発をまじかに控えた彼女は、マーティン・クラーク医師に改装・改修費用を託すことにした。クラークは熱心な医療伝道者で、イザベラは彼の活動を高く評価していた。

イザベラの医療伝道とのかかわりは、一八八九年にインドに二つの病院を建設したことによって終止符がうたれるはずだった。しかし彼女は、一八九〇年代に入っても、中国、朝鮮、日本の各地で、資金援助を続けたのである。

シャーウッド・エディーが明言しているように、十九世紀後半の中国は、「当時のキリスト教宣教師にとって究極の目的地であり、偉大な魅力を持つ土地」[11]だった。列強の圧力に屈してさらに開港場を広げた中国は、キリスト教宣教師を受け入れ、外国人が内陸の都市に住むことを認め、外国船が揚子江を定期的に通うことを許可した。これらはすべて貿易促進を目的とする条約の中に含まれていた。宣教師は、自分たちの背後には列強が控えていることを励みとし、積極的に布教活動を進めることができた。

しかし、一八四〇年代に始まった中国での布教は、当初の楽観的な予測とは異なり、まるで不動の石に向かって教えを説いているようなむなしい活動になった。中国人にとって宣教師は帝国主義の手先であり、自分の国や価値観を覆そうとしている憎むべき相手だった。官吏の出身階層である知識層は、高い位につき高額の収入を得ていたが、それは一つには彼らが儒教について深い造詣があったからであり、それ故決してキリスト教に改宗することはなかった。従って、布教の対象はより貧しき人々にしぼられた。これらの人々には飢えをはじめ、新しい宗教を求める理由がさまざまにあった。こうした理由で改宗した人々は、「ライス（米）・クリスチャン」と呼ばれた。

宣教師に対する風当たりは強く、彼らの献身のほどが試された。だが、彼らの熱意は多少のことでは冷めることはなかった。ある宣教師が回想している。「私たちは地方の小さな町でも、あるいは大都市でも、所かまわず襲撃にあいました。いつも泥や石や陶器の破片などを投げつけられていましたので、そうされないと何か妙な気分になったものです。……私たちは祝福の涙に胸を熱くして家を出るのですが、家に帰って来たときは、頭のてっぺんから足の先まで、体中に呪いや非難の言葉が貼りついていました」(12)。イザベラは、一八九六年の四ヵ月を揚子江近辺で過ごした。それに先立つ一八九五年には、汕頭《スワトウ》、厦門、福州、杭州、上海など、沿岸の町を訪れている。いずれの旅も最大の目的は伝道だった。宣教師たちは、どこでもイザベラを暖かく迎え入れてくれた。

イザベラ自身もしばしば襲撃にあっている。ある小さな町では、宿泊することを拒否されたために、条約に定められた権利を主張するほかはなかった(13)。しかし、ようやく泊まることができた宿でも、土地の人々が彼女の部屋のドアを壊して押しよせ、口々に、「外国の悪魔！　子供さらい！　競馬好き！」などと叫ぶのだった。やがて役人がやって来て群衆を追い払った。中国の奥地に住む宣教師たちは、毎日このような攻撃を受けていた。

極東では、多くの伝道会派が独自の形で布教に取り組んでいたが、イザベラはこうしたことについてもくわしく知るようになった。日本では、ビカーステス主教がキリスト教三派を「日本聖公会」という一つの会にまとめようと努力していたが、彼自身は英国国教会の伝統を受け継いでいた。朝鮮のコルフ主教は英国カトリック派だった。また、中国内陸伝道会のカッセルズ主教は、中国西部で最初の英国国教会主教に任ぜられたところだった。医療伝道に理解のあったイザベラは、すべての会派に援助を惜しまなかった。

イザベラは、中国四川地方で苦難に立ち向かっている中国内陸伝道会に、とりわけ深い感銘をうけた。彼女が保寧の町に近づくと、向こうから「二人の中国人紳士」がやってきた。その二人とは、カッセルズ主教とウィリアムズ牧師で、彼女を出迎えにきてくれたのだった。宣教師たちが中国服を身につけ、中国人になりきろうとしている姿に彼女はうたれた。しかし気がかりなこともあった。それは女性の置かれた立場だった。「伝道に参加している女性たちは、きわめて厳しい生活を強いられています。悪感情を持たれることを極力避けているため、なみなみならぬ努力を払って中国の習慣に従っています。外出するときは、年輩の中国人女性と行動を共にするか、あるいは覆いのついた椅子に乗ります(14)」。

中国内陸伝道会は、ジェイムズ・ハドスン・テイラーによって創立され、五つの基本理念を持ち、当時は改良主義に立っていた。神学的観点から見れば保守的だったが、宗派を問わぬ団体であり、ほとんど教育を受けていない下層階級出身の人でも布教に参加することができた。その主目的はキリストの教えを広めることだった。教育や医療活動もおこなったが、決して主目的を忘れることはなかった。[15] 彼らの究極の目標は、中国に住み、中国服を身につけ、可能な限り中国人になりきることだった。[16]

テイラーは、一八九四年にデトロイトで、ボランティアの学生たちを前に力強く訴えた。「短時間に福音を説かねばなりません。なぜなら人々は流れ過ぎて行くからです。来る日も来る日も、人々はただ流れ過ぎて行きます。……中国では、ナイアガラの滝の流れのように数多の魂が暗黒に向かって流れ過ぎていきます。毎日、毎週、毎月、流れ過ぎて行きます！　ひと月に百万もの魂が神を知ることなく、暗黒に消えていくのです」[17]。中国の何百万もの人々をキリスト教に改宗することは宣教師には荷が重すぎる、と感じる人々もいた。しかし、伝道を志す若者にとって、テイラーの言葉は確かに、たえず使命感をふるいおこさせるメッセージになった。

一八九六年、イザベラは、中国にヘンリエッタ・バード記念病院を設立するため、百ポンドを保寧の医療伝道会に寄贈した。彼女はジョン・マレイ宛てに次のような手紙を書いている。「医療伝道はキリスト教布教のために最も効果的な方法である、と今でも思っています。……マレイ夫人がお聞きになったらきっと興味をお持ちになると思いますが、英国金貨に対してこちらの銀貨が二分の一に下落した上に、人々がとても親切にしてくださったおかげで、私は三つの病院を開設することができました。ベッド数は合計百六十になります。一つは、ソウルのコルフ主教のもとに、二つ目は、保寧のカッセルズ主教のもとに、最後の一つは東京で、地震のために孤児となった二十五人のための施設で、これはビカーステス主教のお膝もとに開設しました。すべて亡き夫、両親、妹を記念するものです。どれほど私が喜んでいるかおわかりいただけると思います[18]」。

イザベラは、記念病院の設立が確定し、資金提供の諸手続きが終わると、ただちに旅を続けた。そこに留まり、病院の運営を助けるつもりはなかった。かつては、その目的で看護法を学んだのだが。

中国、朝鮮、日本の旅はこうした献金を続けながら、合計三年余りにわたった。ロンドンに戻ったのは一八九七年三月十九日である。それからは、ロンドンの英国地理学会やエクセター・ホールで講演をおこない、さらに「女王の接見会」に出席した。そして英国伝道会を代表した講演を終えると、急いでエディンバラに帰り、五月にはスコットランド教会の会合で講演している。

イザベラの講演は、歯に衣を着せぬ率直な語り口だった。中国での布教に関して次のように語っている。「中国人は、キリスト教が自分たちの社会秩序を覆し、女性たちの道徳心を破壊し、両親、年長者、祖先に対する尊敬の念を奪い、新たな憎むべき習慣を導入しようとしている、と考えています。しかしそれだけではありません。彼らにとってキリスト教は、西洋の衣をまとった、言葉使いの異様な宗教であり、キリスト教に描かれた世界は、自分たちにはなじみのない、醜悪な世界なのです。そのため、杭州の医療伝道病院では、神を冒瀆する不適切な批判を避けるために、キリストや十二使徒も中国服をまとい、親しみやすい形で描かれています[19]」。

これらのことを考えると、「現地の組織」を通じて、「西洋的でないキリスト教」を布教しなければならない。イザベラは次のように問いかけている。「私たちの聖書は、体裁も概念も、そこでかわされる抽象的論議も、言葉使いも礼拝様式も、すべてがあまりに西洋的で、東洋的なものの見方と相容れないところがあるのです。この聖書が唯一の信仰の手引き書であり続けることができるのでしょうか」[20]。アンナ・ストッダートが著したイザベラの伝記に記されたこの問いからも、イザベラがいかに伝道活動に不安を抱いていたかがわかる。

しかし、イザベラが最も語気を強めたのは、女性の宣教師が置かれている立場を語ったときだった。彼女たちは、中国ではとりわけ困難な状況に置かれていたのである。中国社会では、女性は厳しい礼儀作法を求められ、若い外国人女性が故あって中国人の感情を逆なでするような行動をとるときには、危険を覚悟しなければならなかった。彼女は、「教養ある女性たち」の活動も評価はしたが、「下層階級出身の女性たち」の活躍ぶりをそれ以上に称賛している。

彼女はこの問題についても、開港場に滞在する外国人たちとも議論している。三十歳以上で、中国語や中国の習慣を理解し、中国服を身につけ、年輩の中国人女性ガイドがついているような女性は、伝道本部に残っても良いだろうと述べている。そして、宣教師の婚約者として活動に参加している女性は、結婚前に本部から離れて中国人社会に入り、一年か二年を誰かの世話のもとで過ごすべきである、そうした修行を経てはじめて、彼女たちは、未来の夫にとって邪魔な存在ではなくなるだろう、と語った。

一八九七年に帰国したイザベラは、講演者としてだけでなく、助言者としても伝道に関与した。人々がただ想像するしかなかった事柄について、彼女は実際に見聞きして生の情報・知識を持ち、しかも伝道病院に多額の資金を提供したのである。彼女の意見は反論の余地のないほど、権威を持っていた。

彼女は躊躇することなくその権威を利用した。経験や知識豊かなイザベラの講演は、語調はソフトであっても、主張はかなり厳しく、ロンドンの女性伝道会で講演を聞いた人々は、さぞかし驚いたにちがいない。しかし、イザベラの主張は正しかった。確かに中国人は、宣教師を西欧帝国主義の手先とみなし、恐れ、嫌悪していた。一九〇〇年六月二十四日、義和団事件[21]が起こり、外国人殺害が始まった。義和団は特に山東《シャントン》地方を中心に暴れまわり、北京の居留地は七月に包囲されたが、八月に列強の軍隊によってその包囲はうち破られた。一九〇〇年の末、義和団の動きは鎮圧された。

西洋人宣教師やその家族、さらには中国人キリスト教徒の多くが犠牲になった。五十三人の子供を含む百八十八人の西洋人プロテスタントが殺害され、その数をはるかに上まわる人々が中国を脱出しようと苦闘の旅をした。反乱が鎮圧されると、外国人は失われた命や財産に対する補償を求めた。各地に離散した中国内陸伝道会は、多くの犠牲者を出したにもかかわらず、政府に対して何ら補償を求めなかった唯一の組織だった。

イザベラが中国を発って三年もたたぬうちに義和団事件が起こったため、彼女のキリスト教伝道に対する疑問は一層深まるばかりだった。西洋人はなぜ自分たちの理念や価値観が最もすばらしいと思うのだろうか、という評論家がいた。中国人が憎悪を抱くのは当然である、という意見も聞かれた。そして、伝道活動は、その活動の場である社会一般を改善するなど、人道的な活動に重点を置くようになっていった。宣教師が女性や子供に対する教育や健康を重視したなら、中国政府もおそらく人々の教育や健康を重視するにちがいない。影響力の大きかったアメリカ人の歴史家、A・T・マハン[22]は、西洋も中国も「内からの改革」という共通の目標を持つべきである、と述べている。

イザベラの遺言(23)によって、八千ポンド近くが伝道や福祉に寄付され、このうち特定の額がバード&ビショップ記念病院のために使われるように明記されていた。キリスト教伝道会にも二千五百ポンドが寄付されたが、この中には、カシミールにあるジョン・ビショップ記念病院を維持管理するための永久基金も含まれていた。中国内陸伝道会には五百ポンドが寄付され、保寧のヘンリエッタ・バード記念病院の維持管理にあてられた。スコットランド自由教会には、奉天にある医療伝道病院の基金として五百ポンドが贈られた。エディンバラ医療伝道会は総額千八百ポンドを寄付され、その中から「ジョン・ビショップ奨学金」を設けることが明記されていた。この奨学金の受給者は、エディンバラ医療伝道会に所属する学生の中から毎年選ばれることになった。インド婦人伝道会にも五百ポンドが寄付された。

イザベラの伝道活動に対するあいまいな態度は、彼女の信仰心が薄らいだこと、さらには、先住民の生活に対しては、いかなる干渉も細心の注意を払わなければならない、という彼女の人類学的観点に起因する。医療伝道活動に援助を惜しまなかったのは、自分の意に従ったというよりも、現場で活動する人々に対する敬意と、亡き夫や妹を記念するにふさわしい施設をつくりたいという強い決意からだった。

15章　故国では弱々しく、海外では勇ましく

エルズルムにて

一九〇四年十月、七十三歳の誕生日を目前にして、イザベラは永遠に帰らぬ人となった。しばらくして、ストダート・ウオーカー[1]なる人物の論文が『エディンバラ・メディカル・ジャーナル』に掲載された。論文の題は「ビショップ夫人[2]」だった。この種の雑誌にしては珍しいタイトルのこの論文が掲載された理由は、彼女がエディンバラの著名な医師の妻だったからであり、彼女自身医療伝道を定着させることに熱心だったから、と説明された。しかし実際は、「ビショップ夫人」が、「故国では弱々しく、海外ではサムソンのように勇ましい」女性として、エディンバラの医学界ではきわめて評判の悪い患者だったことが真の理由である。

この論文は、イザベラがこのような変身を見せたのは、彼女が二重人格者だったからではなく、環境が異常なまでの力を与えたからである、と述べている。さらに論文は、イザベラの体内には、巨大なエネルギーの蓄積場所がある、とも述べ、次のように続けている。「彼女は、ひとたび冒険家として、あるいは旅行者として海外に出ると、疲労など笑いとばし、恐怖や危険をものともせず、その日の食料がどうなろうといっこうに気にすることはなかった。しかし、船から降りて再び故国での日常生活に戻ると、ただちに、病弱で気の弱い、やさしい声をした、我々の知るエディンバラのビショップ夫人になったのである[3]」。何故そのようなことになったのか、論文は疑問をなげかけている。

『エディンバラ・メディカル・ジャーナル』は、イザベラの複雑な人格をあまりに簡単に分析しすぎたようだ。というのは彼女は自分の多面的な性格を徹底的に生かすことによって、人生を色彩豊かな、実り多いものにしたからである。一八七三年から三十年間、海外では、危険と冒険という男性世界で自らの意志のままに行動し、故国では、世間の慣習という仮面の陰にもう一人の自分を隠し、常識的で、やさしい声の「病弱な」女性として静かに過ごした。

しかし、イザベラのこうした生き方は、ヴィクトリア朝中産階級の病弱な女性たちの典型的な生き方だった。彼女たちが病弱だったのは、女性の生活があまりに制限されていることからくる、欲求不満にも原因があったのだろうか。「病弱な」子供時代をすごし、十八歳で脊椎の腫瘍を取り除く手術をうけたといわれるイザベラは、医師の世話をうけなければならぬ十分な理由があった[4]。

故国では実際、始終病に悩まされていた。医師たちは細心の注意を払って診察したが、彼女が日一日と無気力・無感動になっていくのが目に見えてわかった。それは仮病だったのだろうか。あるいは、医師の投与した薬物の副作用だったのだろうか[5]。

患者も医師もいよいよ疲れ果てたとき、環境を変えるべきである、と医師は患者に申しわたした。患者イザベラは、病をかかえたまま病床から起き上がり、旅に出た。そして、不便でしかも危険をはらんだ状況に身を置いてはじめて、再び生きる喜びを見いだしたのである。慣習にのっとり、命令は男性の医師から下された。しかし、医師はイザベラの手段として使われ、二人が共謀していたとしても不思議はなかった。医師が裕福な患者に転地療養をすすめることは、当時は一般的だった。

確かに、故国ではあれほど病弱だったイザベラが、海外に出ると別人のようにエネルギッシュになったことには、みなが驚かされる。手ごたえを感じる環境に置かれると、彼女は誰よりも忍耐強い、不屈の精神の持ち主になった。そこでは特技の乗馬術が遺憾なく発揮された。危険で困難な地域を、何日も何週間も、ときには何ヵ月も馬に乗って旅した。美しい馬、強情な馬、賢い馬、弱っている馬、惨めな馬など、彼女が買ったり借りたりした馬は、彼女の旅行記に生き生きと描き出されている。

しかし、馬の旅も、始まりは前途多難の様相を呈していた。一八七三年のはじめにハワイに到着したイザベラは、当時の「文明社会」の貴婦人のたしなみにならい、長いスカートで隠した脚を馬の片側にそろえて乗馬した。当然、脊椎も体も脚もねじ曲がり、乗り心地はきわめて悪かった。ハワイでイザベラに宿を提供してくれたルーサー・セヴァランスが、厳しい山旅から戻った彼女にメキシコ型の鞍を使うように強くすすめた。メキシコ型の鞍にまたがって乗れば、より安全で快適な旅ができると言うのだった。アメリカで広く使用されていたこの鞍の先には、つの型をした部分があり、手綱を使っていないときにはそこにかけておくことができ、また危険に直面した際にはしがみつくことができた。馬にまたがって乗ることは、イザベラにとっては全く新しい体験だった。彼女は数々のラバや馬に乗った。良く馴らされていないこともしばしばだった。ヤクにも乗ったが、メキシコ型の鞍をつけようとしてもヤクは言うことをきかなかった。優れた乗馬術と馬についての深い知識のおかげで、彼女は幾度となく大惨事を免れ、かすり傷ですますことができた。その後の旅の成功は、この乗馬術に負うところが大きかった。

馬にまたがって乗るためには、ズボンをはかなければならなかった。ハワイの女性が馬に乗るときに身につけていた服は、「長いトルコ風のズボンと、くるぶしまでの軽快な上着」で、イザベラもこれにならった。(6) その後の旅では、故国の人々の好奇の目から離れるとただちに、ズボンをとり入れた服装に着替えた。彼女は、確かに馬にまたがって乗るという、男性の持つ自由を手に入れた。しかし、フリルのついたズボンの上に長いスカートをはくというのは、いかがなものか。それはともかく、イザベラの乗馬服は当時の保守的社会では物議をかもし、その下品さが嫌悪された。こうした批判には敏感なイザベラではあったが、一八八四年の全国健康博覧会では、彼女の了解のもとに、彼女の「ロッキー山脈の旅装」が展示されたのである。(7)

一八七三年ハワイでは、はじめて、馬に乗って野牛を生け捕りする方法を学んだ。彼女は蹄鉄を打っていない馬に不安な思いで乗り、自分の後ろにしっかりついてくるように叫ぶリーダーに、必死について行った。「私たちは全速力で丘を下って行きました。……それからもう一度全速力で走りました。野牛の群れと馬の群れの大きなうねりにあわせて草がなびきました。地面には猛烈な砂ぼこりがたちました。私の前にいた人が、投げ縄をぐるぐると三、四回頭上で回したかと思うと、たちまちみごとな赤い牛が地面に倒れこみました」。(8)牛は料理用として捕らえられたが、その最期を見届けることは彼女は拒否した。

その年の秋、イザベラは、週八ドルを払ってロッキー山脈の賄いつきの下宿に住み、馬を自由に使った。しかしここでの生活が楽しいものになったのは、彼女が買ったバーディーという馬のおかげだった。「バーディーは、ポニー種の女王です。とても気だてが良く、野性の血をうけついでいるばかりか、彼女自身が野性そのものです。いつも朗らかで、食欲があり、疲れを知らず、知的で、脚はまるで岩のようにたくましいのです。……彼女はほんとうに良き友です。一日の旅が終わると、何よりもまず彼女の背中や鼻を洗ってやり、餌をおいしそうに食べるのをながめています」。(9)

ロッキー山脈では、宿主のグリフ・エヴァンズが人手が足りなかったため、イザベラに牛追いの手伝いを頼んだ。一日中動きまわり、三十マイルも移動したことがあった。彼女にとっては、「今まで経験した中で最も楽しい遠乗り」となった。そこは、コロラドの雄大な高地だった。「太陽は熱く輝いていますが、八千フィートの高地では空気は澄みきって、凍りつくようです。このように美しい大自然の中で、このようにすばらしい馬に乗れるとは、無上の喜びです！」

エヴァンズとイザベラの一行が最初に「何千頭ものテキサス牛」を見たのは、牛が眼下で草をはんでいるときだった。しかしその牛の群れは、人と馬の物音を聞くと驚いて走り出した。エヴァンズが叫んだ。「全員馬に乗れ！」「進路をさえぎるんだ！」「進め！」それから「私たちは全速力で丘を下りました。私の馬は興奮し、私にはどうすることもできませんでした。丘を下り、丘を上り、岩や倒木を飛び越え、一足ごとにスピードを速めます。「しっかりしろ！」というリーダーの声が響きわたると、馬はまるでレースをしているようなスピードで走り続け、互いに追い越し、追い越され、私の小さな栗毛馬は、なおも跳ね馬のような勢いで走り続けます。……私は目がくらみ、息切れがしました。間もなく私たちは牛の群れに追いついていました」(10)。エヴァンズは「イザベラは立派なカウボーイだ」と言って、彼女の勇敢さを讃えた。

牛の群れを谷間に身動きできないように閉じ込めてから、休息をとった後、イザベラはバーディーを降りて、牛追いのために特に訓練されたブロンコという馬に乗るように言われた。ブロンコは、言うことをきかない牛をあやつるときに、野兎のように急角度に身をかわすことができる馬だった。彼女は雌牛とその子牛に手をやいたが、どうにかすべて囲い込むことができ、一行は誇らしげに胸高らかに全力疾走で帰宅した。

馬の中でとりわけ詩情豊かに登場するのは、アラブ馬の血を引くギャルポである。グレイハウンドのように軽快で、荷馬のように頑強な銀灰色の馬である。「彼は私が知っている中で最も利口な馬です。

理性的で、ちょっとしたいたずらをするユーモアもあります。一時間に五マイル歩き、鹿のようにジャンプし、ヤクのように山を登ります。危険な浅瀬をしっかりした足どりで進み、疲れを知らず、度胸があり、食欲もあり、絶壁や氷河の裂け目をふざけるように進む様は、ほんとに恐れ知らずで、しなやかな足さばきはみごととしか言いようがありません。彼はつまるところ、とても不可解な生き物でした。人に馴れず、おいしい食べ物は憤慨したかのように拒否し、人が後ろに近づくと顔を蹴ろうとし、歯をむきます。……滑稽で不思議な野蛮性を持った彼は、キャンプにとっては番犬のような存在であり、同時にまた恐怖でもありました(11)」。

イザベラは馬をどう扱うべきか良く知っていたので、思慮の浅い、無知な人間から惨めな扱いを受けている馬を見ると、しばしば干渉した。旅の道連れになった馬がおなかをすかせているにもかかわらず、飼い主に激しく鞭で打たれるのを見ると我慢がならなかった。ハワイでは、若いガイドに金を与えて、年老いた一頭の馬を休ませるように頼んだ。その馬は、「尾がむきだしで、痩せこけ、白く濁った目には疑いと恐怖を宿し、ゆるんでしまりのない下唇は目も当てられぬほどに哀れでした(12)」。この馬が鷲や鷹の餌食になるのなら、願わくば、休んでいる間になってほしい、と彼女は思った。人々が馬に乗る地方ではどこでも、彼女はそのすぐれた乗馬術と、馬についての豊富な知識のおかげで、一目置かれ、尊敬を集めた。

健康に関しては、もう一つ驚くべきことがある。イザベラが旅した地域は、マラリアをはじめ、肝炎、赤痢など、多くの病が蔓延していたにもかかわらず、そのいずれにも感染しなかったことである。衛生観念のない地域で、その土地の食べ物を食べ、沸騰させたとはいえ、その土地の水を飲んだ。各地で多くの蚊にさされ、正体のわからぬ昆虫にも噛まれた。予防手段をとったと思われるのは、天然痘のみである。旅行中に体重が減少したときもあったが、太りぎみだった彼女は、困難に直面した際には体内に蓄えられた脂肪が役にたったのだろうか。

海外のイザベラと故国のイザベラの、どちらかのみを知る友人たちにとっては、彼女の二面性は信じられないことだった。故国のイザベラを知る人は一様に、彼女は病弱でか弱い女性であると言い、海外のイザベラを知る人は、彼女は実にエネルギッシュでたくましい女性であると言う。ハワイで彼女の世話をした宣教師がエディンバラで再会したときは、彼女が病で憔悴しきっていたときで、これがあのハワイ旅行をこころゆくまで楽しむ、冒険好きで活気あふれる女性とはとても思えなかった。(13)

海外で満ち足りた生活を送っていたイザベラは、病弱な自分の姿だけを知る故国の友人たちには、なかなか真実を手紙に書けなかった。一八七八年八月、北海道の函館から妹に宛てた手紙と友人に宛てた手紙とがある。妹には次のように書いている。「函館があまりにすばらしい所なので、旅の予定を無視していつまでもここにぐずぐずしています(14)」。一方、友人宛ての手紙には次のようにある。「六月のスコットランドを黄昏時に散歩する楽しさの半分ほども、楽しいことは日本にはありません。この次旅をするとしたら、英仏海峡のほかはもう海を渡るつもりはありません。背中がとても痛み、馬に乗ることもできません。馬に乗れないのなら、マル島での生活のほうがずっとましです。健康に関して言えば、この旅行はまったく期待はずれでした(15)」。スコットランドの友人に宛てた憂鬱な手紙の内容とは裏腹に、そのころイザベラは、西洋人がほとんど足を踏み入れたことのない困難なルートをめぐり、先駆的な旅を続けていたのである。喜びあふれて次のように妹に書いている。「江戸を発つときに計画した以上のことができ、あらゆる障害を克服した勝利感を味わっています。……二ヵ月もアジア人の中で過ごすと、英国人社会がとても煩わしく、英国人がとてもおしゃべりに聞こえます。私の魂が、一人になって自由でいたい、と叫んでいます(16)」。

海外での冒険を楽しんでいた彼女は、故国の友人たちに宛てては、健康についても旅そのものについても、いつも悲観的な調子で書いた。それはエディンバラに住む親友ブラッキー夫人に宛てても同様だった。しかし、一八七三年の旅ではブラッキー夫人宛てに一通も手紙を書いていない。この年は、ハワイで、ロッキー山脈で、ロマンあふれる、至福のときをすごした年である。さすがに、親友にはどうしても悲観的な手紙を書くことができなかったのだ。

彼女の二面性は、英国社会の中産階級に属する女性が、妻や母になる以外には何ら建設的な役割を果たせなかった、当時の時代背景にも起因する。病を手段にして医師から転地療養の命令を引きだしたからには、故国では、社会が期待するように行動せざるを得なかったのだ。そのコストは大きかったが、確かにきわめて効果的な方法だった。

イザベラは、望みどおりに海外と故国との間を行き来したが、その結果、故国での定住場所を失った。彼女はひんぱんに居所を変え、特に家族が亡くなってからは、定まった住所がなくなった。エディンバラからほかに移るときの口癖は、エディンバラにはあまりにも悲しい思い出がありすぎる、ということだった。ロンドンでも幾度となく居所を変えた。たとえば、一八八七年のメイダ・ヴェイルの家は、夫の思い出が彼女を悲しませ、その家を美しく飾ろうという気になれなかった(17)。一八九八年のアールズ・テラスの小さな家は、家庭的で古風な感じが彼女を喜ばせたが、ロンドンでの社交が煩わしく、疲れる、という理由で間もなくそこも引きはらった。

イザベラが幼いころを過ごしたワイトンの牧師館近くの家に住んだこともあった。一八九九年三月から住んでいたが、やはり定住には至らなかった。彼女の主治医だったサー・トーマス・G・スチュワートが亡くなり、その後をついだエディンバラのリッチー医師は、次のように記している。「ウーズ川近辺はきわめて多湿で、住環境としてふさわしくない。健康に悪影響がある」[18]。医師とイザベラとの間でかわされた会話が聞こえてくるようである。イザベラが自分の住んでいる家の環境について医師に語り、医師は彼女から聞いたことを医学的な見地にたって是認する。一九〇三年はじめ、彼女はワイトンの家を引きはらった。彼女にとっては最後の家だった。一九〇二年十二月二十三日にはすでに友人への手紙に、「これからは自分の家を持たないつもりなので」家具を処分したい、と書いている。

一九〇三年八月、イザベラはエディンバラに戻った。重い病に侵されていた。一九〇三年九月一日、ギブソン、フォーダイス、アフレック、そしてリッチーの医師団が診察にあたった。病名は心臓病で、血栓症の疑いがあった。彼女はエディンバラのマナー・プレイス十一番地の療養院にいたが、「役立たずの人間でいるのはいやだ」として、まもなくそこも出た[19]。

イザベラがジョン・マレイ四世に宛てた最後の手紙は、たいへん弱々しい筆跡である。「一九〇三年八月二十日以来、はじめてペンをとります。ちょっとした鉛筆書きはしましたけれど。心臓病のためにベッドに釘づけで、ペンを取ることさえできませんでした。いまいましいことに私の頭脳は、この三十年余り一日も休みなく働かせてきたおかげで、今は最高の調子なのです。次々に新しい記憶がよみがえっています」[20]。

イザベラは、ベッドに横たわったまま人生をふり返った。そこには勝利があり、失望があった。かつて望んでいたように、若くして結婚し、たくさんの子供たちに囲まれていたなら、彼女の人生は全く変わっていたことだろう。山男ジムを思い出して微笑んだ。ならず者と人は呼んだが、ジムは彼女にとってはすばらしい友人だった。雄大なロッキー山脈をともに馬で駆けめぐり、あるときは、彼女のために好きな歌を歌い、詩を朗読してくれた。夫ジョン・ビショップは、彼女のわがままに対していかに寛大だったことか。彼の献身、誠実さ、堅実さをどれほど愛したことか。

イザベラ自身、自分が頑固で、自己中心的で、人を上手に扱う人間であることを知っていた。しかし、それ以外に彼女にとって、あのばかばかしい当時の慣習を打ち破る方法があったのだろうか。ほかにどのような道が開かれていたのだろうか。彼女は人々を楽しませ、教育し、人々は彼女を勇敢な旅行家として尊敬し、その著書を楽しみ、雑誌の旅行記を愛読し、みごとに構成された講演を夢中になって聴いたのである。彼女はヴィクトリア時代の有名な女性になったのである。

もし功績が公に認められていたなら、彼女はどれほど喜んだことだろう。残念ながら、女性に与えられる上級勲爵士(Dame Commander of the British Empire)の称号は、一九一七年まで存在しなかった。イザベラがうけるに十分値する爵位である。今日では、彼女はフェミニストの先駆者としても評価されている。彼女の本がジョン・マレイによって出版されてから百年を経ているが、旅行記すべては再版を重ね、現在でも市販されている。彼女が想像した以上の栄誉ではないだろうか。

花束や鉢植えを携えて友人たちがイザベラを見舞いに訪れた。ワイト医師、マクレガー医師、カウリー・ブラウン修道士、ミス・ロリマーやミス・ストッダートもいた。彼女は贈物の花束を胸に抱き、思いをめぐらせた。トバモリーの家の庭や、ワイトンの牧師館の庭に咲くバラやチューリップ、アネモネ、クリスマスローズ。ときにはタッテンホールや祖父母の家、トップロウの丘にまで思いは及んだ。かつてのメイド、今はウイリアムソン夫人となったブレアがイザベラの看護にあたっていた。いとこや友人たちも献身的に看護した。彼らは、かつてはあれほど旺盛だった彼女の食欲を取り戻すことに懸命になり、各地の名産を取り寄せるなどした。

一九〇三年の秋、イザベラはブランツフィールド・テラスの部屋に移った。部屋の窓からは、南にペントランドの丘を眺めることができた。一九〇四年の春、イザベラはロンドンに行きたいと言ったが、これに対しては、リッチー医師をはじめ、サー・ハリデイ・クルーム、フォーダイス医師、さらに女性の友人たちが反対した。彼女たちが反対したのは、もしイザベラがロンドンに出れば、きっと、彼女の家具を管理しているホワイトリー家具商に行きたい、と言うにちがいないと思ったからである。亡くなる前にイザベラは、さらに居所を変えた。療養院でしばらく過ごし、最後にメルヴィル通り十八番地の家を借りて住んだ。

イザベラが衰弱するにつれて、多くの人々が彼女のために祈りに訪れた。最後の朝、イザベラは忠実なブレアとともに祈りをすませると、声高に言った。「あぁ、どんなにか大騒ぎになるでしょう！」それはバード家の人々が再会を喜ぶときの口癖だった。イザベラは一九〇四年十月七日、バード家の人々や夫ジョンに再会するため、天国に旅立った。

原 注

1章 息子としてのイザベラ

(1) 「私が恋に落ちたのは一度だけです」。 A.Stoddart, *The Life of Isabella Bird (Mrs.Bishop)*, 1906, p.28, および John S. Blackie 文書、一八七九年十一月二十三日、イザベラがエリザ・ブラッキーに宛てた手紙。

(2) Stoddart, *op.cit.* p.28, および Pat Barr, *A Curious Life for a Lady*, 1969, Chapter 5, pp.163-180.

(3) *Ibid.*, p.6.

(4) *Ibid.*, p.8.

(5) Isabella Bird, *A Lady's Life in the Rocky Mountains*, (Reprint 1960), p.129.

(6) Stoddart, *op.cit.*, p.12. Agnes Grainger Stewart,'Obituary', *Blackwood Edinburgh Magazine*, 1904, p.699.

(7) *Ibid.*, p.13. アリソンの本は一八三三年にエディンバラで出版された。

(8) Stewart,*op.cit.* p.699.

(9) Stoddart, *op.cit.*, p.10.

(10) Stewart, *op.cit.*, p.699.

(11) Stoddart, *op.cit.*, p.12.

(12) *Ibid.*, p.21.

(13) Lady Olivia Sparrow （初代 Gosford 伯爵の娘で、一七九七年に Sparrow 准将と結婚） *Peerage, Baronetage, and Knightage of Great Britain and Ireland*, 1858, p.684.

(14) William Wilberforce (1759-1833)は、 William Pitt の友人で、改革者であり、また博愛主義者でもあっ

たが、奴隷貿易の廃止（一八〇七）と英国領における奴隷制度の廃止（一八三三）を強く訴えた。

(15) Charles Richard Sumner (1790-1874), *Concise DNB to 1900*, p.1265.

(16) John Bird Sumner (1780-1862), *Concise DNB to 1900*, pp.1265-1266.

(17) Lady Jane Hay,（第八代 Tweeddale 侯爵の娘で、一八三〇年生まれ、一八六三年に Richard Taylor と結婚）、*Peerage, Baronetage and Knightage of Great Britain and Ireland*, 1876, p.820.

(18) イザベラの手術に関しては次を参照。J. Syme, 'Fatty tumour of an unusual form; removal, recovery', *Edinburgh, Medical and Surgical Journal*, 1838, Vol.1, p.385. しかし、疑問は残る。手術は家でなされたのか。クロロホルムを使用したのだろうか。イザベラは小児マヒにかかり、脊椎の運動神経が炎症をおこしていた可能性はないだろうか。15章（注4）を参照。

(19) John S. Blackie 文書、一八九一年十二月二十七日、イザベラがエリザ・ブラッキーに宛てた手紙。

(20) Stoddart, *op.cit.*, 'Obituary', *The Times*, 10 October, 1904.

(21) 50 Albermarle Street, London の出版社、ジョン・マレイは、バイロンの著作を出版して名声と財を得た。マレイ三世（一八〇八～一八九二）は、イザベラの本を出版すると同時に、顧問の役割をになった。彼はイザベラに有名な『マレイのハンドブック』の一冊として、スコットランドについて書くよう提案したが、これは実現しなかった。

(22) John Murray 文書、一八五五年六月二十六日。

(23) *Ibid.*, 一八五六年？ 牧師館にて？

(24) *Ibid.*, 一八五九年二月十四日。

(25) 'Obituary', *The Times*, 10 October, 1904.

(26) John Murray 文書、一八五六年十一月十六日。

(27) *Ibid.*, 一八五六年一月もしくは二月。

(28) Stoddart, *op.cit.*, p.45.

(29) *Ibid.*, p.44, および Pat Barr, *op.cit.*, p.173.

(30) Stoddart, *ibid.*, pp.74-75.

2章　北アメリカ――はじめての旅

(1) Isabella Bird, *The English Woman in America*, 1856, p.14.（参考にした版はケムブリッジ大学所蔵、分類記号 8660, d.132）

(2) *Ibid.*, p.7.

(3) *Ibid.*, p.10.

(4) S. Checkland, *The Elgins, A Tale of Aristocrats, proconsuls and their wives*, 1988, Chapter 12, pp.118-138.

(5) Bird, *op.cit.*, p.16.

(6) *Ibid.*, p.23.

(7) *Ibid.*, p.26.

(8) *Ibid.*, p.57.

(9) *Ibid.*, p.20.

(10) *Ibid.*, p.35.

(11) *Ibid.*, p.51.

(12) *Ibid.*, p.66.

(13) *Ibid.*, p.80.
(14) *Ibid.*, p.99.
(15) *Ibid.*, p.106.
(16) *Ibid.*, p.99.
(17) *Ibid.*, p.117.
(18) *Ibid.*, pp.124-5.
(19) *Ibid.*, pp.126-132.
(20) *Ibid.*, p.147.
(21) *Ibid.*, p.154.
(22) *Ibid.*, p.156.
(23) *Ibid.*, p.173.
(24) *Ibid.*, p.175.
(25) *Ibid.*, p.231.
(26) *Ibid.*, p.212.
(27) John Murray 文書、一八五七年十月、エドワード・バードがジョン・マレイに宛てた手紙。
(28) *Ibid.*, 一八五八年六月二十六日、イザベラがジョン・マレイに宛てた手紙。
(29) Stoddart, *op.cit.*, p.43. Henry Wadsworth Longfellow (1807-1882) は詩人、「ダーナ」とは、おそらく、詩人で評論家の Richard Henry (1787-1879)。James Russell Lowell (1819-1891) は詩人、随筆家、政治家。Ralph Waldo Emerson (1803-1882) は講師、随筆家、詩人。二十六歳のイザベラにとって、こうした著名人と交わることができたのは、きわめて幸運なことだった。

(30) Stoddart, *op.cit.*, p.44.
(31) *Ibid.*, p.45.
(32) John Murray 文書、イザベラがジョン・マレイに宛てた手紙。
(33) Isabella Bird, *Aspects of Religion in the United States of America*, 1859, p.5.
(34) *Ibid.*, p.93.

3章　娘として、姉として

(1) イザベラの母がここで、一八六〇年五月三十一日に遺言書を作成し、サインした記録が Scottish Record Office に残されている。
(2) T.C. Smout, *A Century of the Scottish People*, 1988, および G.E. Davie, *The Democratic Intellect*, 1961 を参照。
(3) Stoddart, *op.cit.*, pp.76-77. イザベラに最初に連絡をとったのは George Cullen かもしれない。
(4) John Stuart Blackie (1809-1895) は、グラスゴー生まれ。アバディーンのマリシャル・カレッジ、エディンバラ大学およびドイツで学ぶ。アバディーンでラテン語、次にエディンバラでギリシャ語を教える（一八五二〜一八八二）。すぐれた教育改革者で、スコットランド民族主義者。エディンバラ大学のケルト語講座開設に尽力し、スコットランド高地の小作人保護運動を支援した。Stoddart, *John Stuart Blackie*, 1895, および、J.S. Blakie, *Notes of a Life*, A. Stodart Walker ed., 1910.
(5) イザベラがエリザ・ブラッキーに宛てた手紙は、スコットランド国立図書館におさめられている John Stuart Blackie 文書の中にある。この手紙の日付は、一八六三年七月十八日。

(6) O. Checkland, *Philanthropy in Victorian Scotland*, 1980.

(7) F. Thompson, *Harris Tweed, the Story of a Hebridean Industry*, 1969 参照。イザベラは、ツイード会社の代理人だったレイディ・カスカートとともに、ロンドンのパリフィット社に製品を送っている（このことに関して著者は、ストノウェイの主任司書、アラン・カニンガム氏に協力を感謝する）。

(8) John Stuart Blackie 文書、一八六三年七月十八日、イザベラがエリザ・ブラッキーに宛てた手紙。

(9) A. Grainger Stewart, 'Obituary', *Blackwoods Edinburgh Magazine*, 1904, p.699.

(10) Isabella Bird, *Notes on Old Edinburgh*, 1869.

(11) *Ibid.*, p.4.

(12) Henry D. Littlejohn, *Report on the Sanitary Condition of the City of Edinburgh*, 1866 のことだろう。

(13) Bird, *Notes on Old Edinburgh*, p.11.

(14) *Ibid.*, p.14.

(15) *Ibid.*, p.20.

(16) *Ibid.*, p.25.

(17) Stoddart, *The Life of Isabella Bird*, p.71.

(18) *Ibid.*, p.72.

(19) *Ibid.*, p.74.

(20) *Ibid.*, p.90.

(21) スコットランド・レコード・オフィス（公文書館）にある母ドロシー・ルイザ・バードの遺言書、参照番号：SRO SC70/1/131, pp.470-8; SC70/4/105, pp.1055-6.

(22) John Stuart Blackie 文書、一八六三年九月二十三日にイザベラがエリザ・ブラッキーに宛てた手紙。

(23) *Ibid.*

(24) Stoddart, *op.cit.*, p.123.

(25) John Stuart Blackie 文書、一八七八年五月一日、イザベラがエリザ・ブラッキーに宛てた手紙。

(26) Sir Thomas Grainger Stewart (1837-1900) は、エディンバラ、ベルリン、プラハ、ウイーンで学んだ医師。一八七六年エディンバラ大学教授、一八八二年ヴィクトリア女王のスコットランドにおける侍医。一八九四年ナイト爵位。*Dictionary of National Biography*, Supplement 3, 1901, pp.360-1 参照。

(27) Stoddart, *op.cit.*, p.68.

(28) ブロマイドは体外に排泄されるスピードが遅いため、体内の組織に蓄積されやすい。中毒性はない。

(29) John Murray 文書、一八七二年十月十三日、イザベラがヘンリエッタに宛てた手紙。

(30) Richard Asher, *Talking Sense*, 1972, Chapter 14, 'Diseases caused by doctors', p.158.

4章 ハワイ――常夏のエデンの島

(1) John Murray 文書、一八七二年十月十三日、イザベラがヘンリエッタに宛てた手紙。

(2) *Ibid.*

(3) Isabella Bird, *Six Months in the Sandwich Islands.* しかしここでは、一九八六年版 *Six Months in Hawaii* (以後 Hawaii と略称) を参照。

(4) *Ibid.*, p.8.

(5) *Ibid.*, pp.8-9.

(6) *Ibid.*, p.11.

(7) *Ibid.*, p.13.

(8) Stoddart, *op.cit.*, p.79.

(9) R.S. Kuykendall, *The Hawaiian Kingdom*, Vol.II, *Twenty Critical Years 1854-1874*, 1953; A.L. Korn, *Victorian Visitors*, 1958.

(10) Mark Twain, *Letters from Hawaii*, 1866; Barr, *op.cit.*, p.23.

(11) Bird, *Hawaii*, p.18.

(12) *Ibid.*, p.19.

(13) *Ibid.*, pp.20-21.

(14) *Ibid.*, p.22.

(15) *Ibid.*, p.22.

(16) *Ibid.*, p.45.

(17) *Ibid.*, p.55.

(18) *Ibid.*, p.66.

(19) *Ibid.*, p.67.

(20) *Ibid.*, pp.69-70.

(21) *Ibid.*, p.174.

(22) *Ibid.*, p.81.

(23) *Ibid.*, p.83.

(24) *Ibid.*, p.85.

(25) *Ibid.*, p.88.

（26） *Ibid.*, p.84.
（27） *Ibid.*, p.91.
（28） *Ibid.*, p.110.
（29） *Ibid.*, p.109.
（30） *Ibid.*, p.140.
（31） *Ibid.*, pp.142-3.
（32） *Ibid.*, p.151.
（33） *Ibid.*, p.297.
（34） *Ibid.*, p.378.
（35） *Ibid.*, p.398.
（36） *Ibid.*, pp.399-416.
（37） *Ibid.*, pp.418-21.
（38） John Stuart Blackie 文書、一八七三年九月十日、ヘンリエッタがエリザ・ブラッキーに宛てた手紙。

5章　ロッキー山脈――かわいそうなジム

（1） Bird, *A Lady's Life in the Rocky Mountains*（以後 *Rocky Mountains* と略称）、オクラホマ大学、一九六九年版、p.3.
（2） *Ibid.*, p.5.
（3） *Ibid.*, p.8.

（4） *Ibid.*, pp.65–7.
（5） *Ibid.*, p.72.
（6） *Ibid.*, pp.114–5.
（7） *Ibid.*, p.85.
（8） *Ibid.*, p.110.
（9） *Ibid.*, pp.124–5.
（10） *Ibid.*, p.85.
（11） *Ibid.*, p.99.
（12） G.H. Kingsley, *Sport and Travel*, p.179.
（13） Bird, *Rocky Mountains*, p.133.
（14） *Ibid.*, p.208.
（15） *Ibid.*, p.215.
（16） John Murray 文書、一八七三年十二月十三日、イザベラがジョン・マレイに宛てた手紙。
（17） John Stuart Blackie 文書、一八七四年八月四日、イザベラがエリザ・ブラッキーに宛てた手紙。
（18） Kingsley, *op.cit.*, pp.171–8.
（19） Stoddart, *op.cit.*, p.84.
（20） John Murray 文書、一九〇五年八月十日、ジョン・マレイ四世がアンナ・ストッダートに宛てた手紙。（この発見に関して著者はヴァージニア・マレイに感謝する。）
（21） John Stuart Blackie 文書、一八七三年十二月二十四日、イザベラがエリザ・ブラッキーに宛てた手紙。
（22） *Ibid.*, 一八七九年十一月二十三日の手紙。

（23）*The Times*、一八七九年十一月二十一日。

（24）John Stuart Blackie 文書、一八七九年十一月二十三日、イザベラがエリザ・ブラッキーに宛てた手紙。

6章　日本――未踏の地へ

（1）David Livingston (1813-1873) は、スコットランド出身の医療伝道者で探検家。中央・南アフリカに長く滞在。

（2）一八七七年の秋はイザベラにとっては辛い時期だった。ヘンリエッタが病気のため、ジョン・ビショップからの結婚の申し込みに対する返事を保留しなければならなかったからである。8章参照。

（3）Charles Darwin (1809-1882) は、一八三一年に南アメリカおよび太平洋諸島をビーグル号で探検。その著書、『種の起源』(*The Origin of the Species by means of Natural Selection*, 1859) は、自然科学界および宗教界に論議を巻き起こした。

（4）W.S. Beasley, *The Meiji Restoration*, 1963.

（5）Stoddart, *op.cit.*, p.100.

（6）Sir Harry と Lady Parkes は、イザベラの友人だった。惜しいことに一八八〇年春に Lady Parkes が亡くなる。Sir Parkes が亡くなったときには、彼の伝記をイザベラが書く話があったが (John Murray 文書、一八八七年六月十八日、イザベラがジョン・マレイに宛てた手紙)、実現しなかった。S. Lane Poole and F.V. Dickens, *The Life of Sir Harry Parkes*, 1894 参照。

（7）Bird, *Unbeaten Tracks in Japan*（以後 *Japan* と略称)、一九〇〇年版、pp.35-6.

（8）*Ibid.*, p.34.

(9) *Ibid.*, pp.34-5.

(10) *Ibid.*, p.276. 伊藤がイザベラに雇われることにしたのは、それまでの雇い主が月七ドル払っていたのに対し、イザベラが月十二ドル払うと言ったからである。

(11) Bird, *Japan*, p.36.

(12) J.A. Lindo, 'Discription of a trip to Niigata along the Shinshiu road and back by the Mikuni Pass', *Transactions of the Asiatic Society of Japan*, Vol.III, part 1（一八七四年十月十四日から十二月二十三日）pp.48-80.

(13) Bird, *op.cit.*, p.102.

(14) *Ibid.*, p.63.

(15) *Ibid.*, p.63.

(16) *Ibid.*, pp.72-3.

(17) *Ibid.*, p.78.

(18) *Ibid.*, p.103.

(19) *Ibid.*, p.104.

(20) *Ibid.*, p.106.

(21) *Ibid.*, pp.108, 209, 210.

(22) *Ibid.*, p.109.

(23) *Ibid.*, p.108.

(24) *Ibid.*, pp.114-5.

(25) 徳川将軍派の最後の蜂起によって、福島県会津若松はほとんどが消失した。

(26) J. Blewitt, 'Beaten Tracks in Japan', *Bulletin of the Japan Society, London,* 1980, p.13.

(27) Bird, *op.cit.,* pp.132-3.

(28) P.A. Fyson は、英国国教会伝道会の代表。'Niigata Directory', *The Japan Directory,* 1878, p.22 参照。

(29) Bird, *op.cit.,* p.153.

(30) *Ibid.,* p.185.

(31) *Ibid.,* pp.287-362.

(31) *Ibid.,* p.299.

(33) *Ibid.,* pp.307-8.

(34) *Ibid.,* p.334.

(35) *Ibid.,* p.362.

(36) John Murray 文書、一八七八年八月十一日、函館よりイザベラがジョン・マレイに宛てた手紙。

(37) *Ibid.*

(38) Bird, *op.cit.,* p.463.

7章 マラヤ——黄金の半島

(1) Isabella Bird, *The Golden Chersonese and the way thither,* Kuala Lumpur, 1967; John Milton, 'Down to the Golden Chersonese', *Paradise Lost, Book XI.*

(2) より詳しい情報については、以下の文献を参照。R. Allen, *Malaysia, Prospect and Retrospect: Impact and Aftermath of Colonial Rule,* 1968; R. Mckie, *Emergence of Malaysia,* 1973; R.S. Milne and K.J. Ratnam,

Malaysia, new States in a new Nation, 1973.

(3) ヒュー・ロウについての詳しいことは、J. Pope-Hennessy, *Verandah,* 1964 参照。

(4) J.M. Gullick, 'Isabella Bird's visit to Malaya', *Journal of the Malaysian Branch of the Royal Asiatic Society,* Vol.Lii, part 1, 1979, p.114.

(5) Bird, *op.cit.,* p.96.

(6) *Ibid.,* p.97.

(7) *Ibid.,* p.108.

(8) *Ibid.,* p.114.

(9) *Ibid.,* Letter X, pp.142-53.

(10) *Ibid.,* p.186.

(11) *Ibid.,* p.289.

(12) *Ibid.,* p.285.

(13) *Ibid.,* p.301.

(14) *Ibid.,* p.348.

(15) *Ibid.,* p.340.

(16) *Ibid.,* p.344.

(17) *Ibid.,* pp.310-1.

(18) *Ibid.,* p.314.

(19) *Ibid.,* p.25.

(20) *Ibid.,* p.353.

(21) *Ibid.*, p.363
(22) *Ibid.*, p.368
(23) *The Times*, 一八八三年七月二十一日, p.5, col.6.
(24) Bird, *op.cit.*, p.276
(25) Gullick, *op.cit.*, p.276.
(26) E.Innes, *…with the Gilding off*, Vol.II, V, pp.133-4.
(27) Bird, *op.cit.*, p.231; Gullick, *op.cit.*, Vol.LV, part II, 1982, p.102.
(28) E. Innes, *op.cit.*, Vol.I, p.91; Gullick, 'Emily Innes, 1843-1927', *ibid.*, Vol LV, part II, 1982, p.102.
(29) Innes, *ibid.*, Vol.II, p.242.
(30) *Ibid.*
(31) *The Times*, 一八八六年一月二十九日。
(32) John Murray 文書、一八八二年十二月十二日、イザベラがジョン・マレイに宛てた手紙。

8章　結婚、そして夫の死

(1) Stoddart, *op.cit.*, pp.143-6; Barr, *op.cit.*, p.189.
(2) John Murray 文書、一八八一年三月四日、イザベラがジョン・マレイに宛てた手紙。
(3) John Stuart Blackie 文書、一八八一年三月七日、イザベラがエリザ・ブラッキーに宛てた手紙。
(4) John Bishop については、*Medical Directory*, 1885, p.1020 参照。
(5) R.J. Godlee, *Life of Lister*, 1917, p.607. Joseph Lister (1827-1912) は、ロンドン大学で学んだ外科医。グラ

スゴー大学およびエディンバラ大学教授。化膿を防ぐ手術を開発し、外科手術に革新的進歩をもたらした。

（6） Stoddart, *op.cit.*, p.146; *The Peerage, Baronetage and Nightage of Great Britain and Ireland*, 1858, pp.395-6.

（7） Stoddart, *op.cit.*, p.96; Barr, *op.cit.*, p.183.

（8） John Murray 文書、一八七七年七月二十七日、イザベラがジョン・マレイに宛てた手紙。

（9） *Ibid.*, 一八七七年八月二十九日。

（10） Stoddart, *op.cit.*, p.115.

（11） 腸チフスの診断は疑いはなかったのだろうか。ヘンリエッタの病が長期間にわたったことから判断すると、疑問が残る。イザベラも極東からの帰路、エジプトで腸チフスにかかっている（Stoddart, *op.cit.* 参照）。

（12） John Murray 文書、一八八〇年六月六日、ジョン・ビショップがジョン・マレイに宛てた手紙。

（13） *Ibid.*, 一八八〇年六月十六日、イザベラがジョン・マレイに宛てた手紙。

（14） イザベラはヘンリエッタのただ一人の遺産相続人であり、約六千四百五十ポンドを相続した。

（15） John Murray 文書、一八八〇年六月十六日、イザベラがジョン・マレイに宛てた手紙。

（16） Stoddart, *op.cit.*, p.97.

（17） Stewart,'Obituary', *Blackwoods Edinburgh Magazine*, 一九〇四年十一月, p.701.

（18） John Stuart Blackie 文書、一八八〇年十二月、イザベラがエリザ・ブラッキーに宛てた手紙。

（19） *Ibid.*

（20） John Murray 文書、一八七八年二月二十四日、イザベラがジョン・マレイに宛てた手紙。

（21） ジョン・ビショップの遺言書、スコットランド・レコード・オフィス、参照番号：SC/70/4/218; SC/70/1/250.

(22) John Murray 文書、一八八三年七月二十八日、イザベラがジョン・マレイに宛てた手紙。
(23) *Ibid.*, 一八八一年三月二十六日。
(24) Stoddart, *op.cit.*, p.150.
(25) John Murray 文書、一八八二年十月五日、イザベラがジョン・マレイに宛てた手紙。
(26) *Ibid.*, 一八八五年十二月二十九日、ジョン・ビショップがジョン・マレイに宛てた手紙。
(27) John Stuart Blackie 文書、一八八六年二月九日、イザベラがエリザ・ブラッキーに宛てた手紙。
(28) *Ibid.*
(29) Janssky が四つの血液型を発見したのは、一九〇七年のことである。
(30) 悪性貧血は、今日ではその原因もわかり、レバーあるいはそのほかの食品を食べれば、症状の改善がみられることが良く知られている。
(31) John Murray 文書、一八八六年三月十八日、イザベラがジョン・マレイに宛てた手紙。
(32) John Stuart Blackie 文書、一八八六年五月一日、イザベラがエリザ・ブラッキーに宛てた手紙。
(33) *Ibid.*, 一八八八年二月二十八日、イザベラがエリザ・ブラッキーに宛てた手紙。
(34) Stoddart, *op.cit.*, p.164.
(35) *Murray's Magazine*, 1887, Vol.1, pp.327-30 参照。
(36) John Stuart Blackie 文書、一八九一年十二月二十七日、イザベラがエリザ・ブラッキーに宛てた手紙。
(37) ジョン・ビショップの遺言は、スコットランド・レコード・オフィス、参照番号 : SC/70/4/218; SC/70/1/250.
(38) John Murray 文書、一八八七年六月十八日、イザベラがジョン・マレイに宛てた手紙。
(39) John Stuart Blackie 文書、一八八七年二月一日、イザベラがエリザ・ブラッキーに宛てた手紙。「ここで言う病院とは、医療伝道に深いかかわりを持っていた夫のために建てる記念病院のことで、ベッド数は十二です。ナザレではとても必要としています……」。

(40) Stoddart, *op.cit.*, p.187.

(41) *Ibid.*, p.202, マクドナルド夫人への手紙の引用。

9章　紅海から黒海へ

(1) P. Hopkirk, *The Great Game, on Secret Service in High Asia*, 1990; *The Times*, 一九九〇年五月五日。

(2) I.L. Bird (Bishop), 'A Journey through Lesser Tibet' (以後 'Lesser Tibet' と略称), *The Scottish Geographical Magazine*, 1892, pp.573-82; 'Among the Tibetans', *Leisure Hour*, 1893, pp.238-44,306-12, 380-6, 450-6; *Among the Tibetans*, 1894.

(3) Bird, 'Lesser Tibet', p.513.

(4) *Ibid.*, p.514.

(5) *Ibid.*

(6) *Ibid.*

(7) Bird, 'Among the Tibetans', *Leisure Hour*, 1893,p.238. 彼女の馬はギャルポという名で、「誰にでも噛みついたり蹴飛ばしたりする……美しい馬」だった。

(8) Bird, 'Lesser Tibet', p.517.

(9) *Ibid.*

(10) *Ibid.*

(11) *Ibid.*, p.521.

(12) 公式に「英国チベット」と呼ばれた地域は存在しない。チベットを取り巻く高山地帯は、長い間、英国、ロシア、中国のいずれの侵略も阻んできた（中国は一七一〇年に宗主権を主張）。しかし、英国は一九〇三年から四年にかけて侵略し、ロシアは一九〇五年に条約を締結。

(13) Bird, 'Lesser Tibet', p.525.

(14) G.N. Curzon (1859-1925) は、初代ケドゥルストン侯爵。一八九〇年当時は、大志を抱いた若き政治家で、中東の専門家としての地位を確立しつつあった。一八九八年インド総督に就任（13章注(8)参照）。

(15) Stoddart, *op.cit.*, p.221.

(16) Bird, *Journeys in Persia and Kurdistan*（以後 *Persia* と略称), Vol.I, II, Virago edition, 1988,1989;*Persia*, Vol.I, Letter VI, p.132.

(17) *Ibid.*, Vol.I, Letter VI, p.136.

(18) *Ibid.*, p.130.

(19) *Ibid.*, pp.113-4.

(20) *Ibid.*, Vol.I, Letter IV, pp.90-1.

(21) *Ibid.*, Vol.I, Letter VIII, p.181.

(22) *Ibid.*, Vol.I, Letter VI, p.147.

(23) H.A. Sawyer, *A Reconnaissance in the Bakhtiari Country, S.W. Persia,* 1891, pp.31-3.

(24) Bird, *Persia,* Vol.I, Letter X, p.211.

(25) *Ibid.*, p.221.

(26) *Ibid.*, Vol.I, Letter XI, p.226.

(27) *Ibid.*, p.244.
(28) *Ibid.*, Vol.I, Letter X, p.219.
(29) Stoddart, *op.cit.*, p.225.
(30) *Ibid.*, p.227.
(31) Bird, *op.cit.*, Vol.I, Letter XIV, pp.282-3.
(32) *Ibid.*, p.285; 13章注(30)参照。
(33) Bird, *op.cit.*, Vol.I, Letter XIV, p.322.
(34) Sawyer, *op.cit.*, p.78.
(35) Bird, *op.cit.*, Vol.I, Letter XXV, p.171.
(36) *Ibid.*, Vol.II, Letter XXX, p.333.
(37) *Ibid.*, Vol.II, Letter XXXIV, p.381.
(38) *Ibid.*, p.382.
(39) Stoddart, *op.cit.*, p.242.
(40) John Stuart Blackie 文書、一八九一年二月二十一日、イザベラがエリザ・ブラッキーに宛てた手紙。
(41) Bird, *op.cit.*, Vol.II, Letter XXV, p.199.

10章　朝鮮——大国のはざまで

(1) J. Longford, *The Story of Korea*, 1911; G.N. Curzon, *Problems of the Far East, Japan-Korea*, 1894; J.S. Gale, *Korean Sketches*, 1898, *Korea in Transition*, 1909; C.I.E. Kim, H-K. Kim, *Korea and the Politics of Imperialism*

1876-1910, 1967 参照。

（2） I.L. Bird (Bishop), *Korea and her Neighbours*（以後 *Korea* と略称）、一九八五年版。

（3） しばらくして、*The Times* は、日本の異常なまでの秘密主義について報道。*The Times*, 一八九四年十一月二十九日。

（4） 日本は軍部の力が強大になるにつれて、朝鮮、台湾への侵略をもくろみはじめた。

（5） Bird, *Korea*, p.20.

（6） *Ibid.*, p.104.

（7） *Ibid.*, p.127.

（8） *Ibid.*, p.66.

（9） Stoddart, *op.cit.*, p.270.

（10） Bird, *Korea*, p.66.

（11） *Ibid.*, p.69.

（12） *Ibid.*, p.93.

（13） *Ibid.*, p.99.

（14） *Ibid.*, p.106.

（15） Gale,*op.cit.*

（16） Bird, *Korea*, p.185.

（17） S.G. Checkland, *The Elgins*, 1988, pp.153-4.

（18） 彼女は遺言で、スコットランド自由教会に五百ポンドを寄贈した。

（19） Bird, *Korea*, p.221.

(20) *Ibid.*, pp.236-7.
(21) *Ibid.*, p.269.
(22) *Ibid.*, p.247.
(23) *Ibid.*, pp.248-9.
(24) *Ibid.*, p.283.
(25) Stoddart, *Korea*, 287.
(26) Bird, *Korea*, p.317.
(27) 'Obituary', *The Scotsman*, 一九〇四年十月八日。 Sir Walter Caine Hillier とは、イザベラが朝鮮滞在中に親交があった。 *Whitaker's Peerage, Baronetage, Knightage and Compassionage*, 1909, p.404.
(28) 不平・不満は、イザベラが世話になったJ.S.Gale夫妻からも出されていた。
(29) G.T. Ladd, *In Korea with Marquis Ito*, p.4. 伊藤博文（一八四一〜一九〇九）は、西洋諸国を広く旅した外交の専門家。優れた政治家で、一九〇一年までに三度首相をつとめた。その後も外交に携わり、初代の韓国統監となった。一九〇九年、ハルビンにて韓国人愛国主義者に暗殺された。
(30) B.L. Putnam Weale, *The Truce in the East and its Aftermath*, 1907, p.40.
(31) 一九九〇年五月に韓国大統領が訪日した際、昭和天皇は、朝鮮植民地化に対して、遺憾の意を表明した。*The Times*, 一九九〇年五月二十五日。

11章　中国——複雑で旧式な文明国

(1) A.H. Smith, *China in Convulsion*, 1901; Lord C. Beresford, *The Break-up of China*, 1899; J.B. Eamess, *The*

English in China, 1909; P.A. Varg, *Missionaries, Chinese and Diplomats*, 1958; J.D. Spence, *The Search for Modern China*, 1990.

（2） 義和団は、宗教的かつ政治的組織だった。一八九六年に山東地区で最初に組織され、一九〇〇年には反乱集団となった。北京の外国人居留地を襲撃し、外国人宣教師や中国人キリスト教徒を殺害した。一九〇〇年末に鎮圧された。

（3） I.L. Bird (Bishop), *The Yangtze Valley and Beyond*（以後 *Yangtze* と略称）、ここでは一九八五年版を参照；A.J. Little, *Through the Yangtze Gorges*, 1888; E.H. Parker, *Up the Yangtze*, 1895.

（4） Bird, *Yangtze*, p.151.

（5） *Ibid.*, p.92.

（6） *Ibid.*, p.172.

（7） *Ibid.*, pp.215-7.

（8） *Ibid.*, pp.17-18.

（9） *Ibid.*, p.20.

（10） *Ibid.*, p.21.

（11） *Ibid.*, p.304.

（12） 日本の綿業については、H. Kawakatsu, 'International Competition in Cotton Goods in the late nineteenth century', D.Phil., University of Oxford, 1984 参照。

（13） S. Checkland, *op.cit.*, pp.162-3.

（14） Bird, *op.cit.*, p.66.

（15） *Ibid.*, p.79.

(16) *Ibid.*, p.80.
(17) Little, *op.cit.*; Parker, *op.cit.*
(18) Bird, *op.cit.*, pp.113–23.
(19) *Ibid.*, p.191.
(20) *Ibid.*, p.202.
(21) *Ibid.*
(22) *Ibid.*, p.220.
(23) *Ibid.*, pp.220, 223.
(24) *Ibid.*, p.316.
(25) *Ibid.*, p.337.
(26) *Ibid.*, pp.349–50.
(27) *Ibid.*, p.356.
(28) *Ibid.*, p.359.
(29) *Ibid.*, p.368.
(30) *Ibid.*, p.369.
(31) *Ibid.*, p.384.
(32) *Ibid.*, p.388.
(33) *Ibid.*, p.435.
(34) *Ibid.*, p.491.
(35) *Ibid.*, p.495.

(36) *Ibid.*

(37) John Murray 文書、イザベラの手書きの講演原稿、一八九九年三月七日付。

12章　モロッコ——最後の挑戦

(1) E.F. Cruickshank, *Morocco at the Parting of the Ways*, 1935; M.M. Knight, *Morocco as a French Economic Venture*, 1938 参照。

(2) Bird, *The Monthly Review*, 一九〇一年十月, pp.89-102.

(3) Stoddart, *op.cit.*, p.354.

(4) *Ibid.*, p.361.

(5) *Ibid.*

(6) Bird, *op.cit.*, p.96.

(7) *Ibid.*, p.100.

(8) Stoddart, *op.cit.*, p.363.

(9) *Ibid.*, p.365.

(10) *Ibid.*, p.362.

(11) Bird, *op.cit.*, p.100.

13章　探検家を越えて

（1）　一八三一年十月十二日の *The Times* は、ダービーとノッティンガムでの暴動について特に大きく報道している。

（2）　チャーティスト運動がめざした目標は六項目だった。すなわち(1)成年男子普通選挙権、(2)議員財産資格の撤廃、(3)毎年改選、(4)選挙区改正、(5)議員に給与支給、(6)無記名投票。

（3）　John Stuart Mill (1806-73) は、一八六九年に *The Subjection of Women*（邦題『女性の解放』、大内兵衛・節子訳、岩波書店、一九五七年）を書いた。

（4）　E. King, *The Scottish Women's Suffrage Movement,* 1978; L. Leneman, *Women's Suffrage Movement in Scotland - A Guide Cause,* Aberdeen, 1991; E. Gordon, *Women and Labour in Scotland, 1850-1914,* 1991.

（5）　Bird, *Notes on Old Edinburgh,* p.7.

（6）　John Stuart Blackie 文書、一八八〇年十一月十七日、イザベラがエリザ・ブラッキーに宛てた手紙。

（7）　英国地理学会文庫、一八九七年十二月四日、イザベラがJ.S. ケルティーに宛てた手紙。

（8）　George Nathaniel Curzon (1859-1925) は、初代ケドゥルストン侯爵。イートン校、オクスフォード大学ベリオール・カレッジ卒、インド総督（一八九八～一九〇五）、外務大臣（一九一九～二三）、9章注（14）参照。

（9）　一八九二年に特別会員に選出された女性は以下のとおりである。

Mrs. Isabella Bishop (Bird), Mrs. Zolie Isabelle Colevile, Miss Maria Eleanor Vere Cust, Lady Coterell Dormer, Miss S. Agnes Darbishire, Mrs. Lilly Grove（後の Mrs. James G. Frazer), Miss E. Grey, Mrs. Edward Patten Johnstone, Mrs. Beatrice Hope Johnstone, Miss Julia Lindley, Miss Kate Marsden, Mrs. Julia Mylne, Mrs. Elizabeth Prentis Mortimer, Mrs. Nicholas Roderick O'Conor（後の Lady O'Conor), Mrs. Mary Louisa

Porches, Miss Christina Maria Rivinton, Mrs. French Sheldon, Miss Florence M. Small, Lady Fox Young.（英国地理学会議事録、一八九二年七月六日）。

（10）　この問題についてはさまざまな報道がなされた。たとえば「海軍将官は敗走し、婦人たちは地理学会の名誉会員に留まった」。*Westminster Gazette*; 「勇敢な三人の海軍将官を先頭に、地理学会の会員は口々に叫んだ。「虚飾にすぎない！」「ばかばかしい！」問題になっているのは、婦人たちを特別会員に選ぶことが適切か否かである。彼らはこぶしを振り上げ、叫び続ける。「婦人は靴下を繕っていれば良い、じゃがいもを茹でていれば良い、お茶を入れていれば良い、我々の世界に立ち入るな、女がいったい、地理の何を知っているというのだ！」」*Punch or the London Charivari*, 一八九三年六月十七日, p.285.

（11）　G.N. Curzon の演説は一八九三年七月四日の *The Times* で報道された。

（12）　Stoddart, *op.cit.*, p.267.

（13）　John Stuart Blackie 文書、一八八〇年十一月十七日、イザベラがエリザ・ブラッキーに宛てた手紙。

（14）　Bird, *Japan*, Letters XL–XLV, (Newnes ed.), 1900, pp.292–355; J. Batchelor, *The Ainu of Japan*, 1892.

（15）　Bird, *Persia*,（Virago ed.）, Vol. II, Letter XVI, p.9.

（16）　Bird, *Yangtze*,（Virago ed.）, Chapter XXXIII, pp.437–46.

（17）　*Nature*, Vol.LXI, 一八九九年十一月から一九〇〇年四月, pp.252–4.

（18）　Bird, *Korea*, (KPI), 1985, Chapter XXIV, pp.283–91.

（19）　R. Macleod, 'The Genesis of Nature', *Nature*, Vol. 224, 1969, pp.323–40; 'The Social Framework of Nature in its Fifty Years', *Nature*, Vol. 224, 1969, pp.323–40.

（20）　*Nature*, Vol. XL, 一八七五年二月二十五日, p.322.

（21）　*Ibid.*, Vol. XXIII, 一八八〇年十一月四日, pp.12–5

（22） Bird, Hawaii, (KPI), 1985, p.59.
（23） *Ibid.*, p.60.
（24） Bird, *Korea*, op.cit., p.95.
（25） John Murray 文書、一八九七年一月二十三日、イザベラがジョン・マレイに宛てた手紙。
（26） *Ibid.*, 一八九六年四月十一日付。
（27） Bird, *Yangtze*, p.152.
（28） *Ibid.*, pp.152,191.
（29） Stoddart, *op.cit.*, p.362.
（30） Bird, *Persia*, Vol. I, p.309. ドーブル散とは Thomas Dover (1664-1742) がはじめて作った薬で、その成分は次のとおりである。 opium 10%, ipecacuanha 10%, sulphate of potassium 80%。
（31） 'Australia Felix', *Leisure Hour*, 1877.
（32） John Murray 文書、一八八八年一月十四日、イザベラがジョン・マレイに宛てた手紙。
（33） Charles Stewart Parnell (1846-1891) は、アイルランドの政治家で国会議員。熱心なアイルランド自治論者。
（34） 'On Ireland', *Murray's Magazine*, Vol. 3, 一八八八年四、五、六月、 p.467.
（35） *Ibid.*, pp.472-3.
（36） *Ibid.*, p.473.
（37） *Ibid.*, p.835.
（38） Bird, *Korea*, p.318.
（39） Stoddart, *op.cit.*, p.246; *Contemporary Review*, 一八九一年五、六月、 pp.642-54, pp.819-35.

(40) Stoddart, *op.cit.*, p.248.

(41) John Stuart Blackie 文書、John Murray 文書。一八八〇年十一月十七日のこと。

(42) G. Paston, *At John Murray's…*, p.298.

(43) 以下の数字は、イザベラがジョン・マレイから受け取っていた収入の一部を表したものである。

Sandwich Islands,	一八七六年	九十三ポンド二ペンス
Rocky Mountains,	一八八〇年	六百六十五ポンド六シリング五ペンス
Japan,	一八八〇年	百六十二ポンド十六シリング五ペンス
Golden Chersonese,	一八八三年	三百八十九ポンド八シリング
Persia,	一八九一年	三百五十六ポンド八シリング九ペンス
Korea,	一八九七年	五百七十六ポンド十四シリング一ペニー
Yangtze,	一八九九年	五百六ポンド十七シリング七ペンス

(44) John Murray 文書、一九〇五年三月一日、W・ブラバントがジョン・マレイに宛てた手紙。

(45) スコットランド・レコード・オフィス、参照番号 RD 5 2229, pp.213-9. David Brown に協力を感謝する。

(46) John Murray 文書、一九〇五年七月五日、アンナ・ストッダートがジョン・マレイ四世に宛てた手紙。

(47) イザベラの最後の遺書、スコットランド・レコード・オフィス、参照番号：七〇／七／二七

(48) イザベラの母、夫、妹、それぞれの遺書のスコットランド・レコード・オフィスおける参照番号は以下のとおりである。

母 (Dorothy Louisa Bird or Lawson): SC 70/4/105 & 70/1/131.

夫 (John Bishop): SC 70/4/218 & 70/1/250.

妹 (Henrietta Amelia Bird): SC 70/4/184 & 70/1/201.
David Brown に協力を感謝する。

14章 宣教師？

（1） Stoddart, *op.cit.*, p.14; Barr, *op.cit.*, p.167.

（2） 一八八八年八月二十三日、イザベラは、ロンドンのバプティスト・メトロポリタン礼拝堂で洗礼を受けたが、特にバプティスト社会に入ることを望んでいたわけではなかった。彼女の混乱ぶりは次の手紙にも示されている。「父の所属していた教会は、幼稚でばかばかしく、音楽やわけのわからない話にもうんざりしました。今は長老派教会に通っていますが、お説教は活気に満ち、心をこめて祈り、私の求めていた雰囲気がそこにはあります」。John Stuart Blackie 文書、一八八八年二月二十八日、イザベラがエリザ・ブラッキーに宛てた手紙。

（3） Bird, *Heathen Claims and Christian Duty*, 1894, p.6.

（4） Stoddart, *op.cit.*, pp.235-6.

（5） エディンバラは一八四一年以来、医療伝道活動の拠点だった。活動は、エディンバラ大学の熱心な医学部教授たちに支えられていた。O. Checkland, *Philanthropy in Victorian Scotland*, 1980, Chapter 4 参照。

（6） Stoddart, *op.cit.*, p.95.

（7） *Ibid.*, p.204.

（8） *Ibid.*, p.206.

（9） *Ibid.*, p.208.

(10) *Ibid.*, p.219.
(11) S.Eddy, *Pathfinders of the World, Mission Crusade*, 1945, p.508.
(12) H.P. Beach, *Dawn on the Hills of T'ang or Missions in China*, 1905, p.104.
(13) Stoddart, *op.cit.*, p.245.
(14) Bird, *Yangtze*, p.288.
(15) S. Neill, *Christian Missions Overseas*, p.334.
(16) *Ibid.*, p.334.
(17) P.A. Varg, *op.cit.*, p.68.
(18) John Murray 文書、一八九六年三月十五日、イザベラがジョン・マレイ四世に宛てた手紙。
(19) Stoddart, *op.cit.*, p.338.
(20) *Ibid.*, p.339.
(21) 11章注(2)参照。
(22) Alfred Thayer Mahan (1840-1914) は、世界史における海軍力の重要性を強調。彼の著作は古典となり、影響力がある。
(23) スコットランド・レコード・オフィス、参照番号：SC 70/7/27

15章 故国では弱々しく、海外では勇ましく

(1) A. Stodart Walker は、John Stuart Blackie の甥だった関係で、イザベラやその友人たちを知っていた。彼は、J.S. Blackie の *Notes of a Life*, 1910 の編者である。

(2) *Edinburgh Medical Journal,* Vol.XVI, 1904, p.383.
(3) *Ibid.*
(4) 1章注(18)および *The Independent,* 一九八九年二月二十一日参照。
(5) Richard Asher, 'The Dangers of going to bed', 'Malingering', 'Diseases caused by doctors', *Talking Sense,* 1972.
(6) Bird, *Hawaii,* pp.67-8; Barr, *op.cit.,* p.29.
(7) Stoddart, *op.cit.,* p.165.
(8) Bird, *op.cit.,* p.430.
(9) Bird, *Rocky Mountains,* p.150.
(10) *Ibid.,* pp.128-9.
(11) Bird, 'Among the Tibetans', *The Leisure Hour,* 1893, p.238.
(12) Bird, *Hawaii,* p.132.
(13) Stewart, *op.cit.,* p.700.
(14) Bird, *Japan,* Letter XXXIX, p.276.
(15) John Stuart Blackie 文書、一八七八年八月十二日、イザベラがエリザ・ブラッキーに宛てた手紙。
(16) Bird, *op.cit.,* Letter XXVII, p.262.
(17) John Stuart Blackie 文書、一八八八年二月二十八日、イザベラがエリザ・ブラッキーに宛てた手紙。
(18) Stoddart, *op.cit.,* p.375.
(19) *Ibid.,* p.318.
(20) John Murray 文書、一九〇四年三月三日、イザベラがジョン・マレイ四世に宛てた手紙。

訳者あとがき

イザベラ・バード(Isabella Bird)の著作は、すでに日本でも『日本奥地紀行(*Unbeaten Tracks in Japan*)』、『朝鮮奥地紀行(*Korea and her Neighbours*)』(ともに平凡社)が出版されており、どちらも優れた資料的価値をもつものとして、歴史家のあいだでは評価が高い。本書(原題 *Isabella Bird and a Woman's Right to do what she can do well*)は、日本ではじめて出版されるイザベラ・バードについての本格的な伝記であるが、英国では本文にもあるとおり、アンナ・ストッダートによる伝記その他、イザベラ・バードについての本は少なくない。本書に掲載された写真のほとんどは、一九〇六年に出版されたアンナ・ストッダート版からである。本書は英国の出版事情のため、原著にさきがけて出版されることになった。

本書の著者であるオリーヴ・チェックランドさんにはじめてお目にかかったのは、一九八七年八月、スコットランドはセラダイクの彼女の別邸でのことである。雄大な海に面した美しい小部屋で、そのとき執筆中だった本書について情熱的に話してくださった。英国経済史の大家シドニー・チェックランド教授(故人)の妻として、また助手として、彼女は教授の仕事をお手伝いするうちに、ご自身もしだいに学問・研究に興味をおもちになるようになった。今や歴史家として国際学会などでたびたび研究を発表され、すでに二冊の専門書を著され、まもなく三冊目が出版される予定である。親日家で、日本についての研究も多く、慶應義塾大学では講義もなさった。可能性に挑戦し、精力的に著作・研究活動に取り組む姿勢は、本書の主人公イザベラ・バードに優るとも劣らない。

イザベラ・バードの生きた十九世紀英国には、すぐれた小説家が輩出したが、その中には、ジェーン・オースティン、シャーロット・ブロンテ、ジョージ・エリオットなどをはじめ、女性作家も少なからずいた。ジェーン・オースティンは、書斎で筆をとるのではなく、いつも小さな紙切れを持って、料理や針仕事などの家事のあいまに、何かが浮かぶとこまめに書きつづった。シャーロット・ブロンテは、その作品『ジェーン・エアー』をとおして、きわめて現代的な感覚で、女性のあるべき位置と自由とを求め訴えた。またジョージ・エリオットは、ペンネームを男性名にして、男性と肩を並べて活躍した。彼女たちは、ペンをとった動機や小説の題材としたものはそれぞれに異なり、フェミニズムの旗を堂々とかかげていたか否かの違いもあるが、イザベラと同じように、当時の英国社会で限られた役割しか与えられていなかった女性たちの中で、自分の可能性に挑戦し、みごとに才能の花を咲かせ、フェミニストたちに大きな励ましを与えた。イザベラ・バードは、フェミニズムの旗手というほどにはその旗を高くかかげてはいなかった。しかし、単に「女性」であるという理由で弱者の立場に置かれた人々には、常に暖かな目を向けていた。そして何よりも、彼女自身が男性に負けず劣らずの冒険をし人気作家になったことによって、どれほど多くの女性たちが勇気づけられたことだろう。

「女性がなしうる仕事は、広く、平等に女性にも開放せよ」という、本書の原題が訴えるメッセージは、フェミニズムの大前提である。そして、ここで忘れてならないことは、女性が全く男性と同じような仕事をし、活動すればよしとするのか、ということである。男性的な活躍をした女性ばかりがもてはやされてよいのだろうか。イザベラ・バードより半世紀後に同じ英国に生まれ、フェミニズムの旗手とされたヴァージニア・ウルフは、世界が雑多なことに比べれば、性が男と女の二つしかないことさえ少ないと思うのに、女性が男性のようになってしまうのは、はなはだ残念である、というようなことを述べている。男性と女性はそれぞれの特性を生かし、互いに不十分な点を補うべきである、というのだ。まもなく訪れる二十一世紀には、普通の女性たちが、肩ひじ張らずに、普通に、名実ともに男性と平等に生活できるようになるのだろうか。

私がフェミニズムに関心をもったのは、大学時代のことである。大学紛争のために入学式は一ヵ月遅れ、四年後の卒業式はなきも同然だった。まさに大学紛争の全盛期にぶつかってしまった。紛争にかかわりたくない、と思っても、授業はクラス討論の場となり、キャンパスを歩けばビラを渡され、演説が聞こえてくる。無関心でいられるはずがなかった。三年の頃には先輩女子学生の就職「差別」がひんぱんに耳に入るようになり、何かをしなければ、と思いはじめた。しかし、スピーカーから始終キャンパスに流れるアジ演説は、安保粉砕、ベトナム戦争反対、沖縄返還、大学の自治、学生会館の管理運営権を学生の手に等々を訴えてはいても、十九世紀のチャーティスト運動同様、女性・女子学生をめぐる諸問題については何らふれていなかった。そのような中で、女子学生有志と「女子学生の会」をつくり、当時フェミニストとして名を知られていた方々をお招きして、「ティーチ・イン」を開催するなど、ささやかながら活動をした。頭の中はフェミニズムで満たされ、卒論も女性作家の比較研究になった。卒業後は、男女格差が少ないといわれた教職を選んだが、まわりには就職難に泣く友人が多くいた。二十数年後の今も、同じような泣き声が聞こえてくるとは、何と嘆かわしいことか。

チェックランドさんにはじめてお目にかかったときには、私が本書の翻訳にたずさわることになろうとは、夢にも思わなかった。おいしいアフタヌーン・ティーをいただきながら、自己紹介のつもりで、大学の卒論に十九世紀英国の女性作家をとりあげたことを申し上げたのだが、そのことを覚えていてくださったのだろう。それから数年後、彼女から原稿が届き、翻訳の依頼状が添えられていた。私を翻訳者に選ぶにあたっては、チェックランドご夫妻の古くからのご友人で、夫の恩師でもある早稲田大学名誉教授小松芳喬氏のご賛同があったとのことで、ご厚情に報いなければと精魂こめて翻訳にのぞんだ。

あらためてフェミニズムを考える機会を与えてくださり、また、翻訳中に生じたさまざまな疑問に懇切な回答をよせてくださったチェックランドさんに対しては、感謝の気持でいっぱいである。また本書の出版に関して仲介の労をおとりくださった慶應義塾大学教授玉置紀夫氏、言葉づかいなどについて暖かなご指導をいただいた日本経済評論社の栗原哲也氏、谷口京延氏、奥田のぞみ氏にこの場をかりて心からお礼を申しあげたい。翻訳の依頼があった際に、お引受けすることを強く勧めてくれたのは夫だった。自分の仕事を山のようにかかえ、原稿の締切りに追われながらも、貴重な助言をしてくれた夫に感謝している。

一九九五年初夏

川勝貴美

1879　オックスフォード大学、女性のためのサマーヴィル・カレッジ設立。
1882　既婚女性の所有権条例成立。
1884　第三次選挙法改正。
1893　英国地理学会、女性会員問題で論争。
1898　ハワイ（旧称サンドイッチ諸島）、アメリカ合衆国に併合。
1900　中国、義和団事件。

1891　6月18日、「アルメニア問題」で、英国議会下院の委員会にて議員の質問に答える。クリスマスに、『ペルシャとクルディスタンの旅(*Journeys in Persia and Kurdestan*)』を出版。

1892　4月2日、イザベラの本を出版してきたジョン・マレイ3世他界。ジョン・マレイ4世が後を継ぐ。ロンドンの英国地理学会特別会員、エディンバラのスコットランド地理学会特別会員になる。

1894　1月11日、極東への旅に出発。ハリファックス、バンクーバー経由、横浜、神戸、朝鮮、満洲、ウラジオストックへ。

1895　朝鮮、中国、日本（夏を過ごす)、再び朝鮮、中国。

1896　1月、上海から揚子江をさかのぼり、再び上海に戻って夏を日本で過ごし、ソウルに渡り、年の暮れまで朝鮮で過ごす。

1897　1月31日、上海から帰国の途に着き、3月19日、ロンドンに到着。3年2ヵ月の海外生活。

1898　1月20日、『朝鮮とその近隣諸国(*Korea and her Neighbours*)』出版。

1899　11月、『揚子江渓谷とその奥地(*The Yangtze Valley and Beyond*)』出版。

1901　1月1日、タンジールに出発、モロッコでキャンプ、6ヵ月の海外生活。

1903　8月、病に倒れ、エディンバラに帰る。

1904　10月7日、エディンバラにて死去。

〔関連年表〕

1831　10月8日、選挙法改正法案否決。

1832　6月、第一次選挙法改正。男性の選挙権拡大。

1840　中国、五つの港を外国に開港。

1859　日本開港。チャールズ・ダーウィンの『種の起源』出版。

1867　第二次選挙法改正。男性の選挙権拡大。ジョン・スチュワート・ミル、女性に選挙権を与えることを主張。

1869　J.S.ミルの『女性の解放（*The Subjection of Women*)』出版。

1872　ケムブリッジ大学、女性のためのガートン・カレッジ設立。

1872　春、イザベラと妹はエディンバラの家を手放し、この後イザベラが定住する家はなく、妹は主にトバモリーに住む。イザベラの体調はきわめて悪化、7月11日、オーストラリアに旅立つ。惨めな旅となる。

1873　1月1日、危機を乗り越え、ニュージーランドからハワイに向かう。この旅は危険ではあったが楽しく、幸福感に満ちてハワイに到着、6ヵ月滞在。8月北アメリカに渡る。ロッキー山脈を探検、ジム・ヌージェントと恋愛、帰りがたく、しかしついに12月に帰国。

1874　エディンバラに帰る。旅はいまやイザベラにとって「救い」となる。スイスで夏を過ごす。ジム・ヌージェント他界（拳銃で撃たれる）。

1875　2月、『サンドイッチ諸島での半年（*Six Months in the Sandwich Islands*）』を出版。

1877　7月、条件付きでジョン・ビショップと婚約。

1878　2月、日本、極東、およびマラヤに向けて出発。

1879　5月、帰国。『女性のロッキー山脈生活記（*A Lady's Life in the Rocky Mountains*）』を出版。

1880　6月、妹他界。同月『日本奥地紀行（*Unbeaten Tracks in Japan*）』を出版。12月、ジョン・ビショップとの婚約を正式発表。

1881　3月8日、ジョン・ビショップと結婚。

1882　夫、病に倒れるが回復。しかし再発。

1883　4月、『黄金の半島（*The Golden Chersonese*）』を出版。

1884　夫の療養のため、「清浄な空気を求めて」南ヨーロッパを旅する。

1886　1月3日、夫ジョン・ビショップは、医師サー・ジョセフ・リスターによって輸血をうける。3月6日、夫、悪性貧血のため死去。

1887　講演活動を始める。ロンドンにて看護方法を学ぶ。

1889　3月、インド、チベットに向かう。妹ならびに夫の記念病院を設立。

1890　紅海から黒海まで、ペルシャ、アルメニア、トルコと、「ひどい旅」をする。

年譜：イザベラ・ルーシー・バード・ビショップ（1831〜1904）

1831年　10月15日、ヨークシャー州ボローブリッジに生まれる。
1832　父、エドワード・バード、バークシャー州メイドンヘッドの牧師に任命さる。
1834　父、チェシャー州タッテンホールに転任。
1842　父、バーミンガムのセント・トーマス教会に転任。父の安息日厳守運動はここで大きな反対にあう。
1847　父、病気のため退任。
1848　父、ハンテンドンシャー・ワイトンのセント・マーガレット教会に着任。
1849　イザベラ、脊椎の手術をうける？
1850　この年からスコットランドで夏を過ごす。
1852？　片思いの恋に悩む。
1854　6月、心の傷を癒すため、カナダおよび北アメリカ東海岸に向けて出発、7ヵ月の海外生活。
1856　1月、『イギリス女性のアメリカ紀行（*The English Woman in America*）』を出版。
1857　北アメリカ2,000マイルの一人旅、11ヵ月の海外生活。
1858　4月3日、ワイトンに帰る。5月14日、父死去。
1859　夏、『アメリカの宗教事情（*The Aspect of Religion in America*）』を出版。
1860　母、妹とともにエディンバラに定住。『レジャー・アワー』、『ファミリー・トレンジャー』、『グッド・ワーズ』、『サンデー・アットホーム』などの雑誌に寄稿する。妹とともにエディンバラで慈善活動に従事。
1866　スコットランドからの移住者を訪ねて、カナダに2ヵ月滞在。8月14日、母、エディンバラで死去。
1869　『エディンバラ旧市街に関する覚書（*Notes on Old Edinburgh*）』を出版して、古都の劣悪な生活状況を告発する。

Richardson, H. E., *Tibet and its History*, 1962.

Robinson, R., Gallagher, J. and Denny, A., *Africa and the Victorians: the Official Mind of Imperialism*, Macmillan, 1961.

Robson, Isabella S., *Two Lady Missionaries in Tibet*, 1909.

Sawyer, Major H. A., *A Reconnaissance in the Bakhtiari Country, South-west Persia*, Simla, 1891, (copy in RGS, London).

Schneider, H. G., *Working and Waiting for Tibet*, 1891.

Sheldon, M., *Herbert Severance*, 1889.

Sultan to Sultan, 1892.

Smith, A. H., *Village Life in China: a Study in Sociology*, New York, 1899.

Smout, T. C., *A Century of the Scottish People*, 1988.

Sprague, M., *Newport in the Rockies*, Denver, 1961.

A Gallery of Dudes, Denver, 1967.

Stark, F., *Over the Rim of the World*, 1988.

Stodart, Walker, A., (ed.), *J. S. Blackie, Notes of a Life*, Edinburgh, 1910.

Stoddart, A., *J. S. Blackie, A Biography*, 1895.

Stoddart, Anna M., *The life of Isabella Bird, (Mrs Bishop)*, 1906.

Swettenham, F., *British Malaya*, 1907.

Tabor, Margaret E., *Pioneer women*, 1925.

Takakura, S., *The Ainu of Northern Japan, a study in conquest and acculturation*, Philadelphia, 1960.

Taylor, Annie R., 'Diary', in William Carey's, *Travel and Adventure in Tibet*, 1902.

Taylor, Dr. and Mrs. Howard, *Life of Hudson Taylor*, 2 vols. *I. Growth of a Soul; II. Growth of a Work of God*, China Inland Mission, 1911.

Thompson, F., *Harris Tweed, the Story of a Hebridean Industry*, Newton Abbot, 1969.

Todd, J. and Butler, M., *The Works of Mary Wollstonecraft*, 1989.

Tomalin, C., *The Life and Death of Mary Wollstonecraft*, 1989.

Twain, M., *Letters from Hawaii*, 1866.

Varg, P. A., *Missionaries, Chinese and Diplomats*, Princeton, 1958.

Wallace, Kathleen, *This is your Home: A Portrait of Mary Kingsley*, Heineman, 1956.

Wheelright, J., *Amazons and Military Maids*, 1989.

Williams, C., *The adventures of a lady traveller. The story of Isabella Bird Bishop*, 1909.

Wills, C. J., *In the Land of the Lion and the Sun*, 1883.

Workman, Fanny Bullock and Hunter, William, *Algerian Memories*, 1895.

Sketches Awheel in fin-de-siécle Iberia, 1897.

In the Ice World of the Himalaya, 1900.

West African Studies, 1899.
Korn, A. L., *Victorian Visitors*, Honolulu, 1958.
Kuykendall, R. S., *The Hawaiian Kingdom*, Vol. II, Honolulu, 1953.
Ladd, G. T., *In Korea with Marquis Ito*, 1908.
Landor, A. H., *Alone among the Hairy Ainu*, 1893.
Lane, M., *Literary Daughters*, 1989.
Langford, J., *The Story of Korea*, 1911.
Larymore, Constance, *A Resident's Wife in Nigeria*, 2nd ed., 1911.
Latourette, Kenneth Scott, *A History of Christian Missions in China*, S. P. C. K., 1929.
Lee, C., *The Blind Side of Eden*, 1989.
Little, A. J., *Through the Yangtse Gorges*, 1888.
Low, H., Hugh Low's Journals, extracts from *Journal of the Royal Asiatic Society, Malaya Branch*, 1954.
MacLeod, R., 'The Genesis of Nature', *Nature*, Vol. 224, pp. 323-40, 1969.
'The Social Framework of Nature … ', *Nature*.
Marsden, Kate, *On Sledge and Horseback to Outcast Siberian Lepers*, 1893.
My Mission to Siberia: A vindication, 1921.
Mason, Kenneth, *Abode of Snow*, 1955.
Mendus, S. and Rendall, J., (eds.), *Sexuality and Subordination*, 1989.
Middleton, Dorothy, *Victorian lady travellers*, 1965.
Morrison, G., *An Australian in China*, 1895.
Murray, J., *John Murray III, 1808-1892*, 1892.
Neill, S., *Christian Missions Overseas*, 1964
North, Marianne, *Recollections of a Happy Life*, (ed. Mrs. John Addington Symonds), 2 vols., 1892.
Further Recollections of a Happy Life, 1893.
Parker, E. H., *Up the Yangtse*, 1895.
China and Religion, 1910.
Parker, J., *Women and Welfare*, 1989.
Paston, G., (pseud), *At John Murray's, records of a literary circle*, 1892.
Pavey, E., *The Story of the Growth of Nursing*, 1951.
Perkin, J., *Women and Marriage in nineteenth century England*.
Pettifer, J. and Bradley, R., *Missionaries*, 1990.
Poole, S. Lane and Dickens, F. V., *Life of Sir Harry Parkes*, Vol. I and II, 1894.
Pope-Hennessy, J., *Verandah, some episodes in the Crown Colonies, 1867-1889*, 1964.
Putnam Weale, B. L., *The Truce in the East and its Aftermath*, 1907.
Rice, C. C., *Mary Bird of Persia*, 1922.

Dennis, J. S., *Christian Missions and Social Progress, a Sociological Study of Foreign Missions*, New York, 1900.
Dickens, F. V., Vol. II , *The Life of Sir Harry Parkes*, 1894.
Dixon, W. G., *The Land of the Morning*, 1882.
Duncan, Jane E., *A Summer Ride in Western Tibet*, 1906.
Eamess, J. B., *The English in China*, 1909.
Eddy, S., *Pathfinders of the World Missionary Crusade*, New York, 1945.
Faulds, H., *Nine Years in Nippon*, 1887.
Fleming, Peter, *News from Tartary*, 1938.
Bayonets to Lhasa, 1955.
Foster, M., *Elizabeth Barrett Browning*, 1988.
Gale, J. S., *Korean Sketches*, Chicago, 1898.
Korea in Transition, New York, 1909.
Godlee, R. J., *Lord Lister*, 1917.
Grainger Stewart, A., 'Obituary of ILB.', *Blackwood's Edinburgh Magazine*, November 1904, pp. 698-704.
Greaves, R. L., *Persia and the Defence of India 1884-1892*, 1959.
Gullick, J. M., *Malaya*, 1964.
'Isabella Bird's Visit to Malaya', *Journal of the Malaysian Branch of the Royal Asiatic Society*, Vol. LII, part I, 1979, pp. 113-119.
'Emily Innes, 1843-1927', *Journal of the Malaysian Branch of the Royal Asiatic Society*, Vol. LV, part II, 1982, pp. 87-113.
Gwynn, S., *Life of Mary Kingsley*, Macmillan, 1932.
Havely, C. P., (ed.), *This Grand Beyond, the Travels of Isabella Bird Bishop*, 1985.
Hore, A., *To Lake Tanganyika in a Bath-chair*, 1886.
Horsley, Reginald, *Isabella Bird, the famous traveller*, 1912.
Howard, Cecil, *Mary Kingsley*, 1957.
Hudson, Taylor, J., *The Story of the China Inland Mission*, 1900.
In Memoriam, Rev. J. Hudson Taylor beloved founder and director of the China Inland Mission, 1905.
Innes, E., *The Chersonese with the Gilding Off*, 1885.
Jardine, Evelyne E. M., *Women of devotion and courage. No. 4.* Isabella Bird, 1957.
Johnson, Henry, *The Life of Kate Marsden*, 2nd ed., 1895.
Kazemzadeh, F., *Russia and Britain in Persia*, Yale, 1968.
Keay, J., *With Passport and Parasol*, 1989.
Kim, C. I. E., *Korea and the Politics of Imperialism, 1876-1910*, 1967.
Kingsley, G., *Notes on Sport and Travel*, 1900.
Kingsley, M., *Travels in West Africa*, 1897.

an introduction by Wang Gungwu, Kuala Lumpur, 1967.
'Under Chloroform', *Murray's Magazine*, Vol. I, 1887, p. 327-330.
'On Ireland', *Murray's Magazine*, Vol. II, April, May, June, 1888.
Journeys in Persia and Kurdistan, 1891. Virago Travellers edition, Vol. Ⅰ, 1988, Vol. Ⅱ, 1989.
'A Journey through Lesser Tibet', *The Scottish Geographical Magazine*, October 1892, pp. 513-528.
'Among the Tibetans', *Leisure Hour*, 1893, pp. 238-244, 306-312, 380-386, 450-456.
Among the Tibetans, 1894.
Heathen claims on Christian duty, 1894.
Korea and her neighbours. A narrative of travel, with an account of the recent vicissitudes and present position of the country, 1897. Facsimile reprint, KPI, Pacific Basin Books, 1985.
The Yangtze Valley and beyond. An account of journeys in China, chiefly in the province of Sze chuan and among the Man-Tze of the Somo territory, 1899. Virago Travellers edition, 1985.
Bishop, I. L. Bird, *Chinese pictures. Notes on photographs made in China*, 1900. S. 4. g.
Views in the Far East, Tokyo, (c. 1900).
'Notes on Morocco', *Monthly Review*, Vol. 5, 1901, pp. 89-102.
A traveller's testimony (to mission work), 1905. In the British Library.
Carey, W., *Travel and Adventure in Tibet*, 1902.
Carpenter, E., *The Archbishops in their Office*, 1971.
Chappell, Jennie, *Women of worth*, 1908.
Checkland, O., *Philanthropy in Victorian Scotland*, Edinburgh, 1980.
Britain's Encounter with Meiji Japan, 1868-1912, 1989.
Checkland, O. and Checkland, S., *Industry and Ethos, Scotland 1832-1914*, 2nd edition, Edinburgh, 1989.
Checkland, S., *The Elgins, a tale of Aristocrats and Their Wives*, Aberdeen, 1988.
Clark, Ronald, *The Victorian Mountaineers*, Batsford, 1953.
Cowan, C. D., *Nineteenth Century Malaya*, 1964.
Crone, G. R., *The Explorers*, Cassells, 1962.
Curzan, G. N., *Persia and the Persian Question*, 1892. *Problems of the Far Eest, Japan-Korea-China*, 1894.
Davidson, Lilian Campbell, *Hints to Lady Travellers*, 1889.
Davie, G. E., *The Democratic Intellect*, Edinburgh, 1961.
Dekker, R. M. and van de Pol, L. C., *The Tradition of Female Transvestism in early modern Europe*, 1989.

主要参考文献

Asher, R. A. J., (ed. by F. Avery-Jones), *Talking Sense*, 1972.

Badger, A. H., 'The Centenary of Mrs Bishop', *The Quarterly Review*, October 1931, pp. 278-299.

Baldwin, S. L., *Foreign Missions of the Protestant Churches*, New York, 1900.

Barr, Patricia M., *A curious life for a lady: the story of Isabella Bird*, 1970.
The Deer Cry Pavilion: a story of Westerners in Japan 1860-1905, 1968.

Batchelor, J., *The Ainu of Japan*, 1892.

Beach, H. P., *Dawn on the Hills of T'ang or Missions in China*, New York, 1905.

Beasley, W. G., *The Modern History of Japan*, 1963.
The Meiji Restoration, 1973.

Bennett, D., *Emily Davies and the Liberation of Women*, 1990.

Beresford, Lord Charles, *The Breakup of China*, 1899.

Bickersteth, M. J., *Japan as we saw it*, 1893.
Life and letters of Edward Bickersteth, Bishop of S. Tokyo, 1905.
Japan, 1908.

Birkett, D., *Spinsters Abroad*, 1990.

Bishop, I. L. Bird, *The English Woman in America*, 1856.
Foreword and notes by Andrew Hill Clark, Madison, Wisconsin, 1966. (Facsimile reprint).
The revival in America, by an English eye-witness, 1858.
The Aspects of religion in the United States of America, 1859.
New York, 1972. (Facsimile reprint).
'Dr. Guthrie's Ragged Schools', *Leisure Hour*, 1861.
Notes on old Edinburgh, Edinburgh, 1869.

Bishop, I. L. Bird, *The Hawaiian Archipelago. Six months among the palm groves, coral reefs & volcanoes of the Sandwich Islands*, 1875, *Six Months in Hawaii*, Facsimile reprint, KPI, Pacific Basin Books, 1986.
'Australia Felix, Impressions of Victoria', *Leisure Hour*, 1877, pp. 39-42, 87-92, 149-152, 183-186, 218-220, 249-251, 314-318, 413-416, 469-472.
A lady's life in the Rocky Mountains, 1879.
With an introduction by Daniel J. Boorstin, Norman, Oklahoma, 1960.
Unbeaten tracks in Japan, 1880, Newnes edition, 1900, Virago Travellers edition, 1985.
The Golden Chersonese, and the way thither, 1883, Facsimile reprint, *with*

[著者略歴]

オリーヴ・チェックランド (Olive Checkland)

歴史家。元慶應義塾大学福沢研究センター客員所員。*Unbeaten Tracks in Japan* (『日本奥地紀行』平凡社) を読んではじめてイザベラ・バードに興味をもつ。スコットランド国立図書館に埋もれていたイザベラの書簡集が発見されたことをきっかけに、フェミニストとしてのイザベラの一面に注目する。著書に *Btitain's Encounter with Meiji Japan,1868-1912; Humanitarianism and the Emperor's Japan, 1877-1977* (ともにマクミラン出版)。

[訳者略歴]

川勝貴美 (かわかつ・きみ)

早稲田大学教育学部英語英文学科卒業。元東京都公立中学・高校教諭、埼玉県立高校講師。共訳に『パラダイスの夢』(新樹社)。

イザベラ・バード　旅の生涯

1995年7月5日　　第1刷発行©

著　者　O. チェックランド

訳　者　川　勝　貴　美

発行者　栗　原　哲　也

発行所　株式会社　日本経済評論社

〒101　東京都千代田区神田神保町3—2

電話03-3230-1661　振替00130-3-157198

乱丁落丁はお取替えいたします。

文昇堂印刷・美行製本

イザベラ・バード　旅の生涯
(オンデマンド版)

Digital Publishing

2013年4月25日　発行

定価（本体3500円＋税）

著　者	O. チェックランド
訳　者	川勝　貴美
発行者	栗原　哲也
発行所	株式会社　日本経済評論社
	〒101-0051　東京都千代田区神田神保町3-2
	電話　03-3230-1661　FAX　03-3265-2993
	URL: http://www.nikkeihyo.co.jp/
印刷・製本	株式会社 デジタルパブリッシングサービス
	URL　http://www.d-pub.co.jp/

乱丁落丁はお取替えいたします。

Printed in Japan
ISBN978-4-8188-1671-8